教育部人文社会科学研究青年基金项目成果

项目名称： 马克思主义理论教育的历史进程研究

（ 项目批准号：18YJC710085 ）

本书受到浙江商业职业技术学院学术专著出版资金资助

浙江省高校思想政治理论课张国宏名师工作室支持项目

MAKESI ZHUYI
LILUN JIAOYU DE LISHI JINCHENG

马克思主义
理论教育的历史进程

闫艳红 著

中国政法大学出版社

2019·北京

图书在版编目（CIP）数据

马克思主义理论教育的历史进程/闫艳红著. —北京：中国政法大学出版社，2019.1
（2021.1重印）
ISBN 978-7-5620-8815-8

Ⅰ.①马… Ⅱ.①闫… Ⅲ.①马克思主义理论－政治理论教育－研究－中国 Ⅳ.①A81

中国版本图书馆CIP数据核字(2019)第002097号

出 版 者　　中国政法大学出版社

地　　址　　北京市海淀区西土城路 25 号

邮寄地址　　北京 100088 信箱 8034 分箱　邮编 100088

网　　址　　http://www.cuplpress.com (网络实名：中国政法大学出版社)

电　　话　　010-58908586(编辑部) 58908334(邮购部)

编辑邮箱　　zhengfadch@126.com

承　　印　　北京九州迅驰传媒文化有限公司

开　　本　　720mm×960mm　　1/16

印　　张　　14

字　　数　　230 千字

版　　次　　2019 年 1 月第 1 版

印　　次　　2021 年 1 月第 2 次印刷

定　　价　　56.00 元

　　马克思主义是我们党的指导思想和光辉旗帜，在马克思主义指导下，中国共产党带领中国人民完成了新民主主义革命、谋求中国实现中华民族的伟大复兴，逐步实现站起来、富起来、强起来的伟大飞跃，阔步进入新时代。在这个过程中，中国共产党不仅实现了理论的创新，也赋予了马克思主义理论更加丰富的内涵。马克思主义理论在中国的创新和发展离不开马克思主义理论教育工作，没有马克思主义理论教育的实践、研究、改革、创新，中国的革命和建设难免会精神动力不足。在马克思诞辰 200 周年之际，梳理马克思主义理论教育的中国历程，不仅能够从马克思主义理论教育的中国实践中探寻马克思主义理论教育的经验和教训，探寻马克思主义理论教育的规律，而且还能为新时代中国的马克思主义大众化提供历史借鉴，助力中国决胜全面建成小康社会，助力实现中国梦，并为世界社会主义国家和政党提供中国理论教育智慧。

　　在中国革命时期，我们党既学习苏联，又有自己的创新，走出了一条"农村包围城市"的革命道路。为此，在马克思主义理论教育活动中，形成了中国共产党早期对马克思主义经典的学习、传播经验，并在理论教育过程中，边借鉴、边探索，最终通过各种形式的理论教育与宣传奠定了中国早期马克思主义理论教育的实践基础。在新中国建设初期，我们党从以苏联为样板到基本没有参考的样板，只能独立自主地探索转变，逐渐形成社会主义建设初步探索的理论成果。马克思主义理论教育内容开始凸显中国化特色，将反对本本主义和反对经验主义教育并举，针对对象的层次化，展开了对广大干部和群众的针对性教育。大力推进干部和群众对这个"外来"的马克思主义理论从模糊到清晰认识、把握本质和精髓。在改革开放时期，党和人民面临着各种发展的机遇与挑战，在"摸着石头过河"的建设中，创造了一个个发展奇迹，实现了马克思主义在中国的一次次飞跃，形成了一个又一个中国化的马克思主义理论成果。马克思主义理论教育和研究与中国特色社会主义建设步伐共进，高潮迭起，形成了全国人民奋力实现中华民族伟大复兴的磅礴力量。回顾中国马克思主义理论教育的历史，马克思主义理论教育在屡次高潮中阔步前进，我们激情满怀。面对中国马克思主义理论教育的现实，马克思主义理论教育高潮正在演进，我们倍加自信。展望中国马克思主义理论教育的未来，我国必将推动马克思主义理论教育，形成中国智慧中国经验，砥砺前行。

本书回顾了自建党以来中国马克思主义理论教育的历史进程，梳理了马克思主义理论教育的五次高潮（基于广义的教育角度），即建党时期理论教育高潮（1919年至1927年）、延安时期理论教育高潮（1935年至1948年）、社会主义建设时期理论教育高潮（1949年至1965年）、改革开放时期理论教育复兴发展高潮（1978年至1992年）和理论教育创新发展高潮（1992年至今）。

在建党时期，我们党通过建立并规范理论教育组织，创办刊物进行理论传播，通过运动强化教育力度，推动马克思主义理论教育高潮，体现出了理论教育的基础性特点；在延安时期，理论宣传刊物多元发展，成立了马克思主义理论教育学院，针对党内出现的问题进行整风并开始了中国化的马克思主义内容教育，体现出了理论教育的自觉性特点；在建国时期，党内整顿思想，形成了初步的马克思主义学科体系，并通过树立典型使马克思主义理论走向民众，通过工农兵学哲学来进一步加强理论教育和自学，体现出了理论教育的全局性特点；在改革开放时期，面对严峻的国内外形势，党开展了真理标准大讨论，使人们清晰地认识到了马克思主义的精髓，形成了邓小平理论。在"三个代表"的深入学习中更好地建设党，并推动了马克思主义大众化的正式提出和实践，形成了马克思主义理论教育相对完备的体系，体现出了理论教育的建设性向完备性转变的特点。在科学发展观的深入学习和实践活动的推动下，实现了什么是科学发展、如何科学发展的马克思主义理论的创新与传播，坚持用中国特色社会主义理论体系武装全党、推进马克思主义中国化时代化大众化。在深入学习习近平新时代中国特色社会主义思想的活动中，全国上下高度关注，党内外形成了学懂、弄通、做实的理论教育高潮，即注重回归马克思主义理论本真的学习，又同时使 21 世纪的马克思主义深入群众，人民群众在学习中为之鼓舞，在理论教育上实现为开启新时代中华民族"强起来"的新征程凝心聚力的伟大价值。通过分析历次理论教育高潮的教育主体、教育客体、教育内容、教育方法、教育载体、教育特点，进而总结相关经验，本书探索出了马克思主义理论教育的规律：如理论教育的历史逻辑规律、理论逻辑规律、主客体结合规律、理论教育的方法论规律等，以期为新时代马克思主义理论教育提供历史借鉴。

　　最后，本书提出了对马克思主义理论教育的展望，如马克思主义理论教育必须将经典马克思主义和中国化的马克思主义教育视为基础工作，并在完成历史的、时代的任务中创新发展，理论教育体制机制的完善是一个持续的过程，理论教育紧扣理论创新、现实问题产生持久魅力。整体看来，中国的马克思主义理论教育是在中国共产党不忘初心、牢记使命的践行中，在谋求中华民族伟大复兴历史任务的推动下，和中国特色社会主义伟大事业襄进。在理论教育内容上、形式上、载体上、方法上、体制机制上等方面日趋完善，逐渐成熟。从向国外学习马克思主义理论和理论教育方法，到发展独具中国特色创新的马克思主义理论教育内容和方法，伴随着以中国崛起推动世界社会主义运动再一次高潮的到来而使其成了世界马克思主义理论教育的中国样板，既引领了中国思想政治教育的方向，又具有世界马克思主义理论教育参考价值。马克思主义理论教育始终为中国特色社会主义事业和人类发展服务，学习不止、创新不竭。

目 录
Contents

绪　论

习近平总书记在纪念马克思诞辰 200 周年讲话中指出："马克思给我们留下的最有价值、最具影响力的精神财富，就是以他名字命名的科学理论——马克思主义。这一理论犹如壮丽的日出，照亮了人类探索历史规律和寻求自身解放的道路。"马克思主义理论是科学、是探索人类社会发展规律的宝贵财富，需要将马克思主义理论在教育主渠道传播开来，推动理论深入民心，引领人们为了美好的未来团结一致、奋力前行。要坚持不懈地传播马克思主义科学理论，抓好马克思主义理论教育。

1. 马克思主义理论教育的内涵

要准确理解马克思主义理论教育的内涵，需要思考几个相关问题：何为"思想教育"？何为"思想政治教育"？何为"理论教育"？何为"马克思主义理论教育"？这四者之间又有着什么样的联系？

首先，什么是"思想教育"？《辞海》和《现代汉语词典》对思想的解释主要从外延的角度展开。如《现代汉语词典》这样描述："思想即理性认识。"毛泽东在《人的正确思想是从哪里来的?》中也提及了思想的内涵："无数客观外界的现象通过人的眼、耳、鼻、舌、身这五个官能反映到自己的头脑中来，开始是感性认识。这种感性认识的材料积累多了，就会产生一个飞跃，变成了理性认识，这就是思想。"[1]可见，思想是理性的，思想教育也主要是理性认识的教育。

在起源上，思想教育发端于人类社会的产生。从原始社会、奴隶社会、封建社会、资本主义社会、社会主义社会到未来的共产主义社会，思想教育会一直进行下去，思想教育伴随着人类社会的产生而产生，伴随着人类社会的消亡而消亡。在这一历史长河中，思想教育也会从不专业走向了专业、

---

[1] 《毛泽东文集》（第 8 卷），人民出版社 1999 年版，第 320 页。

从无阶级性走向了伴随着私有制而产生的阶级性，也会与原始社会的"政治、宗教、艺术分离开来"[1]，思想教育的内容涵盖了所有人类认知的对象。所以，在广义上，思想教育大而全，但是伴随着阶级的出现，思想教育的主体逐渐形成专业化的队伍，他们传播、灌输具有阶级特色的教育内容，形成了专门的思想教育者，以传达主流思想要求的内容。所以，正如许启贤主编的《中国共产党思想政治教育史》所述："奴隶阶级的思想教育就是培养奴隶主阶级的统治人才。……封建统治阶级的思想政治教育也无非是为封建统治阶级的长治久安服务。……西方资产阶级在他们的思想政治教育中也毫不掩饰其阶级利益和政治目的。"[2]那么何为"思想政治教育"？通俗地讲，思想教育一旦被打上阶级的烙印即会演变成思想政治教育。

综上所述，思想政治教育在阶级产生后登上了历史舞台，并且发挥着阶级统治中的思想统治作用。思想政治教育的内容是政治教育的思想方面和思想教育的政治方面的内容的结合。其既有思想教育的要素，也有政治教育的因子。思想政治教育主要就是为阶级服务，其比思想教育的范畴要小，带有极其明显的阶级性。思想政治教育在不同的历史时期有不同的提法，从最初的思想"宣传工作"（宣传工作是思想政治工作的主要内容），到"思想工作""政治工作""思想政治工作"，这些不同概念的演变历程反映了"思想政治教育概念本身带有强烈的政治性和意识形态的实践色彩"。[3]"思想教育是认知性教育"，[4]教育主体是社会和个人，教育对象也有个体和群体之分，教育的主要内容是人的认知，使教育对象的思想水平与整个社会主流思想的要求相符。在时间上可以断定，思想教育并不是在马克思主义产生以后才出现的，自从有了人类社会，就有了思想教育。关于"思想教育"和"思想政治教育"，思想教育是基础，政治教育和道德教育是思想教育的精细化发展。思想教育不能取代思想政治教育、道德教育，思想政治教育也不是全部的思想教育和道德教育，道德教育也不能代替思想教育和思想政治教育，但是，他们之间却可以相互促进。

其次，关于"理论教育"，要明晰什么是理论？"理论"的英语翻译为"theory"，源于希腊文"theoria"，希腊文的意思为"看""观察""反思"。

---

〔1〕 许启贤：《中国共产党思想政治教育史》，中国人民大学出版社 2004 年版，第 2 页。
〔2〕 许启贤：《中国共产党思想政治教育史》，中国人民大学出版社 2004 年版，第 2~3 页。
〔3〕 倪素襄："思想政治教育概念的历史演进"，载《思想教育研究》2012 年第 11 期。
〔4〕 骆郁廷、张莉："思想教育、政治教育、道德教育的性质与特点辨析"，载《武汉大学学报（社会科学版）》2002 年第 7 期。

柏拉图认为:"没有任何一种配称为'知识'的东西是从感官得来的,唯一真实的知识必须是有关于概念的。"[1]亚历山大说过:"所谓理论,就是脱离个别事物的一般化,脱离具体事例的抽象。"理论知识是某种经验和总结的知识体系总和,科学的理论是由实践证明了的,能够正确反映客观存在,且科学的理论能够对实践具有促进作用。既有自然科学相关理论,也有社会科学、思维科学相关理论。而对自然界的认识使得自然科学的一系列理论得以形成,同时,西方自然科学的发展也促进了西方思想原则的生成。如"近代自然科学的出现对西方思想产生了划时代的影响,自然科学方法论的一般原则成了西方思想的一般原则"[2]。在追求自然科学的进步中,人们对客观的重视日益盛行。利用自然科学去推理,去认识世界也促使了科技理性的发展。

所以,从近代的对科学理性的追捧到现代的科技理性非万能论,如从限制理性,叔本华、尼采的非理性主义,到后现代主义,关于理论的认识在不同的时代具有不同的特点。但是,理论的本质和规律性的知识体系观点依然存在。正如冯契先生所述,理论就是事物的本质及其规律性的知识体系。[3]在《现代汉语词典》中,理论是人们由实践概括出来的关于自然界和社会的知识,有系统的结论。

综上所述,笔者认为,理论的观点可以从马克思主义哲学的角度去思考,理论和实践是共生关系,无论是哪一领域的理论都是在该领域实践的基础上总结、归纳出来的,是经过实践验证的一系列理性认识。理论教育就是将这种理论通过各种途径传达给受教育者,使受教育者认同并会使用这种理性的、系统的结论,理论被不同的主体运用形成了各个领域不同的具体的理论教育。例如,中国共产党进行的理论教育就是马克思主义理论教育。

理论教育和思想教育、思想政治教育不能完全等同。广义的思想教育包括理论教育,正如上文所述,思想教育的内容是广泛的,理论只是人类思想中的一个内容,但是理论教育是思想教育和思想政治教育的重要内容,是带有更加专业化和方向性的思想教育。马克思主义经典作家曾经说过:"共产党人并没有发明社会对教育的作用;他们仅仅是要改变这种作用的性

---

[1]　[英]罗素:《西方哲学史》(上),何兆武、李约瑟译,商务印书馆1976年版,第196页。
[2]　张汝伦:《历史与实践》,上海人民出版社1995年版,第191页。
[3]　冯契:《哲学大辞典》,上海辞书出版社1992年版,第1409页。

质，要使教育摆脱统治阶级的影响。"[1]"如果放弃在政治领域中同我们的敌人的斗争，那就是放弃了一种最有力的行动手段，特别是组织和宣传的手段。"[2]理论教育工作的方式之一就是宣传，但是这里要说明的是，教育和宣传不是完全等同的，教育包括了学校的理论教育、理论研究还有各种宣传部分，马克思主义经典作家相当重视理论教育。列宁指出："马克思和恩格斯对工人阶级的功绩，可以这样简单地来表达：他们教会了工人阶级自我认识和自我意识，用科学代替了幻想。"[3]所以，理论教育不仅是阶级斗争的有力武器也是阶级自我提升的良药，我们在马克思主义理论教育的一系列活动中，不仅完成了对教育对象的思想改造，而且活动本身也促进了马克思主义理论内容的丰富和体系的完善。

那么，何为马克思主义理论教育呢？在国外，有学者认为，马克思主义理论教育具有国家特色，如关于苏联模式的理论教育，包括"以马列主义、领袖思想和党的决议、政策为理论教育的内容，以完备的党的内设机构、外围机构和科学研究、教育教学机构组织体系为理论教育的主渠道，以党员、干部和广大群众为理论教育对象，以领袖→政党→阶级→群众为理论教育的方向，以党所控制的各种宣传和教育工具为理论教育的载体，等等"。[4]当代社会主义国家的理论教育主要是本土化的马克思主义理论教育，如古巴、老挝、越南、朝鲜等。在当今中国，有学者指出，理论教育就是马克思主义理论教育。其在教育内容上"包括马克思列宁主义理论的教育，也包括中国化的马克思主义理论的教育"。[5]陈哲在其博士学位论文中提到，马克思主义理论教育有广义和狭义之分，广义上是指对干部和人民群众的教育，包含学校教育和马克思主义理论的研究和宣传等。狭义上是指各类学校的比较系统的马克思主义理论教育活动。其将马克思主义理论教育定义为："无产阶级政党用马克思主义的立场、观点和方法去宣传群众、武装群众、使人民群众认识社会发展的基本规律，认清工人阶级的根本利益和历史使命，坚定社会主义信念、树立共产主义远大理想，并为此而努力奋斗的一项社会实践活动。"[6]

---

[1]《马克思恩格斯选集》（第1卷），人民出版社1995年版，第271、285、290页。

[2]《马克思恩格斯选集》（第2卷），人民出版社1995年版，第639页。

[3]《列宁选集》（第1卷），人民出版社1995年版，第89页。

[4] 任会芬："中外马克思主义理论教育比较研究述评"，载《马克思主义研究》2011年第4期。

[5] 钱风华："毛泽东的马克思主义理论教育思想研究"，东北师范大学2009年博士学位论文。

[6] 陈哲："毛泽东的马克思主义理论教育思想研究"，武汉大学2007年博士学位论文。

　　马克思主义理论教育不仅有马克思主义基本原理的教育，也有和中国实际相结合而形成的中国化的马克思主义理论教育。马克思主义理论教育的内容随着时代的发展，既有本质的、不变的方向性教育和基本原理的教育，也有中国化的马克思主义理论教育。如党的十八大报告指出，科学发展观把我们对中国特色社会主义规律的认识提升到了新的水平，开辟了马克思主义在中国发展的新境界。

　　党的十九大报告指出，新时代中国特色社会主义思想是对马克思列宁主义、毛泽东思想、邓小平理论、"三个代表"重要思想、科学发展观的继承和发展，是马克思主义中国化的最新成果。这些马克思主义中国化的新内容是马克思主义理论教育与时俱进的新内容。习近平总书记在纪念马克思诞辰200周年大会上强调："马克思主义是人民的理论、马克思主义博大精深，归根到底就是一句话，为人类求解放。马克思主义是实践的理论，实践的观点、生活的观点是马克思主义认识论的基本观点，实践性是马克思主义理论区别于其他理论的显著特征。马克思主义是不断发展的开放的理论，始终站在时代前沿。"[1]

　　在2016年哲学社会科学工作座谈会上，习近平总书记曾说："马克思主义是随着时代、实践、科学发展而不断发展的开放的理论体系，它并没有结束真理，而是开辟了通向真理的道路。"[2]为此，马克思主义理论教育也须与马克思主义理论发展一致，始终走在时代前列。马克思主义理论教育渠道不仅包括党校，高校等学校的理论教育与研究，还包括各党团等校外组织开展的马克思主义理论研究活动、网上网下宣传教育。教育队伍主要是理论工作者。对此，可以借鉴《四项基本原则大辞典》中对马克思主义理论队伍作出的定义："从事马克思主义理论研究、理论教育和理论宣传的广大理论工作者的集合。我国的理论队伍包括：党委宣传部门、讲师团、党政机关中的研究机构、社会科学院系统、大专院校、各级党校、干部学院、军事院校的理论研究和教学部门中的理论工作者。"[3]教育队伍虽主要指理论教育者，但教育者不限于学校，只要是从事马克思主义理论教育、研究、宣传的工作者便都是在为马克思主义理论教育贡献力量，都是直接或间接的马克思主义理论教育工作者。

---

〔1〕　习近平在纪念马克思诞辰200周年大会上的讲话。
〔2〕　习近平：《在哲学社会科学工作座谈会上的讲话》，人民出版社2016年版，第13页。
〔3〕　向洪：《四项基本原则大辞典》，电子科技大学出版社1992年版，第241页。

2. 马克思主义理论教育和思想政治教育的关系

马克思主义理论教育是一个马克思主义理论从被认知到被认可的过程，经典作家马克思主义理论的形成是在 19 世纪 40 年代，从此在世界上拉开了马克思主义理论教育的序幕，马克思主义理论教育在俄国成功进行，由列宁对马克思主义理论进行丰富和发展，并形成了马克思列宁主义，马克思主义理论教育在俄国体现在列宁的理论教育思想之中。列宁认为："社会民主党人不但不能局限于经济斗争，而且不能容许把组织经济方面的揭露工作当作他们的主要活动。我们应当积极地对工人阶级进行政治教育，发展工人阶级的政治意识。"[1] 并认为"只有以先进的理论为指南的党，才能实现先进战士的作用"。[2] "保持无产阶级政党在思想上和政治上的独立性，是社会主义者的始终不渝和绝对必须履行的义务。"[3] 在国内，马克思主义思想和中国的革命和建设实践结合，形成了中国化的马克思主义理论，如毛泽东思想、邓小平理论、"三个代表"重要思想、科学发展观、习近平新时代中国特色社会主义思想。马克思主义理论来到中国始于 19 世纪末 20 世纪初，得益于留法、留日、留欧学生对马克思主义理论的传入和传播。如中国共产主义运动的先行者——留学归来的陈独秀，主要通过《新青年》传播俄国的先进思想，介绍马克思主义思想，进而推动中国的仁人志士学习并传播马克思主义理论。此外，还有李大钊、李达等，留欧归来的蔡和森、周恩来等，留苏的瞿秋白、任弼时等对马克思主义的传播。马克思主义理论早期的传入和传播为以后的理论大众化打下了坚实的基础。1949 年新中国成立以后，马克思主义理论教育是全党全国各族人民思想教育的主要内容。当时的教育主要在党内进行，党校是进行马克思主义理论教育的主要阵地。随后的 2 年内，马克思主义理论教育从全党扩展到了全国范围，教育的主要阵地从各级党校扩展到高等院校。思想政治教育在时间上要早于马克思主义理论的教育，如上文所述，有了人类社会就有了思想政治教育。各个国家不分社会制度和社会发展程度，都有自己的思想政治教育的实践，只是叫法不一。如日本的"修身科"、美国的"公民教育"、英国的"政治教育"、法国的"共和国公民的伦理与道德课程"、菲律宾的公民课等。思想政治教育的内容因各个国家的体制和统治阶级的性质不同而不同。

---

〔1〕《列宁选集》（第 1 卷），人民出版社 1995 年版，第 342 页。

〔2〕《列宁选集》（第 1 卷），人民出版社 1995 年版，第 312 页。

〔3〕《列宁选集》（第 1 卷），人民出版社 1995 年版，第 678 页。

在思想政治教育概念上，最早由列宁提出的相关概念"政治教育"和"政治教育工作"与思想政治工作比较接近。在新中国，思想政治教育的概念也经历了"政治工作""思想政治工作""思想政治教育"等变化。不管是中国的思想政治教育还是西方的思想政治教育都带有强烈的阶级性，都是为统治阶级政治服务的，只是中国的思想政治教育的阶级性没有西方社会那么隐晦，而是直接的、鲜明的。

第一，马克思主义理论教育、马克思主义理论教育与思想政治教育、思想政治教育。就学科而言，马克思主义理论教育从 20 世纪 80 年代末就已存在，当时是政治学一级学科下的二级学科。思想政治教育专业和马克思主义理论教育专业均自成体系。"他们在各自理论的综合性研究方面，在特定的描述对象、语言系统和理论体系结构方面都已经比较规范化，在学术水平、课程设置，以及高层次的研究生教育方面也都已趋于成熟。"[1] 马克思主义理论教育与思想政治教育专业是在 1996 年后出现的，在 1996 年前，思想政治教育在本科和研究生教育专业里都存在。而教育部关于高校建立思想政治教育专业始于 1984 年，开办本科第二学士学位班，在武汉大学率先举办本科专业。1987 年 12 月，社科目录在马克思主义理论与思想政治教育下设思想政治教育专业。1996 年后，思想政治教育专业更名为马克思主义理论与思想政治教育。目前，马克思主义理论是一级学科，思想政治教育是马克思主义理论教育学科中的二级学科。马克思主义理论教育课程开设于 20 世纪 30 年代，延安于 1938 年 5 月就已经建立马列学院，1941 年 5 月改组为延安马列研究院。"各高等学校先后废除了国民党的训导制度，特务统治，取消了国民党的'党义''公民'等课程，开设了马列主义理论课程、建立起共产党、共青团的组织和政治工作制度。"[2] 1949 年 10 月，华北高等教育委员会颁布了《各大学、专科学校、文法学院各系课程暂行规定》，规定添设"辩证唯物论和历史唯物论""新民主主义论""政治经济学"为文法学院的公共必修课。随着 1958 年马列主义学校的成立，以及 1980 年 10 月中宣部对学校马列主义理论课的领导关系的恢复，马克思主义理论学科逐渐走上系统化。2005 年 2 月，中宣部、教育部印发《关于进一步加强和改进高等学校思想政治理论课的意见》，随后又发布了《中共中央宣传部 教育部关于进一步加强和改进高等学校思想政治理论课的意见》实

---

〔1〕 张雷声、李玉峰：《新中国思想理论教育史》，高等教育出版社 2005 年版，第 4 页。
〔2〕 张雷声、李玉峰：《新中国思想理论教育史》，高等教育出版社 2005 年版，第 29 页。

施方案，规定高等学校思想政治理论课本科设置四门必修课，分别为"马克思主义基本原理""毛泽东思想、邓小平理论和'三个代表'重要思想概论""中国近现代史纲要""思想道德修养与法律基础"，另外还开设了"当代世界经济与政治"等选修课。专科思政课有两门必修课：分别是"马克思主义基本原理""毛泽东思想、邓小平理论和'三个代表'重要思想概论"。同时强调了"马克思主义基本原理"要着重讲授马克思主义的世界观和方法论，帮助学生从整体上把握马克思主义，正确认识人类社会发展的基本规律，"概论"课着重讲授中国共产党把马克思主义基本原理与中国实际相结合的历史进程，充分反映了马克思主义中国化的三大理论成果。"纲要"课要帮助学生深刻领会历史和人民是怎样选择了马克思主义，选择了中国共产党，选择了社会主义道路。"思修"课要帮助学生增强社会主义法制观念。本、专科学生都要开设"形势与政策"课。2008年8月6日，教育部办公厅根据中央精神，将高校思想政治理论课"毛泽东思想、邓小平理论和'三个代表'重要思想概论"课程名称调整为"毛泽东思想和中国特色社会主义理论体系概论"，并通知，为适应课程名称变化，中宣部、教育部组织教材编写组要对教材予以修订，并请各高校按最新修订的教材组织教学。2011年对课程标准予以建设，于2013年、2015年、2018年分别对教材进行了不同程度的修订。

第二，马克思主义理论教育和思想政治教育的教育内容不同。马克思主义理论教育的主要内容包含了马克思主义基本理论和中国化的马克思主义理论，具体内容有辩证唯物主义和历史唯物主义、马克思主义政治经济学、科学社会主义这三大理论，以及毛泽东思想和中国特色的社会主义理论体系。主要通过专业知识教育，使教育对象树立科学的世界观，有坚定的共产主义信念。而思想政治教育的主要内容中有一部分和马克思主义理论教育的内容一致，即世界观教育。此外，就是思想道德教育和政治素养教育，主要培育公民素养和基本的道德意识，如爱国心、公民权利和义务的履行、公德心、道德心等，所以，思想政治教育的内容更为广泛，是包含了世界观、人生观、价值观于一体的教育。如有关学者所述："思想政治教育是在马克思主义理论教育的基础上，着重于人们的人生观和价值观所进行的教育。"[1]

---

[1] 李爱华、雷骥："论马克思主义理论教育与思想政治教育的关系"，载《思想理论教育》2006年第4期。

第三，马克思主义理论教育和思想政治教育的教育途径不同。鉴于马克思主义理论教育的内容阶级性、政治性鲜明的特点，在进行马克思主义理论教育的过程中常常要借助"灌输"的方法。灌输法是任何阶级社会在任何阶段进行意识形态教育的必要方式。马克思主义理论教育主要是灌输方法，"灌输是教化的基础"。[1]思想政治教育方法除了灌输外还有鲜活的、生动的方式，比如自教自律的修身方法、法规自律、激励方法、疏导方法、隐性教育方法（如渗透法、陶冶法、实践体验法等）。

尽管马克思主义理论教育与思想政治教育有不同，但是也有一定的一致性，比如两者的教育对象有共同性，都是高校青年大学生群体和社会其他各类人群，此外两者都具有政治性、意识形态性和实践性。马克思主义理论教育是思想政治教育的基础，思想政治教育是马克思主义理论教育的价值体现。马克思主义科学体系是实现思想政治教育科学化的保证，此外，思想政治教育要坚持以"马克思主义中国化的最新理论成果为指导"。[2]马克思主义理论教育离不开思想政治教育，仅仅有理论教育不能满足人的素质的全面发展，还必须有思想道德和心理素养，而后者的养成主要是靠思想政治教育的作用，所以，马克思主义理论教育和思想政治教育两者必须双管齐下。

2. 马克思主义理论教育规律

从马克思主义哲学的角度，规律是事物之间本质的必然的联系。扈中平等主编的《现代教育学》一书将教育规律定义为教育系统在其运动发展过程中内部诸要素之间、教育系统与其环境（物质的、精神的、社会的）之间的一种本质或必然的联系。[3]也有学者认为，教育规律是教育现象中两个或两个以上的因子之间本质的联系和关系，这些因子有发展变化必然遵循的逻辑轨道。[4]顾明远主编的《教育大辞典》对教育规律定义为：教育发展过程中的本质联系和必然趋势。[5]此外，还有学者认为，教育规律是从教育主体、客体、教育活动、教育的客观必然性等角度去研究。综上所述，我们可以看出，教育规律是关于教育过程涉及的各个事物之间的一种必然发展的趋势。教育规律有一般规律和特殊规律之分，一般规律是一

〔1〕 张耀灿等：《现代思想政治教育学》，人民出版社2006年版，第377页。
〔2〕 张耀灿等：《现代思想政治教育学》，人民出版社2006年版，第39页。
〔3〕 扈中平、李方、张俊洪：《现代教育学》，高等教育出版社2000年版，第113页。
〔4〕 马兆掌："教育规律的逻辑分类"，载《教育研究》1990年第10期。
〔5〕 顾明远：《教育大辞典》（增订合编本）（上册），上海教育出版社1998年版，第750页。

切教育领域共有的规律，这种规律主要研究的是社会和教育之间的关系，人的发展和教育的规律。特殊规律是具体的规律，有学者认为教育规律存在于不同方面、不同阶段、不同层次、不同活动之中，如德育过程、体育过程、智育过程等规律，[1] 不同领域有各具特色的规律。那么，马克思主义理论教育的规律也是教育规律的一种，涉及具体内容的规律，两者之间有一定的联系和区别，因为马克思主义理论教育是意识形态的教育，不是具体的自然科学的教育，所以在意识形态的领域里要把握教育规律必须抓住意识形态领域的特殊性，比如阶级性，社会性。所以，正如列宁所述："因为教育问题决不等于学校问题，教育决不限于学校。"[2] 当然，他所讨论的教育不一定全是意识形态的内容，但是对理论教育也适用，"因此工人通过这样的罢工完全可以受到政治教育"。[3] 探索马克思主义理论教育规律的目的就是为了马克思主义理论教育更好地开展，马克思主义理论教育规律是具体的规律，是研究马克思主义理论教育过程中本质的联系和必然趋势。马克思主义理论教育规律的特征如果按照传统规律观点来理解，也具有客观性、必然性、普遍性属性。如按照教育学特殊规律的研究思路，也正如学者提出的，教育具有应然性、自为性、即"主体性"。[4] 综上所述，马克思主义理论教育规律既有一定的客观特性，也受教育主体性影响，有主体性特色，这对马克思主义教育规律探析有一定的指导意义。

本书旨在从中国马克思主义理论教育的历次高潮中，回顾与反思理论教育的方法、特点和相关经验，进而探索马克思主义理论教育的规律，探索隐藏在理论教育具体活动中的教育本质，为马克思主义理论教育的深入开展提供参考，为实现中国梦凝心聚力，做好理论奠基工作。

---

[1] 柳海民：《教育原理》，东北师范大学出版社 2000 年版，第 459 页。

[2] 《列宁全集》（第 2 卷），人民出版社 1984 年版，第 475 页。

[3] 《列宁全集》（第 2 卷），人民出版社 1984 年版，第 88 页。

[4] 程少堂："试论教育规律的特殊本质"，载《江苏教育研究》1996 年第 5~6 期。

第一章

马克思主义理论教育研究现状

第一节　国外研究现状

当前，国外马克思主义理论教育的相关论述并不多见，但是马克思主义研究活动在不同国家的相关党派中依然存在，特别是随着中国的崛起，引起了许多西方马克思主义相关政党对马克思主义理论和理论教育的创新与发展的关注。这些活动直接表现为西方马克思主义学者和马克思主义研究者通过国际学术会议和研究刊物进行马克思主义思想的交流、对话，传播着马克思主义思想。此外，也有关于越南、老挝、尼泊尔等社会主义国家或马克思主义政党的马克思主义理论教育的研究。

西方马克思主义学者研究马克思主义的过程或多或少地对经典马克思主义思想进行了一定程度的"修正"。由于西方马克思主义诞生时间较晚于经典马克思主义思想，所以，在没有无产阶级革命实践的背景下，西方马克思主义偏理论、偏抽象。下面，本书将着重梳理国外主要马克思主义流派和其他社会主义国家或马克思主义政党的马克思主义理论教育活动。

一、西方主要马克思主义流派

当前，西方马克思主义流派众多。总体看来，马克思主义流派主要有与经典马克思主义一脉相承的新马克思主义，他们能够坚持马克思主义价值取向，能够对其进行适当的创新和发展；也有运用部分马克思主义思想对资本主义社会进行批判的左翼理论家流派。此外，由于经典马克思主义思想内容的丰富性，将马克思主义理论与时代结合、与理论结合也产生了新的马克思主义流派，如将马克思主义理论和女权主义理论、生态学理论结合分别诞生了女权马克思主义和生态马克思主义，还有以雅克·德里昂（Jacque Deliant）等为代表的围绕权力结构和关系的结构马克思主义，以威廉（Wilhelm）为代表的用马克思主义视角审视资本主义文化权并给社会带来异化的文化马克思主义等等。可以看出，国外马克思主义流派随着社会主义运动高潮的再次来临而迅速发展，并且具有多元性和复杂性。如在20世纪初开创了西方马克思主义思潮的匈牙利哲学家和思想家乔治·卢卡奇（Ceorg Lukacs，1885年至1971年）到法国的结构主义马克思主义者阿尔图塞（Louis Althusser）。这些知名的西方马克思主义者不仅在研究马克思主义中形成了新的马克思主义学派，也影响培育了新一代的马克思主义者。

首先，关于乔治·卢卡奇，他在《历史和阶级意识》一书中提到阶级意识有"现实的阶级意识""真正的阶级意识"，现实的阶级意识是无产阶级自然产生的，而真正的阶级意识体现了无产阶级的觉悟，而具有这种有觉悟的人又将会继续影响其他人。物化是消极的，在资本主义社会，任何事物都是客体，甚至连宗教、观念都会变成客体，进而批判资本主义的人的历史客体性。卢卡奇对阶级意识的见解独到，其研究是从新的角度对马克思主义理论进行解读的重要成果。

意大利的共产党领袖安东尼奥·葛兰西从人民文学的角度，对文化领导权予以重视。他认为，在资本主义社会里，存在资产阶级意识形态的"文化霸权"，而要进行社会主义革命，必须使无产阶级先获取文化的领导权。和传统马克思主义者相比，他认为，知识分子是人类团结的重要原因，因为知识分子能够不断提出新的概念，并且会进行宣讲，进而指出不同民族的共产主义道路也是不同的，对马克思主义理论进行了一定程度的修正。

此外，西方的一些研究机构对马克思主义的研究也形成了一些学派。如德国法兰克福学派，该学派思想源于20世纪30年代至40年代的法兰克福研究所的成员，他们批判社会理论，认为经典马克思主义意识的产生是正确的，但是没有说明经济发展过程的意识转化过程，所以，马克思主义可以用弗洛伊德的潜意识论去补充。对于科技异化也有一定的认识，认为应该用马克思主义进行批判。在西方，法兰克福学派也被称为"新马克思主义"的典型代表。

法国的马克思主义流派，如阿尔图赛（Louis Althusser）主要研究马克思主义的科学性，对科学理论进行过程解读，用结构主义观点对马克思主义进行剖析。

此外，也有学者从马克思主义史学研究视角进行探究。如英国桑德兰大学讲师马太·佩里（ Matt Perry）博士的《马克思主义与历史学》，英国利兹城市大学高级讲师保罗·布莱克利奇（ Paul Blackledge）的《反思马克思主义史学理论》等。

二、国外学者对马克思主义理论教育的研究

除了上述国外学者对西方马克思主义的研究外，还有关于马克思主义理论教育相关专著，如20世纪七八十年代苏联的《论共产主义教育》（安·谢·马卡连柯著）、《德育过程原理》（伊·斯·马里延科著）、《论共产主义教育和教学》（米·伊·加里宁著）、朝鲜语的《学习马克思主义、批判修正主义》、越南学者双成的《胡志明思想的概念和体系》等。

国外学者对中国的马克思主义理论教育的研究主要包括马克思主义中国化体系、马克思主义中国化的经验研究，马克思主义理论教育的特征研究、马克思主义理论体系的研究、马克思主义理论教育的主要内容研究，还有对新中国领导人的马克思主义理论教育思想研究。学者主要来自发达国家如美国、英国、法国、德国、日本、加拿大等国家。在美国，有学者对中国马克思主义理论教育的内容进行了研究，如美国的斯图尔特·R. 施拉姆的《毛泽东思想》，莫里斯·迈斯纳的《毛泽东与马克思主义、乌托邦主义》等。日本学者野村浩一的《毛泽东思想的特点》等。

当然，当代国外学者的马克思主义教育研究也有部分成果，如 W. 约翰·摩根从道德教育的角度研究马克思主义。[1] 迈克尔·彼得斯用批判的视角对后结构主义与马克思主义的关系进行阐述，并分析了教育的知识资本主义形式。[2]

可见，国外马克思主义教育相关研究成果虽有，但是基本都是关于马克思主义流派的研究或者对中国的马克思主义理论发展的洞察，对经典马克思主义理论的传播和教育的具体方法和规律研究还有待发展、深化。

---

〔1〕　W. John Morgan, "Marxism and Moral Education", *Journal of Moral Education*, 2005, Vol. 34 (4).

〔2〕　Michael Peters, "Post-structuralism and Marxism: Education as Knowledge Capitalism", *Journal of Education Policy*, 2003, Vol. 18.

第二节 国内研究综述

一、国内马克思主义理论教育研究

马克思主义理论教育一直是我党的重要工作任务。改革开放以来，学者关于马克思主义理论教育的研究从未停止过，研究成果颇丰。当前，马克思主义理论教育已经成为学术界研究的热点问题。近年来，学者主要从如马克思主义理论教育的意义、教育内容、教育存在问题和对策、教育经验等方面进行研究。既有我国马克思主义理论教育的纵深挖掘，也有不同国家马克思主义理论教育的横向比较。下面，本书将对相关的著作和期刊论文予以介绍。

1. 关于马克思主义理论教育的重要性和必要性研究

学者认为，马克思主义理论教育意义重大。李永胜（2016 年）认为当今时代马克思主义理论占据着人类精神文明的思想制高点，马克思主义是我们的科学世界观和方法论，内蕴着洞察天地人世的大智慧，是人类伟大的认识工具，要用马克思主义理论育人化人，用共产主义理想信念涵养心灵，就能培养有理想、有道德、有担当的社会主义一代新人。张云飞（2016 年）提出，须将马克思主义理论教育作为专门的、独立的马克思主义理论学科进行研究，只有马克思主义理论一级学科获得大发展和大繁荣，马克思主义理论教育才能获得厚实和科学的学科支撑，高校思想政治理论课才能真正成为一门科学和艺术。肖香龙（2017 年）认为，坚持在全党、全社会开展马克思主义理论教育是当前我国社会主义文化建设中文化自觉、文化自信的重要体现，建设社会主义文化强国需要依托马克思主义理论教育。

2. 关于马克思主义理论教育的内容研究

学者认为，马克思主义理论教育内容会随着时代的发展而不断丰富完善。当前，学者普遍关注马克思主义理论教育的现实回应，从教育内容的与时俱进着手。郝立新（2016 年）认为，马克思主义是由马克思、恩格斯创立，由各个时代、各个民族的马克思主义者不断丰富和发展的观点与学说体系。程恩富和胡乐明（2010 年）认为，应当结合我们党开拓改革开放道路的艰辛历程和巨大成就，宣传阐释改革开放如何发展了中国、发展了社会主义、发展了马克思主义。石仲泉（2017 年）认为，习近平新时代中国特色社会主义思想是伟大的理论创新，是紧密结合新的时代条件和实践要求，开辟的马克思主义新境界。要深入学习贯彻习近平新时代中国特色社会主义思想，用习近平新时代中国特色社会主义思想武装全党。郝立新（2015 年）认为，新时代在呼唤、酝酿并实现着马克思主义的创新和发展。新时代的马克思主义是一个动态的、过程的概念，它既包含着已经获得或实现了的创新成果，即丰富和发展了马克思主义，开辟了马克思主义新境界的方面，又具有当下正在进行的立足于实践、聚焦于时代问题，不断地总结和探索，还蕴含着面向未来，催生具有更新的创新元素、更新的思想成果、更高的理论境界的马克思主义的期待。史岩（2017 年）认为，习近平新时代中国特色社会主义思想在理论上把中国特色社会主义的最新发展，提高到了党的纲领水平，要把习近平新时代中国特色社会主义思想作为理论教育的中心内容。

此外，也有关于马克思主义理论经典作家和历来中国马克思主义理论成果主要创立者的教育思想内容的研究。如马克思、恩格斯、列宁的理论教育思想，毛泽东、邓小平、江泽民、胡锦涛同志的马克思主义理论教育思想的研究。首先，关于经典作家恩格斯、列宁的马克思主义理论教育研究，如代金平在《积极探索马克思主义创始人的理论教育思想——〈恩格斯理论教育思想研究〉评介》和袁银传的《马克思主义理论教育思想研究的新视角新成果——郑洁博士〈恩格斯理论教育思想研究〉评介》高度评价了恩格斯的教育思想对马克思主义教育思想的重要作用。郑贤云的《列宁马克思主义理论教育研究》探讨了列宁关于马克思主义理论教育思想的独特个性——"三个统一"：理论教育与文化教育的统一、理论教育与实践教育的统一、教育目的与教育作用的统一。孙来斌的《列宁的马克思主义理论教育思想研究》对列宁理论教育思想的形成、特征、核心、教育目的与作用、根本原则和方法、主体与客体以及历史命运进行了阐述。

其次，关于毛泽东的马克思主义理论教育思想研究。学者们围绕土地革命时期、延安时期、抗日战争时期等不同阶段毛泽东对领导干部和群众的马克思主义理论教育思想展开。如陈哲研究的抗战时期毛泽东教育思想，认为理论教育起着旗帜作用、指南作用，是政治任务的中心环节。并对理论教育重点对象——干部队伍，理论教育方法——理论与实际的结合等进行分析。其认为，在延安时期，为了适应党的数量由小变大，党员数量增加的需求，马克思主义理论教育工作也进入黄金时期，干部学校对马克思主义理论教育的有效开展，为抗战最终胜利和新中国建设培育了大量得力人才。

王海军和王新刚的《中央苏区时期中国共产党马克思主义理论教育探析——以1929—1934年干部学校教育为考察对象》指出，中央苏区时期，在以毛泽东为首的苏区领导高度重视马克思主义理论教育的形势下，红军学习和地方党政干部学校认真贯彻党和苏维埃政府的教育方针，提升学员马克思主义理论素养。注重教育实效、理论教育和实践教育结合，领导干部指导授课，进行时事报告，并创新教育方法，广泛利用报刊宣传，结果培养了一大批高素质的得力干部，形成了宝贵的历史经验：理论教育要服从和服务于党的中心工作（保卫苏维埃政权），并指出在当前决胜全面建成小康社会时期，夺取新时代中国特色社会主义伟大胜利是党的重心工作，马克思主义理论教育也要紧紧围绕这一工作。要学习马克思主义中国化的最新理论成果、要强化党对一切工作的领导等。

范美香等在《革命年代毛泽东的马克思主义信仰培育思想及当代启示》中提到，毛泽东在成为马克思主义者的过程中，不仅认识到了"主义"的重要意义，还相当重视马克思主义信仰的作用，并积极实践和探索马克思主义信仰培育的方法，把信仰培育的普遍性和中国国情相结合、与中国历史文化相结合。将马克思主义比作武器，视为共产党人的精神支柱。毛泽东同志认为，无论是对付黑暗还是迎接光明都需要加强教育，构建马克思主义中国化话语体系，给群众以看得见的利益等。陈哲的关于毛泽东的马克思主义教育思想研究论述了毛泽东理论教育思想形成与发展的社会历史条件、过程；毛泽东关于理论教育的意义、基本原则、教育者、学习者、内容、教育教学方法的思想；毛泽东理论教育思想的现实意义。此外，还有钱凤华的《毛泽东的马克思主义理论教育思想研究》等。

再次，对邓小平的马克思主义理论教育的研究。如周太山的博士学位论文将邓小平马克思主义理论教育思想形成分为孕育萌芽（1922年至1929年）、初步形成（1929年至1949年）、深化发展（1949年至1974年）和完善成熟（1975年至1997年）四个阶段。提出的新观点有马克思主义教育要按照灌输原则，进行自我灌输，否则不叫真正的灌输，此外还有疏导原则。其从理论教育与专业知识关系角度认为专不等于红，也不等于白，专在一定意义上也可以说是红的表现，红必须要专，红专要相结合。在学风上提出了实事求是、走群众路线、坚持百家争鸣的方针、提倡学术交流、端正党风、反对主观主义学风等培养马克思主义学风的途径，同时提出邓小平认为不同历史时期党的中心任务不一致，和中心任务相比，马克思主义理论教育处于从属地位，服从和服务于时代中心任务。李政敏在博士学位论文里将邓小平马克思主义理论教育和马克思、恩格斯、列宁、毛泽东相关思想进行比较分析，探讨了马克思主义理论教育的地位、目标、内容、形式和主客体原则、方法等（李政敏，2011 年）。

复次，关于江泽民同志的马克思主义理论教育研究。陈哲、喻慧共同创作的关于江泽民马克思主义理论教育思想研究的论文指出，在新形势和任务下，必须适应社会全面进步的要求。树立旗帜，有民族精神、实现精神富裕、干部要认真学习马克思主义，要用马克思主义理论教育人民，不要给错误思潮的滋生蔓延的机会，抵制国内外的各种西化、分化图谋。张志新的《江泽民的马克思主义理论教育思想研究》论述了江泽民理论教育思想的渊源、时代背景、实践基础、现实依据和基本特征，江泽民对理论教育价值的科学阐发，对理论教育对象与内容的科学分析，对理论教育实现机制的继承和发展以及江泽民指导全党进行理论教育的基本实践。叶莉英的《论江泽民马克思主义理论教育思想的基本特征》提到为了坚定人民的政治方向，提高政治鉴别力和敏锐性，江泽民同志不断强调马克思主义的政治观教育，做到科学性和政治性、开放性和批评性、继承性和创新性、时代性和前瞻性、广泛性和重点性的统一。孙来斌的《江泽民的马克思主义理论教育思想》指出了江泽民同志对马克思主义理论教育的作用、内容、对象等进行深刻阐述，马克思主义理论教育思想比较系统。如从国际宏大视野强调马克思主义关乎伟大事业的方向问题、成败问题，必须高度重视。从中国现实出发要高举邓小平理论伟人旗帜，凸显邓小平理论在马克思主义理论教育的重要地位。为了确保社会主义事业后继有人，必须对领导干部、青年学生开展重点教育，丰富马克思主义学风思想等。

最后，关于胡锦涛同志的马克思主义理论教育研究。学者们普遍关注以胡锦涛为总书记的中央集体对马克思主义理论教育的丰富与创新。如任会芬的《胡锦涛马克思主义理论教育思想》提到以胡锦涛同志为核心的党中央推动理论教育内容的创新，针对青年、高校学生、干部等重点教育对象，开展发展着的马克思主义理论教育宣传。注重马克思主义理论建设和研究工程的推进，将理论教育融入文化建设，巩固马克思主义在意识形态领域的指导地位。郑贤云的《论胡锦涛关于马克思主义理论教育的思想》

指出，我党有重视马克思主义理论教育的优良传统，胡锦涛同志高度重视理论教育工作，面对时代机遇和挑战，胡锦涛同志既做到了从大局上统筹教育事业，又有重点地开展了马克思主义理论教育，将青年的马克思主义理论教育放在了极其重要的位置，抓教育的主阵地、主渠道、主课堂，理论和实践结合，为我国的马克思主义理论教育工作提供可靠指导。此外，也有散见于部分文章中的胡锦涛理论教育思想论述。如贾云鹏在《胡锦涛干部思想政治教育理论研究》中指出，思想政治教育工作的开展要以马克思主义理论为指导，胡锦涛同志在当时世界新形势下，坚持不懈地用马克思主义中国化的新理论武装教育干部，将马克思主义基本理论、科学发展观、构建社会主义和谐社会思想作为理论教育内容，高度重视干部的思想政治教育，认为干部的思想政治教育必须要以马克思主义中国化的最新理论作为指导，加强中国特色社会主义理论体系教育等。

以领导人的马克思主义教育思想为研究对象的专著有数部。孙来斌的《列宁的马克思主义理论教育思想研究》（中国社会科学出版社 2003 年版），认为，邓小平在理论教育中提出要科学认识马克思主义，确保理论教育内容的科学性；正确认识思想理论教育同经济建设的辩证关系，摆正思想理论教育的地位。陈哲的《毛泽东马克思主义理论教育思想研究》（湖北人民出版社 2008 年版），此外还有石云霞的《新中国成立以来中国共产党思想理论教育历史研究》（上、下册）分别对不同时期的党的思想教育做了系统研究。阎树群的《当代中国的马克思主义学风》（中国社会科学出版社 2004年版）。

3. 关于马克思主义理论教育的现状和问题研究

专家学者们认为，总体而言，马克思主义理论教育虽然取得了诸多成绩，但也有一些问题。如教育形式问题、边缘化问题、话语创新问题、载体转换问题等，这些是大家关注的重点。郝立新（2015 年）认为，当前，马克思主义理论教育已经取得了令人瞩目的成绩，获得了许多经验，但也存在一些亟待改进的地方。例如，马克思主义理论教育的形式有待丰富，马克思主义理论教育话语体系有待创新。陈先达（2016 年）认为，在中国出现马克思主义被边缘化现象，不是偶然的。就大环境而言，主要是东欧剧变和苏联解体，世界社会主义革命低潮，西方国家尤其是美国推行思想渗透等。就小环境而言，主要是改革开放以来我们经历了深刻的社会变化。在一些地方，有的马克思主义政治理论课教员羞于在人前说自己是政治理论课教员，马克思主义在课堂、论坛、杂志和出版物中被边缘化的现象很严重。朱安东（2016 年）提到，某些机构不顾国情引入并推行个别西方国家的学术评价标准、学生培养方案和教学大纲，使得马克思主义在某些学科教材中"失踪"了。

上述专家学者的观点对近几年的马克思主义理论教育给出了深刻而系统的剖析，戳中了马克思主义理论教育的现实痛点。改革开放以来理论教育改革一直在路上，但是效果不尽人意，为什么？早期，不少学者也对不同对象的马克思主义理论教育予以了关注，如高校学生群体、干部队伍、工人、农民等分类研究。

首先，针对学生的马克思主义理论教育状况研究。张新的《马克思主义理论与"三观"教育的历史沿革及其经验教训研究综述》对我国的马克思主义教育和三观教育的研究进行了详尽的归纳和总结，肯定了马克思主义教育研究的实证研究之功，但是发现研究理论深度和高度不够，要对其中的一些规律性现象进行研究，进而得出一些深刻的理论结论。第二，需要深入研究马克思主义理论和"三观"教育的历史沿革与我国马克思主义理论整体研究进展之间的关系。第三，需要深入研究马克思主义理论和"三观"教育历史沿革和社会变革以及大学教育改革之间的关系等（张新，2006 年）。还有散见于刘志敏的《高校马克思主义理论教育接受主体被动学习研究》；郁顺华、房华强的《学生党员马克思主义理论教育研究——基于培养领导者视角》；郭清、赵文聘的《对高校辅导员进行马克思主义理论教育的对策研究》；孙其昂的《高校马克思主义理论教育体系构建研究》；刘明合、张新的《对马克思主义理论教育中几个重要问题的研究综述》；郝建春的《高校马克思主义理论教育接受主体被动学习研究》；李辉的《高校马克思主义理论课教学中的创新教育研究》；李岩的《高校学生马克思主义理论教育知行转化问题研究》；童曼的《高职院校马克思主义理论教育接受主体〈期待视野〉研究》；李祖红的《关于当下马克思主义教育理论研究现状的思考》。张逸云、郭秋光在《党史文苑》中探讨了高校马克思主义理论教育科学研究的特点。郭秋光、刘雪岚的《加强高校马克思主义理论教育科学研究的必要性》对各个层级的学生进行了马克思主义教育研究。郑又贤在《思想育研究》上发表的马克思主义理论教育"一条龙"规范提出要做好从小学到最高级别学位教育的系统化。甘霖在《马克思主义理论与思想道德教育教学中的主要问题与对策研究》中提出我国在马克思主义理论教学观念、教育体制、制度管理、学科建设上存在许多问题并给出了建议。相关论文还有郑又贤的《学生马克思主义理论教育阶段衔接研究》、阎治才主编的《我国高校马克思主义理论教育的历史发展和基本问题研究》等。

其次，关于农民、工人的马克思主义教育研究。由于新中国农民的数量庞大，国情特殊，所以，对农民的思想教育研究由来已久。陈国泳和李琦的《毛泽东农民教育思想及其时代意义》指出，毛泽东的农民教育思想源于农村革命活动，扎根于农村革命实践，农民的思想政治教育是毛泽东理论教育的重要工作，毛泽东当时把农民思想政治教育放在教育首位、注重扫盲工作和生产实践与思想教育的结合。白林驰的《中共早期马克思主义理论教育转型研究》中有部分关于农民理论教育的论述，论及农民被教育的可能性和教育的方法，在谈到为什么要对农民进行教育时指出这是得益于毛泽东对中国当时社会结构的认识。他认识到，农民在整个金字塔中的底层处境，压迫深、剥削重，经济地位、政治地位决定了农民参与革命的需求和接受教育的迫切性，而改变农民散漫、觉悟状况，最好的办法就是对农民进行马克思主义理论教育，为此为农民开班，成立夜校、发起农民运动等，探索农民教育途径。此外就是散见于王艳成、龚志宏合著的《中国共产党农民社会主义教育50年》，冯志军和郭志芹的《乡村社会马克思主义大众化的历史考察、现实问题及其路径选择》，詹学德的《推动农村当代中国马克思主义大众化的思想文化制约性因素分析》，胡子克的《马克思主义理论教育概论》对农民群众的马克思主义理论教育等。

4. 关于马克思主义理论教育的对策研究

学者认为，马克思主义理论教育要切实提高实效，需要从内容、形式、管理、人才队伍等方面着手。郝立新（2015年）提出，要从内容和形式两个方面着手，在内容上要把握好马克思主义理论的特点，突出马克思主义理论的科学性、时代性、实践性、人民性，在教育形式上要遵循教育规律，根据学生特点，改进教育教学的方式，马克思主义理论教育者应该善于说清道理，讲好故事，系好"扣了"，即善于以科学逻辑的力量征服人，以鲜活的事例感染人，以正确的价值取向引导人。陈先达（2016年）提出，必须在对思想意识形态领域依法实行有效管理的同时，切实提高马克思主义理论研究水平和宣传水平，切实提高马克思主义理论工作者的政治地位，培养他们的光荣感和使命感。韩震（2016年）提出，不仅要转变理论表达方式也要注意学术研究目的、立场问题。首先要解决真懂真信的问题，否则就不可能真正推进马克思主义中国化、时代化、大众化，即使去做也会走样。核心是要解决好为什么人的问题，最后要落实到怎么用上来。朱安东（2016年）提出，有关部门应对学生培养方案、教学大纲等进行调研，在哲学社会科学各学科中，应对马克思主义类专业课的课时比重、研究生考试中的比重等作出硬性要求，同时对相关教材进行严格管理，消除西方错误思潮在学生中的影响，保证马克思主义的影响力。史岩（2017年）认为，要努力增强学习的自觉性、主动性，将理论教育内容内化于心、外化于行，做到学懂、弄通、做实。曹杰仁（2011年）对农民马克思主义教育的研究分析指出，农民理论教育也存在问题，需要将马克思主义农村理论教育学科化、把马克思主义理论教育融入群众生活等。

5. 马克思主义理论教育的历史进程研究

虽然对不同时期的马克思主义理论教育研究已日益丰硕，但是系统的、全面的马克思主义理论教育历史进程研究还相对稀缺。鉴于思想政治教育是以马克思主义为指导的，思想政治教育包含了马克思主义理论教育，马克思主义理论教育是思想政治教育的核心，因此，研究马克思主义理论教育离不开中国思想教育或思想政治教育的内容。在此领域，成果相对较多。著作有张雷声、郑吉伟和李玉峰主编的《新中国思想理论教育史》，该书将新中国思想理论教育的历史分成理论教育的奠基阶段（1949年至1956年）、全面建设社会主义时期的理论教育开创探索阶段、"文化大革命"阶段、拨乱反正阶段、全面改革时期的理论教育的变革和发展、改革发展阶段的创新、改革开放深入发展时期理论教育的新发展时期，并对每个时期的思想理论教育的具体表现一一予以阐述。许启贤主编的《中国共产党思想政治教育史》将马克思主义产生前中国思想政治教育的历史演变、经典作家对理论教育的贡献进行了系统分析，将历史分期进行细化，分别是五四运动前后的思想教育、党创立和大革命时期的教育、二次国内战争时期的教育、抗日战争时期的教育、解放战争时期、新中国成立向社会主义转变时期、全面社会主义建设时期、"文化大革命"时期、拨乱反正和改革开放时期、加快改革、有中国特色全面推进21世纪的思想教育、全面小康社会时期的思想教育，内容详细系统。关于马克思主义教育历史进程部分主题散见于李辉主编的《中国化马克思主义教育概论》，该书从历史和现实维度对中国化马克思主义教育进行了探讨，提出了教育的理论基础、教育内容、主客体和发展趋势。胡子克的《马克思主义理论教育概论》介绍了马克思主义理论教育发展历程，主要分析了理论教育的战略地位、本质特征、基本规律、内容结构、原则方法、主体客体、教育环境、过程管理、效果评估以及队伍建设。此外，还有马启民的《中国共产党内马克思主义理论教育史论——中国共产党在党内进行马克思主义理论教育的历史经验》等。

6. 马克思主义理论教育规律研究

马克思主义教育规律研究的成果极少，研究也只限于专著部分章节。专著方面，有王新农同志主编的《马克思主义理论教育规律及实效性研究》。该专著研究了马克思主义教育的历史，学校进行马克思主义教育的过程，马克思主义理论教育客观规律，从学生、教育者、教育过程、方式、机制展开。同时，该书研究了马克思主义教育的课程的改革思路和教育效果的评估。该研究主要集中讨论高校主要阵地的理论教育。此外，胡子克主编的《马克思主义理论教育概论》的部分章节论述了马克思主义教育的基本规律，如与马克思主义发展相相适应、与无产阶级奋斗目标相适应、与社会主义运动发展相适应、与受教育者特点相适应。还有期刊论文两篇。一是《马克思主义理论教育规律探析——以掌握和运用马克思主义立场观点方法为核心》（王琴华、罗成富，2009 年），文中认为马克思主义教育要把握马克思主义的本质规定和精神实质，用马克思主义立场和观点来教育学生，坚持马克思主义的整体性、发展性，以实际问题为中心进行教育。二是刘廷亚为王新农主编的《马克思主义理论教育规律及实效性研究》专著写的书评，对著作的内容和重要作用做了点评。

7. 关于马克思主义理论教育的比较研究

关于马克思主义理论教育的比较研究主要体现在国内部分研究学者对国外的社会主义国家或者共产主义政党对马克思主义理论教育宣传上。

首先，从国际局势变化与各国马克思主义理论教育发展的关系上，研究马克思主义理论教育在不同社会主义国家的表现不同。如赵康太主编的《世界马克思主义理论教育比较研究》论述了世界马克思主义理论教育比较研究的思路与原则，教育模式，社会主义改革浪潮与越南、老挝的马克思列宁主义教育，经济全球化与朝鲜、古巴的马克思主义理论教育，东欧剧变与东欧马克思主义理论教育的新变化，毛泽东思想教育的历史形成及其在世界的传播，社会主义多样化与马克思主义理论教育的改革与创新，并将中国与越南、老挝、朝鲜、古巴和拉美等国家及地区的马克思主义理论教育做了系统的论述。

其次，关于国外马克思主义理论教育的内容研究。近几年对老挝、越南等社会主义国家的马克思主义理论教育关注日益增多，研究显示老挝人民革命党在普通教育中相当重视公民教育，公民教育以马克思主义教育思想为指导。方文的《老挝人民革命党的教育政策与实践》指出，老挝人民革命党立足老挝经济、政治、文化和社会发展实际，在马克思主义的指导下全面提升公民素质。从老挝历次党的会议上也能看出，如1982年的"三大"，老挝人民革命党提出在全国大力加强马克思主义教育。2011年"九大"提出了更高要求，在教育改革目标上，要求全面提高公民思想文化素质，特别是政治素质、加强理想信念教育。[1]越南坚持马克思主义理论指导，在马克思主义理论教育方面将胡志明思想等作为主体内容，通过马列主义课程和相关教学载体进行宣传教育。胡斌武在《越南马列主义教育管窥》中指出："越南社会主义革命离不开胡志明思想，越南社会主义建设离不开胡志明思想，同样，越南社会主义革命与社会主义建设也离不开胡志明思想的教育。"胡志明思想是越南高校的必修课，高校一年级至三年级开设的马克思主义理论课程也是从基础的马列主义哲学、政治经济学、科学社会主义到具有本土特色的越南党史、胡志明思想逐步开设。还引导干部学习越文版《邓小平文选》等中国的理论著作，不仅注重教材的建设还相当重视师资队伍的培养。[2]可见，越南的马克思主义理论教育也体现出了时代性，并注重马克思主义理论教育内容的丰富和发展。

关于中越马克思主义理论教育方法比较研究。杨智平的《中越党内马克思主义理论教育比较研究》指出，中越都重视思想理论建设，对党员进行培训，中越两党都十分重视学风问题，抓整党与整风和舆论宣传。胡斌武和吴杰的《中越马克思主义理论教育比较研究》也从教育内容、教育主体、教育载体与途径对其进行研究。闫杰花的《中越马克思主义理论教育微观考察》指出，两党的马克思主义理论教育在革命时期多采用论战式，实践上则以运动式，在建设时期则开始探索两种方式的结合，改革开放时期系统地完成了理论教育和实践教育的结合。[3]赵康太的《民族传统文化与马克思主义理论教育的多样性》一文将世界马克思主义理论教育模式分为传统马克思主义理论教育、苏联模式的理论教育、中国化的理论教育和

---

[1]　方文："老挝人民革命党的教育政策与实践"，载《黑河学刊》2016年第3期。
[2]　胡斌武："越南马列主义教育管窥"，载《学校党建与思想教育》2007年第3期。
[3]　闫杰花："中越马克思主义理论教育微观考察"，载《广西社会科学》2013年第9期。

其他多样化的马克思主义理论教育。

再次，关于国外马克思主义理论教育特点和经验启示研究。学者通过对比世界马克思主义理论教育活动、教育特征，总结经验教训，主要围绕古巴、越南、苏联、东欧等国家展开研究。如李辽宁的《古巴马克思主义理论教育的特点及启示》研究古巴的理论教育情况，认为古巴虽一直受到美国等发达资本主义国家的打压，但是能够始终坚持社会主义道路，具有鲜明民族特色，与其重视和坚持马克思主义理论教育有直接关系。古巴有重视理论教育的传统，面对世界社会主义运动低谷，更加具有警惕意识，能够更加认识到马克思主义理论教育对社会主义道路坚持的重要性，进而得出启示，如理论要和本国实际结合才具有生命力，教育效果既有理论本身的科学性和可行性，也需要教育方法的科学性和实用性，要加强党建、马克思主义理论教育效果的核心环节是解决群众实际问题等。[1]

沈德理在《苏联、东欧与中国20世纪前80年马克思主义理论教育特征比较》一文中指出苏联、东欧和中国改革的取向不同，导致了社会结果的南辕北辙。我党由于始终坚持马克思主义的本质，并和本土特色结合，最终走出了一条具有中国特色的社会主义新路，也走出了一条具有中国特色的马克思主义理论教育新路。张云阁的《世界马克思主义理论教育比较研究的启示》指出，马克思主义理论教育要体现政治性、时代性、民族性、人类性。夏小华、周建华的《当代社会主义国家马克思主义理论教育的经验及启示——以古巴、越南为例》总结了马克思主义理论教育经验，如两个国家都重视内容创新，推动理论内容本土化；如古巴共产党将菲德尔·卡斯特罗思想和马列主义结合，创新了古巴的马克思主义理论内容。越南的胡志明思想也是马列主义和越南发展结合的产物。两个国家都注重领导干部的先进性教育：越共将党的自我整顿作为经常性的工作去抓。

古巴党员干部的培训做到了长、短期相结合，新党员接受党性教育必须达到100小时，此外从严治党，来确保领导核心的先进性要求。在教育资源利用上，发挥群众作用，整合资源，利用学校开展生产劳动，提出大学为全社会服务，要求教师、科学家、新闻记者和文化艺术工作者也要提高马列主义水平。[2]赵根成的《国外马克思主义理论教育及其对我国的启

---

〔1〕 李辽宁："古巴马克思主义理论教育的特点及启示"，载《思想理论教育》2006年第12期。
〔2〕 ［古巴］菲德尔·卡斯特罗：《在古巴共产党第一、二、三次全国代表大会上的中心报告》，人民出版社1990年版，第318页。

示》将马克思主义理论教育分成四类。苏联模式是由列宁提出的马克思主义理论灌输论，马克思恩格斯本人认为理论教育使命是为无产阶级服务。而当代社会主义国家的马克思主义理论教育也有教育内容的创新，如越南老挝的马克思列宁主义指导地位的坚持与创新。此外关于当代资本主义国家的马克思主义政党的思想理论教育，该文认为西方马克思主义视马克思主义哲学的主题是人的解放，人的本质是实践，人的感性活动是意识的现实对象。应该把自由、民主、人权、公正和人道作为社会主义的根本要素，进而提出了相关启示（如对马克思主义的指导地位的坚持等）。[1]

黄瑞雄、王卉的《中西大学生思想政治教育内容比较》将中西思想意识教育做了对比，其中提及中国的思想教育是马克思主义理论教育，而西方政治教育是通过公民教育进行，如美国主要是热爱美国制度和生活方式教育，实现教育的政治导向功能。英、法、德主要讲资本主义的优越性。除了这些不同之外，该文还提出了共性的表现，如中西教育内容都是以各自不同社会制度的意识形态教育，并且都在强化政治性、民族性逐渐实现教育内容的全面丰富，都注重对学生综合素质的培养。[2]罗文英对越南马克思主义理论教育研究中存在的问题进行了梳理，指出由于研究越南的原始资料短缺所以应该注重对越南原始资料翻译工作，以便追踪国外马列主义教育研究的现状。[3]以越南为研究对象的专著还有赵康太、李德芳主编的《中国与越南：马克思主义理论教育比较研究》等。

最后，也有散见于思想政治教育研究的文章里的相关论述，如高婧婧《对国外思想政治教育的研究及得出的启示》对新加坡、日本、美国的思想教育做了比较，谈及了宗教、隐性教育在其意识形态的作用，教育方法等，对我们进行马克思主义理论教育有一定的启发。

可见，近几年国内学者对国外马克思主义理论教育研究已经取得了很大进步，国外马克思主义理论教育在社会主义国家成为国民教育的重要组成部分，起着引领教育的作用。并且在不同的社会主义国家，无论是理论教育的内涵还是理论教育的范畴，都具有各自国家的特色，在各自国家起

---

〔1〕　赵根成："国外马克思主义理论教育及其对我国的启示"，载《重庆交通大学学报（社科版）》2012年第12期。

〔2〕　黄瑞雄、王卉："中西大学生思想政治教育内容比较"，载《广西师范大学学报（哲学社会科学版）》2008年第12期。

〔3〕　罗文英："探索与借鉴：中国学界关于越南马克思主义理论教育的研究"，载《思想理论教育导刊》2017年第3期。

着方向旗帜的作用。在教育方法和教育经验上，国外马克思主义理论教育既有灌输方法，载体上也有现代教育手段的应用和多媒体的平台的传播。在理论教育和实践教育的探索上，有的社会主义国家的理论教育将理论课和实践教育逐步融合，革新教育，与时俱进。

8. 国内学者对国外意识形态教育的研究

在意识形态教育方面，国内外学者有部分研究成果，鉴于不同国家意识形态的差异和其他客观条件限制，相关研究数量和研究深度还有很大的提升空间。整体而言，尽管国家制度不同，但是都高度重视意识形态教育。研究对象主要涉及国外有一定知名度的国家，而重点是西方国家的意识形态教育的主要内容、教育启示的研究。

首先，国外意识形态教育内容研究。杨阳和赵轶博的《国外道德教育对我国大学生社会主义荣辱观教育的启示》中提到意识形态的教育在国际上是一项各国必须进行的工作，如爱国主义教育、人的全面发展教育。在道德教育上，美国、英国、新加坡的道德教育都很重视，美国重视全方位的渗透式方法为资产阶级服务。主要是宣扬资本主义制度的优越性、德育贯穿于学校的所有课程之中。英国德育侧重对学生的自由主义价值观教育，新加坡的德育体现在儒家伦理教育，教育方法上也比较注重潜移默化。[1]方蒸蒸的《全球化进程中美国学校教育的意识形态问题研究》一文认为，美国有广义的意识形态教育，也有不同意识形态的争论，如保守主义和进步主义的争论等，但是美国本身矛盾众多，所以主流意识形态是以"美国精神"为代表的。[2]刘宝民对国外德育的研究显示，在国外意识形态的教育主要是民族意识和爱国主义精神教育，如美国和日本。同时，国外重视实现个体和谐发展，以英、法、德等国家为例。重视培养学生的公民意识，社会责任感教育等，重视德育环境的建设。如美国的航天馆、艺术馆、林肯纪念堂等，在大学里进行公民课、道德哲学课等专门的道德教育。像日本在学校设立修身课，中小学开设《道德时间》课程等。同时也提出了西方国家的德育问题，如个人主义、功利主义严重、物质和精神反差大、性问题，对西方的意识形态教育的内容和途径及问题作了明细的分析。[3]同

---

〔1〕 杨阳、赵轶博："国外道德教育对我国大学生社会主义荣辱观教育的启示"，载《长江大学学报（社会科学版）》2012年第7期。

〔2〕 方蒸蒸："全球化进程中美国学校教育的意识形态问题研究"，南京师范大学2014年博士学位论文。

〔3〕 刘保民："国外德育现状概观"，载《汉中师院学报（哲学社会科学版）》1994年第1期。

时提出有些国家注重精神文明建设的物质保证，如部分发展和发达的国家注重博物馆、科技馆、图书馆、影剧院的建设。对精神文明建设进行严管，像新加坡通过法律的约束来对公民进行政治舆论及基本的社会公德进行规范。[1]

其次，国外意识形态教育特点和启示研究。汪国培的《国外学校意识形态教育的特点和启示》一文分析了西方国家学校的意识形态教育的特点，如美国、德国、英国、法国、日本的意识形态教育等，认为西方意识形态教育学校起重要作用，并且课程体系化、教育具有阶级性，给学生灌输维护资产阶级利益和资产阶级统治意识。像美国学校的"政治学、美国总统制、政府和管理、领袖和领导、美国政府等课程"[2]，不仅进行直接的意识形态教育还进行宗教渗透。文章还提及了马拉西斯等人对 14 个资本主义国家的教育调查结果，认为"教材注重灌输对国家的忠诚、爱与服从"。[3]

最后，国外意识形态教育经验研究。主要从不同国家的意识形态教育背景、教育模式对比展开，通过比较得出借鉴。如苏振芳的《当代国外思想政治教育比较》对世界上 15 个国家（包括美国、英国、法国、德国、日本、荷兰、瑞士、俄罗斯、印度、韩国、新加坡、新西兰、马来西亚、澳大利亚等）的思想政治教育进行了剖析，每个国家的思想政治教育分析均从该国家的经济与社会发展情况入手，分析相应国家的思想政治教育的历史沿革、教育的内容和相关特色，最后对每个国家的教育经验教训予以总结，进而总结出了对我国思想政治教育的启示，研究涉及的国家对象数量多，呈现给读者的是比较系统的国外意识形态教育状况。

二、国内马克思主义大众化研究

马克思主义大众化和马克思主义理论教育分不开，要全面考察马克思主义理论教育，有必要从马克思主义大众化研究汲取营养。自中共十七大报告提出"开展中国特色社会主义理论体系宣传普及活动，推动当代中国马克思主义大众化"[4]以来，学术界研究马克思主义大众化高潮迭起，成

---

〔1〕　"外国精神领域的建设"，载《政工研究动态》2000 年第 2 期。

〔2〕　汪国培："国外学校意识形态教育的特点与启示"，载《淮阴师范学院学报》2006 年第 6 期。

〔3〕　汪国培："国外学校意识形态教育的特点与启示"，载《淮阴师范学院学报》2006 年第 6 期。

〔4〕　中共十七大报告指出："开展中国特色社会主义理论体系宣传普及活动，推动当代中国克思主义大众化。"

果颇丰。本书将对就相关内容做简单介绍。

（1）关于局部阶段研究：

第一，关于五四运动后早期大众化研究。如关于五四运动后至建党前这一阶段的马克思主义大众进程研究。五四运动后，各地共产党小组成员率先学习马克思主义，学习过程中重视理论学习。早期武汉共产党小组通过每周一次会议来交流学习心得和工作经验，学习资料有《共产党宣言》《新青年》《唯物史观》《社会主义史》《〈资本论〉浅谈》等，并有出国学习人员，像蔡和森赴法留学，共产党小组还在全国有代表性的地方进行活动，如在北京、上海、天津、长沙和武汉成立共青团，为党培育后备干部。同时，在传播马克思主义时深入群众，在工厂、铁路员工中，举办夜校等进行马克思主义传播。传播方式通俗易懂，如分析工人处境，利用刊物进行宣传，与工人建立良好关系，为早期的马克思主义宣传奠定了良好的基础。（张北根，2011年）

第二，对新民主主义革命时期、社会主义转折时期、改革开放时期的大众化历史进程进行研究，如徐稳的《马克思主义大众化的历史进程及其基本经验教训》。

第三，改革开放30年以来的大众化进程研究。在十一届三中全会以来，马克思主义大众化第一阶段是从1978年开始到1982年止。"马克思主义大众化的主要内容是开展真理标准问题的大讨论以及坚持四项基本原则的教育，主要任务是破除人民大众对马克思主义尤其是毛泽东思想的教条式理解。"再到1992年，这期间是进行有中国特色社会主义教育，反对资产阶级自由化思想，帮助人们认清什么是马克思主义，什么是非马克思主义。第三阶段是学习邓小平南方谈话精神，进行"三讲"教育，反对"法轮功"。第四阶段是十六大以来，学习"三个代表"、科学发展观和社会主义荣辱观教育，并得出经验，马克思主义大众化必须注重理论创新、理论转化为实践、理论要通俗并且还要有典型示范。（罗会德，2008年）此外，还有学者提出马克思主义大众化要立足中国现实、培育人民群众的理论观念等。（李季，2011年）

（2）关于历史分期研究，大体有三种研究结论：

第一，一次马克思主义传播的准备和三次高潮之说。如认为新文化运动是马克思主义进行大众传播的一次准备，新文化运动主要集中在思想文化界，教育对象主要是先进青年和爱国人士。延安整风运动（1942年至

1945 年间），主要是针对党内的不良风气进行马克思主义教育，教育的受众是党内和解放区军民。介绍的内容不仅仅有马克思主义原著的内容还有中国化了的马克思主义理论（如毛泽东思想）。在组织性和自觉性上，教育更具系统化。第二次高潮是真理标准大讨论，教育对象范围更广，内容更深。第三次是"三个代表"和科学发展观的学习，宣传和阐述党的重大理论观点、战略思想，开展党员"保先"活动和学习实践（如学习培训班、主题教育活动、制作通俗理论读物和电视理论专题片等），推动当代中国马克思主义为广大干部群众所理解、所掌握。（史正宪、马振华，2010 年）

第二，有"三段"说，把马克思主义大众化历史进程划分为三个历史时期。1935 年遵义会议以前，是马克思主义大众化探索时期；1935 年遵义会议到 1976 年"文化大革命"的结束，是马克思主义大众化发展时期；1976 年"文化大革命"结束到现在，是马克思主义大众化的创新时期（胡昌禄，2011 年）。也有学者在"三段"划分的基础上细分为不同时期，如徐稳将教育大众化开端定位于 1918 年至 1927 年、马克思主义大众化展开阶段为 1927 年至 1949 年、新征程与曲折发展阶段为 1949 年至 1966 年、扭曲与徘徊阶段为 1966 年至 1978 年、全面开拓阶段为 1978 年至 1992 年、持续发展阶段 1992 年至 2002 年、创新深化是 2002 年至今。顾钰民在《三次历史性转变与马克思主义中国化的历史进程》中指出，马克思主义中国化的历史进程和我党的发展历程相伴，中国的三次历史性转变产生了两个中国化的马克思主义理论成果。

此外，还有（李新芝、刘文芳）关于农民马克思主义大众化阶段研究，也分三个阶段即新民主主义时期、社会主义改造时期、社会主义建设时期的马克思主义工作研究。该文提出在新民主主义时期，党的理论教育包括了农民群体，对农民教育的方法要灵活，要深入调查，从农民实际出发，有针对性地进行教育，并提到教育方法，如通过建立农民协会、农民运动讲习所，向农民宣传马克思主义基本知识，建立培育农民运动干部学校，要求学生在课余时间阅读《共产党宣言》《资本论入门》《工钱劳动与资本》《共产主义 ABC》等马克思主义著作。此外民办村学，冬学、读报识字组、夜校等方式兴起，在教育过程中把农民的马克思主义理论教育和劳动、家庭、社会结合，推进农民群体的马克思主义大众化运动。社会主义改造时期教育农民的基本方法是根据农民生活经验细化工作，结合经济工作一起做。在社会主义建设过程中，通过农村基层组织来完成马克思主义教育。

第三，有"四段"说，有学者按照革命、建设、改革路径将历史进程分为传入与传播、继承和运用、发展和深化、开拓和创新四个阶段。（杨宇晓、杨美平，2009 年）有学者按照五四时期、延安时期、"文革"之前和改革开放四个阶段进行划分，系统、详细地概述了四个阶段的大众化具体做法和经验。（郭丽双、程伟礼，2011 年）

（3）关于马克思主义大众化进程和中国化的关系，学者一般认为中国化和大众化是相互联系的。如《论中国马克思主义大众化的历史进程》认为不能撇开马克思主义中国化看马克思主义大众化，并主要围绕中国革命、建设、改革几代领导人对马克思主义理论的丰富和发展谈马克思主义的大众化进程，此外在传播阶段将李大钊、陈独秀及革命时期的艾思奇对马克思主义大众传播贡献做了分析。（杨宇晓、杨美平，2009 年）冯宏良的《信仰、认同与话语权——马克思主义大众化研究的三个重要维度》指出，马克思主义在中国不仅是科学的理论体系，更是一种政治信仰，要发挥其功能，必须被主体内化为政治信仰，马克思主义大众化是政治价值的传播过程。

关于"双化"的研究，即在大众化进程中应抓住"双化"，即"大众化马克思主义"，又称"马克思主义化大众"，从南陈北李，到《大众哲学》，再到真理标准大讨论，使马克思主义逐渐在民众中传播开来，得到的经验是理论宣传要和群众理论素养、实际需求和群众实践贴近。（陈中奎，2011 年）

（4）具体对象的马克思主义大众化研究。如对农民的马克思主义大众化考察，主要针对农民的马克思主义大众宣传，有"三段"说。即从建党到新中国成立这段时间，对农民的马克思主义教育主要是动员农民革命，启蒙他们的先进思想。通过教育调动农民积极性。如在 1924 年，毛泽东在湘江学校开办"农村师范部"，在韶山办农民夜校 18 所，于 1926 年建立广州农民运动讲习所，将农民教育同农民运动结合起来。从 1927 年开始，伴随着党的工作重心向农村转移，党能够根据当时实际形势，有针对性地开展农民红军政策宣传，马克思主义教育的主要内容是打土豪分田地、建立武装政权，农民革命积极性提高。抗日战争时期，农村理论教育的主要方法是创办学校，在此基础上大量利用报纸、电台等媒体进行宣传，或者召开群众会议，让民众及时了解党的抗日决心，启发农民的民族革命意识。毛泽东在《新民主主义论》中指出：解放战争时期，党紧紧围绕中心工作，把解决思想问题与解决实际问题相结合，开展土改运动，鼓励农民积极生产支援前线，在"参军保田"口号的鼓动下开展农民教育，出现了"前方打蒋、后方挖蒋根"的生动局面。1949 年至 1978 年，党在农村推进马克思主义大众化，开展社会主义信念教育，培养社会主义建设的主体力量。在全面建设社会主义时期，理论教育活动丰富多样，如"农业学大寨"等典型树立，让陈永贵、史来贺等农民典型点燃农民建设社会主义的热情。但在总路线、大跃进和人民公社"三面红旗"的影响下，也有教育偏差，如强调人的主观意志和精神作用的"兴无灭资""政治挂帅"等口号的出现。（刘文长、姜晓芸，2011 年）

（5）关于马克思主义大众化基本经验的研究。第一，从历史范围来看，有特定历史时期和总体历史时期两种马克思主义大众化的经验研究。特定时期的教育研究有早期马克思主义传播与大众化经验，五四时期、井冈山时期、内战时期、新民主主义时期、新时期马克思主义大众化经验的研究等。吴艳东认为，早期马克思主义大众化是当代中国马克思主义大众化的历史范本，认为推动马克思主义大众化必须与马克思主义中国化结合、必须满足人民的理论需要和利益需要、必须改进工作方式。关于井冈山时期的马克思主义大众化经验，刘家桂认为，井冈山时期是马克思主义大众化的逻辑起点，大众化的方法主要有启发式教育、政治训练、干部训练班、创办党内刊物，发挥标语、宣传等形式在群众中马克思主义大众化作用等。侯松涛的《十年内战时期马克思主义大众化及其启示》认为，有马克思主义中国化的取向正确是大众化绩效的前提，而中共领袖的理论素养和学习意识是马克思主义大众化水准的重要依据，马克思主义理论家的研究和学术界等理论工作者的积极参与是大众化的学理支撑。罗会德的《新民主主义时期马克思主义大众化的基本经验》指出，推动马克思主义，关键还是提高马克思主义的思想内容，强化理论说服力；理论取向要遵循实际并反映群众呼声，体现人民利益；理论宣传方式要符合群众习惯，做到有的放矢、喜闻乐见。李勃的《新媒体视域下马克思主义大众传播研究》认为，要加强新媒体对马克思主义大众化的使用，传播主体要忠于马列主义事业，既要理念先进又要理论素质过硬，还要积极探索传播的艺术；对待客体，要培育科学精神，同时扩大马克思主义的理性张力。

（6）针对马克思主义大众规律研究。有学者从群体的多层次性提出实现大众化的科学性和实效性要抓住几个规律，即同不同群体职业实践结合，同不同群体的思想和认识情况、需要情况结合。（吴远、吴学东，2011 年）綦玉帅博士学位论文以马克思主义原理为出发点进行规律研究，认为坚持马克思主义大众化理论创新和方法论创新、与时代和实际结合，处理好马克思主义科学性和意识形态性之间的关系。（綦玉帅，2011 年）康民认为，推进马克思主义中国化时代化大众化，基本规律是适应马克思主义理论发展的内在要求，联系解决中国问题的客观需要，注重其内在的统一性。（康民，2011 年）张洪月分析了当代马克思主义大众化的基本内涵，并从马克思主义实践大众化、马克思主义理论大众化、马克思主义创新大众化三个角度阐述当代马克思主义大众化的基本特色。第二部分结合当代马克思主义大众化历史进程，分析当代马克思主义大众化。第三部分从邓小平理论——马克思主义大众化的新阶段、"三个代表"重要思想——马克思主义大众化的新成果、科学发展观——马克思主义大众化的当代诠释三个方面论述了当代中国马克思主义大众化的历史进程及理论成果。第四部分重点分析研究了当代中国马克思主义大众化历史进程带来的启示。（张洪月，2011 年）

（7）关于相关研讨会。学术研讨会是马克思主义理论教育的一道亮丽的风景线，在各级各类的马克思主义理论学习和教学的研讨会中，各种学术观点碰撞交汇，促进了马克思主义理论教育的内容、方法、经验等的传播和相互学习，从中央到地方，研讨会百花齐放。马克思主义理论教育研讨会也成了学者研究的内容之一。如杨美虹在《2017 年"马克思主义与当代中国"全国学术研讨会会议综述》中指出，研讨会围绕马克思主义理论创新等议题展开，提到学者们的观点。如程京武指出，理论研究和理论阐释要以问题导向，作为学者要把理论和现实问题结合，理论思辨和实证研究集合、工具理性和价值理性结合。张光明的《"马克思主义与当代"理论研讨会综述》对会议阶段予以阐述，提到马克思主义、列宁主义、毛泽东思想等面临的时代任务不同，各有特色。在《共产党宣言》纪念 150 周年研讨活动中提出了代表高度评价宣言的历史意义，认为要坚持基本思想，就不能照搬先前理论，要从实际出发，根据时代新特点解决现实问题。张明的《当前形势下推进毛泽东研究的若干思考——"毛泽东与当代中国"理论研讨会综述》提到因为毛泽东研究不仅是学术问题，还是关系民主法治前途命运的政治问题，要有强烈的问题意识和使命意识，鼓励有扎实文本依据的认知性研究。

　　可见，目前学者对马克思主义理论教育的内容、问题、对策、进程、经验等研究已经广泛涉猎，对思想教育的研究历史也由来已久，并已延伸至马克思主义大众化、中国化等相关领域。但是，就马克思主义理论教育的规律和经验研究系统化深入研究还有待加强。虽然部分专著中的关于马克思主义理论教育经验、进程和规律的研究，如胡子克的《马克思主义理论教育概论》介绍了马克思主义理论教育发展历程、规律；马启民的《中国共产党内马克思主义理论教育史论——中国共产党在党内进行马克思主义理论教育的历史经验》、王新农的《马克思主义理论教育规律及实效性研究》提出，要推进马克思主义中国化时代化大众化，建设具有强大凝聚力和引领力的社会主义意识形态，有必要从新中国革命、建设、改革中马克思主义理论教育的历次高潮中吸取力量，总结教育经验、探索教育规律，为新时代的马克思主义理论教育提供借鉴。时代不断发展，理论不断丰富，理论教育和研究将继续深化下去。关于马克思主义理论教育的历史进程、经验、规律研究也将会引起学术界和理论界越来越广泛的关注。

第二章

马克思主义理论教育的重大意义

第一节　理论教育的目的

一、理论教育服务于国家合乎理性的公共存在

其一，理论教育是公共教育的重要组成部分。国家进行公共教育的目的在于国家合乎理性的公共存在，马克思主义理论教育是公共教育的组成部分，理论教育服务于国家和社会发展需求。通过教育"使他们成为国家的成员；让个人的目的变成普遍的目的"〔1〕，说明理论教育的阶级服务目的。恩格斯曾经提道："共产党人并没有发明社会对教育的作用；他们仅仅是要改变这种作用的性质，要使教育摆脱统治阶级的影响。"〔2〕马克思主义理论教育服务于上层建筑，是意识形态教育的一种。意识形态的教育在任何国家都是受重视的，只是教育的服务对象的阶级属性不同，所以教育内容各有各的特点。马克思主义理论教育就是要将马克思主义理论的内容传递给受教育者，将马克思主义理论走向大众化，培养人们正确的世界观、历史观、时代观、价值观，进而使受教育者更好地认识世界、改造世界，最终实现人类世界的必然王国和自由王国转变。"如果放弃在政治领域中同我们的敌人的斗争，那就是放弃了一种最有力的行动手段，特别是组织和宣传的手段。"〔3〕在当今复杂的形式下，理论教育的目的更应该突出，让受教育者全面把握马克思主义理论，对马克思主义有整体性的把握，进而学以致用。

---

〔1〕《马克思恩格斯全集》（第1卷），人民出版社2007年版，第217页。

〔2〕《马克思恩格斯选集》（第1卷），人民出版社1995年版，第271页。

〔3〕《马克思恩格斯选集》（第2卷），人民出版社1995年版，第639页。

其二，理论教育是科学社会主义发展之要。科学社会主义是马克思主义的重要组成部分之一，科学社会主义从 1848 年诞生以来，经历 170 多年的岁月沧桑，强烈冲击着人类的精神世界和实践生活，并随着中国化、时代化、大众化的马克思主义理论教育走向新境界，具有更加持久的吸引力，现在正焕发出蓬勃生机。根据历史唯物主义社会存在决定社会意识、社会意识反作用于社会存在的基本原理，人类的思想变化直接反作用于人类社会的实践，在社会生产中发生的客观的不以人的意志为转移的关系，"是人们的社会存在决定人们的意识"。[1]意识范畴之中的理论对社会存在有巨大的反作用，理论被群众掌握也可以变成巨大的物质生产的助推力。发展着的马克思主义理论指导着动态的社会主义实践，坚持不懈而又与时俱进的马克思主义理论教育促进着马克思主义理论和中国社会主义事业的发展、创新与完善。我国现行《宪法》明确指出，中国新民主主义革命和社会主义事业的成就，都是在马克思列宁主义、毛泽东思想的指引下，坚持真理，修正错误，战胜许多艰难险阻而取得的。我们可以看到马克思主义理论对我国革命和建设的思想保证作用。"要研究精神生产和物质生产之间的联系，必须首先把这种物质生产本身不是当作一般的范畴来考察，而是从一定的历史的形式来考察……如果物质生产本身不是从它的特殊的历史形式来着，那就不可理解它与之相适应的精神生产的特征以及这两种生产的相互作用，从而也就不能超出庸俗的见解。"[2]物质生产要获得良好的持续的发展，离不开精神的建设，离不开马克思主义理论教育对科学社会主义建设的贡献。

二、理论教育为时代新人成长奠定科学的思想基础

马克思主义理论教育不仅关乎中华民族伟大复兴的精神指引，而且对"培养担当民族复兴大任的时代新人"这个根本任务的落实起着基础作用。党的十九大报告提出："必须推进马克思主义中国化时代化大众化，建设具有强大凝聚力和引领力的社会主义意识形态，使全体人民在理想信念、价值理念、道德观念上紧紧团结在一起。"

其一，理论教育帮助受教育者树立共产主义远大理想和中国特色社会主义共同理想。党的十九大报告围绕坚持社会主义核心价值体系，强调了

---

[1] 《马克思恩格斯选集》（第 2 卷），人民出版社 1995 年版，第 32 页。
[2] 《马克思恩格斯全集》（第 26 卷），人民出版社 2007 年版，第 296 页。

"必须坚持马克思主义，牢固树立共产主义远大理想和中国特色社会主义共同理想"。共产主义远大理想和中国特色社会主义共同理想既体现着理想和旗帜的关系，也蕴含着方向和道路逻辑，牢固树立远大理想和共同理想将为人类的不断进步提供源源不断的精神动力。共产主义远大理想是人类最崇高的理想追求，是人们对美好生活的向往。这个远大理想奠基于马克思主义科学理论，贯穿于一个个马克思主义政党的社会主义运动。中国特色社会主义共同理想是中华民族伟大复兴的梦想，激励着中国一代代共产党人矢志不渝、英勇奋斗，体现着具体性、实践性、阶段性。但是无论是"远大理想"还是"共同理想"都需要理论教育。马克思主义理论教育的直接目的都是帮助教育对象树立正确的理想信念，用马克思主义的世界观和方法论去认识世界、改造世界。

其二，理论教育为坚定的理想信念夯实基础。远大理想和共同理想信念的坚定，必须建立在对马克思主义的深刻理解基础之上，建立在对历史规律的深刻认识之上。这就是说，有理想信念只是前提，关键还要能坚定持久。靠什么来做到理想信念的坚不可摧？这就需要深刻地理解，知其然、知其所以然，准确地把握理论之本，需要通过理论教育不断深化广大干部和群众对马克思主义的正确认识。

回顾历史，正是通过正确而有力的理论教育和宣传，才有了共产党人对马克思主义的深刻认识和把握，才有了对理想信念坚定的追求并支撑着我们党取得了彪炳史册的成就。邓小平同志曾告诫全党："为什么我们过去能在非常困难的情况下奋斗出来，战胜千难万险使革命胜利呢？就是因为我们有理想，有马克思主义信念，有共产主义信念。"[1]这个信念不是其他什么主义的信念，而是马克思主义的信念，所以我们成功了。理想信念不是一成不变的，需要我党不断开展理论教育，常抓常新，不断完善，补足共产党人精神之"钙"，所以，我们对未来的胜利充满信心。习近平同志强调，"理想信念就是共产党人精神上的'钙'，没有理想信念，理想信念不坚定，精神上就会'缺钙'，就会得'软骨病'"，就会在风雨中东摇西摆。"要坚持不懈传播马克思主义科学理论，抓好马克思主义理论教育。"可见，持之以恒、常抓常新的理论教育对理想信念的坚定、对克难攻坚的巨大威力。时刻不忘对党员干部进行马克思主义理论教育，因为中国特色社会主义伟大事业在任何时候都必须发挥党员干部的先锋作用。时刻不忘对广大

---

〔1〕《邓小平文选》（第2卷），人民出版社1994年版，第367页。

青年的理论教育，因为青年是社会主义的生力军，只有牢固树立远大理想才能使青年成为勇于担当的优质人才。站在新的历史起点上，我们"比历史上任何时期都更接近、更有信心和能力实现中华民族伟大复兴的目标"。我们更需要牢固树立共产主义和中国特色社会主义共同理想，这就亟须马克思主义理论教育为高素质人才的培育做好方向引领工作，发挥理论教育宣传对促进马克思主义和中国特色社会主义大众化的作用，提高教育水平，夯实理想信念根基，有所作为。

三、理论教育是马克思主义理论科学发展的内在要求

马克思主义是马克思、恩格斯在批判地继承了人类思想文化的价值成果的基础上形成的正确的、符合人类社会发展规律的学说，经过世界不同国家的工人运动的实践检验了的科学理论，是"唯一正确的革命理论"。[1]其实现了科学性和实践性的高度统一，实现着改造世界的重要价值。习近平总书记说过："马克思主义不仅深刻改变了世界，也深刻改变了中国。"

列宁指出："马克思认为他的理论的全部价值在于这个理论'按其本质来说，它是批判的和革命的'。"在谈到理论为什么对世界各国社会主义者具有不可遏制的吸引力时，列宁认为："就在于它把严格的和高度的科学性（它是社会科学的最新成就）同革命性结合起来，并且不仅仅是因为学说的创始人兼有学者和革命家的品质而偶然地结合起来，而是把二者内在地和不可分割地结合在这个理论本身中。"[2]当谈及为什么马克思的学说能够掌握最革命阶级的千百万人的心灵时，列宁指出："那你们只能得到一个回答：这是因为马克思依靠了人类在资本主义制度下所获得的全部知识的坚固基础。……反思人类社会所创创造的一切，他都有批判地重新加以探讨。"[3]不容任何忽略，人类思想所建树的一切，都放在工人运动中检验过。所以，马克思主义理论内在地蕴含着批判地继承先进的思想、优秀的文化，理论的科学性毋庸置疑。科学的理论成了"最革命阶级"而不是一般的阶级，能掌握"千百万人"而不是一两个人的心灵。

科学性的特性使理论在自身的验证中完善自己，也改变着世界，赋予了理论教育内容的炫彩魅力，不管是俄国的十月革命还是中国和古巴等社

---

〔1〕《列宁选集》（第4卷），人民出版社2012年版，第182页。
〔2〕《列宁专题文集 论马克思主义》，人民出版社2012年版，第182页。
〔3〕《列宁专题文集 论马克思主义》，人民出版社2012年版，第296页。

会主义国家的革命和胜利，都形成了各具特色的马克思主义理论内容。在1920年，列宁在谈到共青团的任务时强调，旧学校是死读书的学校，这种学校的学生被无用的知识塞满了头脑，"但是，如果你们试图从这里得出结论说，不掌握人类积累起来的知识就能成为共产主义者，那你们就犯了极大的错误"。[1]说明马克思主义理论的走向大众，需要学校教育，对马克思主义理论的掌握需要知识的积淀。在我们党成立初期，党就非常重视学习文化知识，用科学的理论武装自己、发挥教育的作用，感化群众。针对农民党员理论水平不高的客观事实，毛泽东强调加强马克思主义理论教育，促进思想上入党。不仅壮大了党员数量，而且奠定了革命的先进思想基础。在战争时期，全党认真学马列，马列主义教育运动促进思想和行动的高度统一，为实现中华民族站起来提供精神指引。在新中国成立初期，面对新起点、新挑战，毛泽东要求全党努力学习马列主义，进一步开展理论教育，最终产生了马克思主义在中国的第一次历史性飞跃理论成果——毛泽东思想。在改革开放的今天，在建设中国特色社会主义的伟大事业中，马克思主义和中国的改革、发展实际结合，相继形成了邓小平理论、"三个代表"重要思想、科学发展观、习近平新时代中国特色社会主义思想，完成了马克思主义在中国历史性的第二次飞跃、第三次飞跃，并将继续推进中国特色社会主义理论体系的发展和完善。期间，每一次理论的创新和发展、每一个中国发展的奇迹，无不是在理论教育的重视下、大众理论学习的浪潮下演绎和推进的。

习近平总书记指出："实践证明，马克思主义的命运早已同中国共产党的命运、中国人民的命运、中华民族的命运紧紧连在一起，它的科学性和真理性在中国得到了充分检验。"[2]马克思主义理论教育也随着理论的与时俱进而不断具有中国特色，这种自我丰富和发展的理论成长过程体现着理论教育工作与之同力，实现着适应、超越、引领过程。我们的马克思主义理论教育是丰富和发展了的、中国化的、常态化的马克思主义理论教育。只有理论教育落实到位，才有群众的思想转化，才有理论的科学指导价值，所以，理论教育是理论成为科学之需。回顾中国化的马克思主义发展历程，其是一部马克思主义理论发展、创新的历史；是中华民族汲取马克思主义科学智慧并走向"科学的最高峰"的历史；也是马克思主义理论教育学习、

---

〔1〕《列宁专题文集 论马克思主义》，人民出版社2012年版，第296页。

〔2〕习近平："在纪念马克思诞辰200周年大会上的讲话"，载《人民日报》2018年5月5日。

摸索、发展与创新的历史。

第二节　马克思主义理论教育的重要意义

一、理论教育是中国共产党不断取得胜利的重要法宝

习近平同志强调"马克思主义是不断发展的开放的理论"，"理论的生命力在于不断创新"，中国共产党作为世界马克思主义政党的一支，能够不断历经苦难创造辉煌，一条重要的历史经验就是始终做到理论强党。用理论教育促进理论创新、用理论教育传播创新理论，做到理论教育与时代课题的高度契合，实现理论教育对党的理论传承与创新、传播与聚力的重要价值，成为中国共产党理论强党、不断取得胜利的重要法宝。

面对近代以来中华民族内忧外患的危难境地，中国的仁人志士救亡图存，前仆后继，为什么只有中国共产党能够接过重任，带来光明？答案就是中国共产党是一个爱学习的政党，是一个善于从先进的马克思主义汲取力量、不断进步的政党。我们党自成立之日起，就以马克思主义为指导，而马克思主义经典作家本身就相当重视理论教育。

当前，关于经典作家的人选有不同说法。有四作家、五作家、六作家、七作家等四种观点。第一种观点将马克思、恩格斯、列宁、斯大林作为马克思主义经典作家，如孙来斌的经典著作文本研究，提到马克思、恩格斯、列宁、斯大林著作研究，意味着这几位伟人均为经典作家。此外一些教材如《马克思主义经典著作选读》（中央编译局马列部和教育部社政司选编1999年版）、教育部社政司2001年编的《〈马克思主义经典著作选读〉导读》等书选编的文章也都是马克思、恩格斯、列宁、斯大林的著作。第二种观点认为经典作家有五位，即马克思、恩格斯、列宁、毛泽东、邓小平，但是不包括斯大林，如2010年人民日报出版社出版的吕静教授的《马克思主义经典解读》选编了马克思、恩格斯、列宁、毛泽东、邓小平著作。可见，经典作家也只有这五位。第三种观点认为马克思、恩格斯、列宁、斯大林、毛泽东、邓小平这六位为经典作家，如在梅荣政教授的《什么是马克思主义基本原理——五个马克思主义文本有关论述的研究》有所体现，此外还可见于程恩富教授的《马克思主义经济思想史·经典作家卷》等。第四种观点将马克思、恩格斯、列宁、毛泽东、邓小平、江泽民、胡锦涛作为经典作家。为此，也有学者对经典作家界定提出异议。如朱建田等认

为能成为经典作家必须具备相应两个条件：一是在理论和实践方面为马克思主义的创立或发展做出过杰出贡献。二是要一以贯之地坚定马克思主义立场，这是经典作家的政治品格。其认为马克思、恩格斯、列宁、斯大林、毛泽东都是经典作家，因为他们符合这个条件，也具备这个能力。

综上所述，马克思主义经典作家不仅包括马克思主义的创立者，也包括对马克思主义继承和发展的杰出贡献者。本书仅仅阐述经典作家马克思、恩格斯、列宁的理论教育思想。

（一）马克思恩格斯重视理论教育，为马克思主义理论走向世界奠定基础

科学的理论教育思想早已在马克思主义经典作家的思想里释放力量。首先，关于理论教育内容。马克思、恩格斯追求理论的彻底性和实践性。马克思说过："理论只要说服人，就能掌握群众；而理论只要彻底，就能说服人。所谓彻底，就是抓住事物的根本。"[1]这段话里已经包含着这样的疑问和答案，那就是什么样的理论能够说服群众、感化群众？答案是抓住了事物本质的理论。为此，马克思、恩格斯孜孜不倦地追求理论的本真，进行实践斗争，指导国际共产主义运动，"清算了普鲁东主义、英国工联主义、拉萨尔主义、巴谷宁主义以及杜林的假社会主义、新康德主义等"[2]，"马克思主义内部的反马克思主义斗争修正主义的斗争"[3]。

其次，关于教育主体。马克思恩格斯认为教育主体也需要教育，如"难道教育本身就不需要教育吗"。[4]可见，教育本身也是需要教育的，所以理论教育在某种意义上，其教育主体是需要教育的，教育主体也不是固定不变的，要在不断的自我教育和其他的教育方法下逐渐变得更理性、更完善。对青年学生的教育既"以教义问答为基础，又以古代经典作家的著作和各门科学为基础"。[5]经典作家的思想不能丢，对青年的教育要不忘经典。在经典作家眼中经典依然重要，虽然引文中所谓的经典不是直接指向马克思主义基本理论，但是对当前我们的教育有一定的启发意义，那就是当前我们进行建设不能忘了经典，不能遗忘了马克思主义的指导思想，反

---

〔1〕《马克思恩格斯选集》（第1卷），人民出版社1995年版，第9页。

〔2〕程伟："恩格斯理论教育思想的党性原则"，载《社会科学家》2011年第7期。

〔3〕程伟："恩格斯理论教育思想的党性原则"，载《社会科学家》2011年第7期。

〔4〕《马克思恩格斯全集》（第1卷），人民出版社2007年版，第165页。参见《关于新闻出版自由和公布省等级会议辩论情况的辩论》一文中提到的关于新闻自由中的所谓的辩论人所说的"不完善的东西需要教育"所做的辩论。

〔5〕《马克思恩格斯全集》（第1卷），人民出版社2007年版，第217页。

而更要加强理论学习，尽管这个理论的内容在不断地与时俱进，我们要抓住核心思想且要不断丰富思想。

再者，关于教育方法。注重实践教育法。马克思、恩格斯在进行斗争的实践中，进行着理论的传播教育，对世界上更多的进步人士进行理论教育。正如恩格斯所述："完成这一解放世界的事业，是现代无产阶级的历史使命。深入考察这一事业的历史条件以及这一事业的性质本身，从而使负有使命完成这一事业的今天受压迫的阶级认识到自己的行动的条件和性质，这就是无产阶级运动的理论表现即科学社会主义的任务"。[1] 其在谈到战争的决定性事件时说道："其实，理论原则规定了许多防止这种不可避免的弊端的方法"。[2] "恩格斯认为，社会民主党的伟大斗争并不是有两种形式（政治的和经济的），……而是由三种形式，同这两种斗争并列的还有理论斗争。"[3] 理论斗争、理论的传播都是理论的教育方法。可见，理论斗争在马克思、恩格斯等经典作家的教育思想中，占据着重要的地位。

（二）列宁的理论教育思想

第一，列宁认识到了马克思主义理论教育的重要地位，形成社会主义国家理论教育的良好样板。郑贤云的《列宁马克思主义理论教育思想研究》指出了列宁马克思主义理论教育的思想产生的背景是当时俄国的国情：帝国主义的各种矛盾在俄国的尖锐呈现，俄国以赫尔岑为代表的空想社会主义的出现以及资本主义的无政府主义等矛盾的缓解，资产阶级的改良政策，使俄国马克思主义内部和外部的理论家对于马克思主义的科学性、现实性、历史命运进行了反思。列宁的马克思主义理论教育从唯物辩证主义出发，具体问题具体分析。"俄国进步的思想界在空前野蛮和反动的沙皇制度的压迫之下，曾如饥如渴地寻求正确的革命理论，专心致志地、密切地注视着欧美在这方面的每一种'最新成就'。"[4] 在教育对象上，列宁重视党员、农民和青年的马克思主义理论教育，在教育过程中呈现自己的特性，如理论教育与文化教育、实践的统一，教育目的和教育作用的统一。[5]

---

〔1〕［德］恩格斯："社会主义从空想到科学的发展"，载《马克思恩格斯选集》（第3卷），人民出版社1995年版，第760页。

〔2〕《马克思恩格斯全集》（第14卷），人民出版社2007年版，第615页。

〔3〕《马克思主义思想政治教育著作导读》，高等教育出版社2001年版，第101页。

〔4〕《列宁全集》（第39卷），人民出版社1986年版，第5~6页。

〔5〕郑贤云："列宁马克思主义理论教育思想研究"，南京师范大学2011年硕士学位论文，第1~3页。

列宁非常注重学习马克思主义理论，凡是能够获得的各种马克思主义著作都认真学习，自高中接触到马克思主义后，其对马克思主义理论的学习便一直十分刻苦勤奋。列宁的姐姐乌里扬诺娃回忆说："记得每天晚上我下楼来跟他聊天时，他就热情洋溢地给我讲解马克思学说的基本原理和这一学说所开拓的新天地，他坐在厨房里堆满报纸的炉灶上起劲地做着手势的情景，至今还历历在目。"[1]从 1893 年列宁的马克思主义理论教育思想发端开始，其便开始运用马克思主义的立场、观点、方法解决国内问题。列宁在《怎么办》中阐述俄国社会主义民主完成自己的民族任务是当时世界上任何一个社会党都不曾有过的。至于靠什么来完成，其得出的结论是"只有以先进理论为指南的党，才能实现先进战士的作用"。[2]马克思主义理论是先进政党的理论，是代表先进生产力的，只有把握住先进的理论，才能发挥先进战士的作用。列宁明确指出："俄国社会民主党人的社会主义工作，就是在工人中间宣传科学社会主义学说。"[3]"没有革命的理论，就不会有革命的行动"[4]，革命理论就是指南："没有革命理论，就不会有坚强的社会党"[5]，理论的意义重大。德国的工人运动斗争在"政治的、经济的、理论的互相配合、互相联系，有计划地进行着。德国工人运动之所以强大有力和不可战胜，也正是由于这种可以说是向心的攻击"。[6]"只有革命马克思主义的理论，才能成为工人阶级运动的旗帜。"[7]同时，列宁在《唯物主义和经验批判主义》著作中驳斥了俄国马赫主义对马克思主义的攻击，捍卫和发展了马克思主义的相关哲学理论。同时，把这些理论视为工人阶级进行认识世界改造世界的伟大思想武器。"为了捍卫马克思主义基本原理，反对修正主义的歪曲，为了向广大党员和工人群众宣传马克思主义，列宁在 1910 年至 1914 年间写了《论马克思主义历史发展的几个特点》《马克思学说的历史命运》《马克思主义的三个来源和三个组成部分》。"[8]

第二，列宁不仅重视马克思主义理论的教育，而且还为马克思主义理

---

〔1〕 [苏联]安·伊·乌里扬诺娃、叶利札罗娃：《回忆列宁》（第 1 卷），上海外国语学院列宁著作翻译研究室译，人民出版社 1982 年版，第 19 页。

〔2〕《马克思主义思想政治教育著作导读》，高等教育出版社 2001 年版，第 101 页。

〔3〕《列宁全集》（第 2 卷），人民出版社 1984 年版，第 430 页。

〔4〕《列宁全集》（第 2 卷），人民出版社 1984 年版，第 443 页。

〔5〕《列宁选集》（第 1 卷），人民出版社 1995 年版，第 274 页。

〔6〕《马克思主义思想政治教育著作导读》，高等教育出版社 2001 年版，第 102 页。

〔7〕《列宁全集》（第 4 卷），人民出版社 1984 年版，第 155 页。

〔8〕《列宁选集》（第 2 卷），人民出版社 2012 年版，"说明"第 4 页。

论教育提供了方法。列宁针对马克思主义理论教育提出了灌输方法，系统地论述了灌输的必要性和重要性、灌输的原则、灌输的对象和灌输的实践。在进行马克思主义理论教育时，学校不是唯一的阵地。列宁认为教育不能只限于学校，教育青年要和劳动结合"只有在与工农的共同劳动中，才能成为真正的共产主义者"。[1]列宁在关于培养工人的社会民主主义意识的论述中曾指出："工人本来也不可能有社会民主主义的意识。这种意识只能从外面灌输进去。"[2]而教育的主要途径是灌输，灌输有自己独特的优势，将人们不能自发产生的思想从无到有地展示出来，进而以较快的速度占领人们的思想。"应当同劳动者反对剥削者的斗争结合起来，以便帮助劳动者完成共产主义学说提出的任务。"[3]否则培养的就是吹牛家。此外，列宁还提倡通过青年团来进行马克思主义理论的教育，这可以从《青年团的任务》中得到体现。

第三，列宁在应对对马克思主义的攻击时，认识到了马克思主义理论教育任务的艰巨性。他说："马克思主义思想在工人阶级中的传播和扎根，必然使资产阶级对马克思主义的攻击更加频繁，更加剧烈。""就是在那些同工人阶级的斗争有联系而且主要在无产阶级中间流传的学说中，马克思主义也远远不是一下子就巩固了自己的地位。"[4]在当时的社会背景下，列宁做好了心理准备，马克思主义思想的牢固树立是一个持续不断、常抓不懈的工作，这对我们进行社会主义建设过程中的马克思主义理论教育具有重要的启发作用。

可见，不管是马克思主义的创立者——马克思、恩格斯，还是早期杰出的发展者——列宁，在理论的创立和发展中都为理论教育做了良好的铺垫。正如马克思所说，在科学上没有平坦的大道。经典作家身体力行，为了科学的理论内容辛勤、严谨、忘我地钻研，通过实践的方式描绘出了理论教育的初步轨迹。体现着追求真理的理论教育态度、展现出了孜孜不倦的教育热情，传播着遵循社会发展规律、人类发展规律寻求人的自由而全面发展的教育精神。在他们身上，闪烁着为共产主义奋斗终生的信念光芒，也饱含着为理论的创立与传播而付出的艰辛，为后来者进行马克思主义理

---

〔1〕《列宁选集》（第4卷），人民出版社1995年版，第295页。

〔2〕《列宁选集》（第1卷），人民出版社1995年版，第317页。

〔3〕《列宁选集》（第4卷），人民出版社1995年版，第295页。

〔4〕《列宁选集》（第2卷），人民出版社2012年版，第1页。

论教育与传播奠定了坚实的理论和实践基础。

（三）以毛泽东为代表的中共第一代领导集体高度重视理论教育，为开启中华民族"站起来"的新征程凝心聚力

毛泽东的马克思主义理论教育思想是在革命和战争时代主题背景下对教条主义和经验主义批判的基础上形成和发展的，是建立在对中国共产党的党情判断和分析上的，坚持马克思主义理论教育是中国共产党坚持正确政治方向的必要保障。

首先，重视理论教育的作用，为中华民族"站起来"引领方向。毛泽东认为，马克思主义理论教育可以使教育对象了解事物发展的本质和趋势，拥有正确的政治取向，有助于总结历史经验、科学地认识问题、解决问题，可以加强团结，共同完成历史和时代任务。在中国革命中，马克思主义理论教育是党的政治斗争的中心；在建设中，政治工作是一切经济工作的生命线。毛泽东曾经指出："不重视学习理论，天天搞事物，一定会迷失方向。"[1]面对主观主义，毛泽东指出："必须用加强党内的思想教育的方法，大力克服我们队伍中的这些严重的缺点。"[2]"只有打倒了主观主义，马克思列宁主义的真理才会抬头，党性才会巩固，革命才会胜利。"[3]毛泽东也强调青年学生"都应该努力学习。除了努力学习专业之外，在思想上要有所进步，政治上也要有所进步，这就需要学习马克思主义，学习时事政治。没有正确的政治观点，就等于没有灵魂"[4]。

其次，重视理论教育对象的广泛覆盖，为中华民族"站起来"培养生力军。在马克思主义理论教育的过程中，从自身抓起，上至领导干部，下至基层群众，都是理论教育考虑的对象。毛泽东认为，马克思主义理论教育工作者由党委第一书记、各级党委书记管思想工作，管报纸、学校、文学、艺术和广播，重抓干部教育，对青年和农民的理论教育要长期进行。对于起决定作用的教育对象要重点教育。毛泽东指出："政治路线确定以后，干部就是决定因素。"[5]干部的带头作用做好了，教育就更具有说服力。关于干部对马克思主义的理论掌握到什么程度为好，毛泽东说过："教

---

〔1〕 中央文献研究室编：《建国以来重要文献选编》（第15册），中央文献出版社1997年版，第169页。

〔2〕《毛泽东文集》（第7卷），人民出版社1999年版，第116页。

〔3〕《毛泽东选集》（第3卷），人民出版社1991年版，第800页。

〔4〕《毛泽东文集》（第7卷），人民出版社1999年版，第226页。

〔5〕《毛泽东文集》（第2卷），人民出版社1991年版，第526页。

育干部要多懂得一些马列主义，懂得越多越好。"〔1〕对待青年，马克思主义理论教育不可忽视，因为青年是社会主义事业建设的主力军，是社会的中间力量，起着栋梁的作用。在进行学习的时候，专业知识要精通，理论素养也要重视。毛泽东在马克思主义基本理论教育过程中，强调其要与中国革命和建设实践结合，重视马克思主义辩证哲学在人民群众中的普及教育，进行大众化的教育。其提出："关于辩证法，需要做广泛的宣传，我说辩证法应该从哲学家的圈子走到广大人民群众中间去。"〔2〕并且，"要利用这个机会，使成百万的不懂哲学的党内外干部懂得一点马克思主义的哲学"，〔3〕无产阶级和人民大众全部涵盖。受教育者和教育者都要不断学习、学习、再学习，不能停止对理论的学习，包括自己也要不断学习。他说："所有的人都应该学习，都应该改造。我说所有的人，我们这些人也在内。情况是在不断地变化，要使自己的思想适应所有的人，无产阶级立场比较坚定的人，也还是要再学习，要接受新事物，要研究新问题。"〔4〕

最后，重视教育方法的实用，注重实践性和可行性，为理论教育奠定方法基础。针对文化建设和马克思主义经典著作的学习、教育方法的整顿，毛泽东提倡马克思主义通俗化教育。〔5〕毛泽东说："对于马克思主义的理论，要能够精通它、应用它，精通的目的全在于应用。"〔6〕教育对象学习马克思主义理论，不是单纯地去记忆马克思主义理论的条条框框，更重要的是去运用，用马克思主义的立场、观点、方法分析问题、解决问题，马克思、恩格斯所处的时代已经远去，但是马克思主义理论在与时俱进，要把中国化的马克思主义理论掌握好。

（四）以邓小平同志为核心的党的第二代中央领导集体重视理论教育，
　　　为开启中华民族"富起来"的新征程凝心聚力

邓小平的马克思主义理论教育思想是在党的十一届三中全会后，党的工作重心从阶级斗争转向经济建设为中心的背景下逐渐形成的。在进行经济建设的过程中，一方面，经济发展促进了物质条件的变化，人们的竞争、

---

〔1〕《建国以来毛泽东文稿》（第11期），中央文献出版社1996年版，第87页。
〔2〕《毛泽东文集》（第7卷），人民出版社1999年版，第332页。
〔3〕《毛泽东书信选集》，人民出版社1983年版，第487页。
〔4〕《毛泽东文集》（第7卷），人民出版社1999年版，第271页。
〔5〕陈哲："毛泽东的马克思主义理论教育思想研究"，武汉大学2007年博士学位论文，第22~80页。
〔6〕《毛泽东选集》（第3卷），人民出版社1991年版，第815页。

平等意识不断增强。另一方面，也有一些不良的社会思潮出现，如拜金主义、功利主义等，人们在思想上存在着一些矛盾，资产阶级自由化和各种腐朽思想对人们的社会主义共产主义事业的信任造成了冲击。解决这些思想问题，也只有靠加强马克思主义理论教育。"邓小平抓住了这个历史机遇，对马克思主义理论教育进行了艰苦的探索，创新教育内容、途径和方法，着力解决人们思想上的各种问题，提高人们的思想认识水平，抵制各种不良思想侵袭，引导和帮助人们树立坚定的共产主义理想信念。"〔1〕

把握理论教育内容的时代性，为使中华民族"富起来"坚定信念。邓小平曾说："如果我们不是马克思主义者，没有对马克思主义的充分信仰，或者不是把马克思主义同中国自己的实际相结合，走自己的道路，中国革命就搞不成功，中国现在还是会四分五裂，没有独立，也没有统一。对马克思主义的信仰，是中国革命胜利的一种精神动力。"〔2〕新中国建设的快速发展也是靠马克思主义，物质文明的建设固然重要，但是光靠物质文明完不成社会主义建设的伟大任务。

注重理论教育原则把握，明确我党的优势来源。邓小平还曾说："光靠物质条件，我们的革命和建设都不可能胜利，过去我党无论怎样弱小，无论遇到什么困难，一直有强大的战斗力，因为我们有马克思主义和共产主义的信念，有了共同的理想，也就有了铁的纪律。无论过去、现在和将来，这都是我们的真正优势。"〔3〕在马克思主义理论教育的原则上，许多学者对此都做过研究，认为邓小平对马克思主义理论既坚持又发展，认为马克思主义理论学习要精、要管用。如韩紫亮认为"要精、要管用"是马克思主义理论最本质的东西。如石云霞的《试论邓小平的马克思主义理论教育思想》提到的其实就是这些原则。在马克思主义理论教育的功能上，邓小平的马克思主义理论教育功能突出了方向作用和精神支柱作用。关于马克思主义理论教育的方法上，邓小平认为应端正学风，要理论联系实际。"群众从事实上感觉到党和社会主义好，这样，理想纪律教育、共产主义思想教育和爱国主义教育，才会有效。"〔4〕在马克思主义理论教育的内容上，邓小平的教育思想里主要包括了"辩证唯物主义和历史唯物主义、理想信念教

---

〔1〕 李政敏："邓小平马克思主义理论教育思想研究"，陕西师范大学 2011 年博士学位论文，第 21 页。

〔2〕 《邓小平文选》（第 3 卷），人民出版社 1993 年版，第 62~63 页。

〔3〕 《邓小平文选》（第 3 卷），人民出版社 1993 年版，第 144 页。

〔4〕 《邓小平文选》（第 3 卷），人民出版社 1993 年版，第 144~145 页。

育和中国历史教育三个方面"。[1]

（五）以江泽民为核心的党的第三代领导集体重视理论教育，为坚定捍
卫中国特色社会主义共筑同心圆

面对世界社会主义发展的低谷，面对国内外复杂局势的挑战，以江泽
民为核心的党的第三代领导集体，推动全面改革开放，顽强探索，坚定地
捍卫了中国特色社会主义，成功推动了中国迈进 21 世纪。是什么让中国共
产党永葆生机和活力，能够经得起时间和险境的考验？不言而喻，那就是
我们坚守了马克思主义正确的方向，牢牢把握了马克思主义的精髓，做到
了理论的传承与创新；做到了理论教育的步步跟进、预防共俱。

首先，注重旗帜作用。坚持理论工作面向实际，1998 年 3 月江泽民同
志在上海市理论工作座谈会上强调的三个问题中，第一个问题就是改革开
放和现代化建设离不开理论指导。强调"一刻也离不开理论指导"。其指
出："我们党是懂得并且重视理论工作的这种重要性的。总结我们党领导中
国革命和建设正反两方面的经验，可以得出这样一个结论：什么时候思想
上比较解放，理论上有重大突破，我们的事业就充满生机和活力，就能从
胜利走向胜利。"[2]面对新形势，针对当时人们提出的三个所谓的反思，江
泽民强调，针对以前的马克思主义传播到中国、改革开放道路的选择等问
题，要用正确的思想方法来分析。只说"对"是不够的，要令人信服，需
要理论。要求干部群众要有正确的思维方式，提倡对马克思主义的思想方
法论的学习。在社会主义改革开放和现代化建设新时期，江泽民强调我们
党是非常重视理论指导的党，要高举邓小平理论的伟大旗帜，不可动摇，
并要求解放思想，发展理论，繁荣理论，指出要尽可能为理论工作者创造
有利的工作生活条件，做好理论队伍建设。

其次，加强理论教育，巩固立党之本、执政之基。在国际风云变幻的
形势下，理论教育全党要做到"三个代表"，保持党的先进性，提高党的领
导水平、执政能力，提高党的拒腐防变抵御风险能力，加强培养适应 21 世
纪要求的中青年领导干部。江泽民强调 40 岁以下的青年干部一般都接受了
马克思主义和党的优良传统的教育，但是不够系统也不够扎实。针对一些
年轻干部理论功底薄弱问题，江泽民要求努力提高理论知识水平、历史知

---

〔1〕李政敏："邓小平马克思主义理论教育思想研究"，陕西师范大学 2011 年博士学位论文，
第 2 页。

〔2〕《江泽民文选》（第 1 卷），人民出版社 2006 年版，第 20~21 页。

识水平，并且要到艰苦环境严格锻炼。要求党校始终把马克思列宁主义、毛泽东思想、邓小平理论作为各门课程的基础。[1]

最后，注重教育创新，通过深化改革不断完善与现代化相适应的教育体制。在此过程中，坚持党的教育方针，让教育为社会主义现代化建设服务、为人民服务。改革教学内容、方法、手段，吸收自然科学和人文社会科学的最新成果，探寻符合教育者全面发展的规律，激发学习自主性。针对哲学社会科学发展中有些同志重视不够的问题，江泽民同志强调必须重视实践和理论的双重探索，坚持以马克思主义为指导，不断认识真理、服从真理、发展真理。[2]

（六）以胡锦涛为核心的党中央重视理论教育，为坚定不移地沿着中国
　　　　特色社会主义道路夯实精神基础

以胡锦涛为核心的党中央重视理论教育，面对国家改革开放深入推进，社会主义发展遇到的新问题、新形势，不断从理论教育上坚定理想信念，为坚定不移地沿着中国特色社会主义道路前进，全面建成小康社会凝聚力量。

首先，在教育内容上，做到旗帜方向和时代精神结合。第一，用中国特色社会主义理论教育狠抓党的组织工作。在坚持用邓小平同志建设有中国特色社会主义理论指导新时期的组织工作的基础上，胡锦涛同志讲到武装头脑的根本途径是学习。"要认认真真看、原原本本学"，[3]并强调学习的收获和成效的最终表现就是把思想统一到中国特色社会主义理论上来，进而把工作提高到一个新水平。在如何深入学习、研究、宣传邓小平同志建设中国特色社会主义理论上，胡锦涛同志指出：虽然态势良好，但是还要进一步乘势而进，更好地为发展社会主义现代化事业服务。第二，发挥各种具体精神的教育作用，如弘扬雷锋精神、井冈山精神、焦裕禄精神、长征精神、载人航天精神，注重这些精神的教育、学习。

其次，在教育对象上，干部、党员、社会科学界、知识分子、青年要通过理论学习，形成建设社会主义的合力。针对干部，要加强和改进干部教育培训，提高干部素质和能力。将县一级的领导干部的培训和各级党委中心组的工作抓紧、抓实，做到理论教育学习机制的完善。让干部既懂业

---

〔1〕《江泽民文选》（第3卷），人民出版社2006年版，第50~51页。
〔2〕《江泽民文选》（第3卷），人民出版社2006年版，第492~493页。
〔3〕《胡锦涛文选》（第1卷），人民出版社2016年版，第46~47页。

务，又有知识，能够胜任本职工作，成为内行，而首当其冲的就是忠诚于马克思主义。注重广大党员、知识分子的教育。胡锦涛指出知识分子特别是社会科学界知识分子的理论学习地位特殊，因为他们是先进生产力的开拓者和教育文化工作的基本力量，所以必须重视对其进行理论教育，强化学习。胡锦涛强调社会科学界的知识分子更要学好这一理论，只有学好了，才能用理论指导自己的专业研究工作，才能积极参与和开展理论教育内容的研究和宣传。[1]针对青年，胡锦涛强调中国特色社会主义理论要进入课堂、进入教材、进入广大青年头脑，各个大中学校要采取适当的形式做好理论教育。[2]全党"要关注青年……广大青年要积极响应党的号召，树立正确的世界观、人生观、价值观"。[3]

十八大报告指出："坚定理想信念、坚守共产党人精神追求。对马克思主义的信仰，对社会主义和共产主义的信念，是共产党人的政治灵魂，是共产党人经受住任何考验的精神支柱。要抓好思想理论建设这个根本，学习马克思列宁主义、毛泽东思想、中国特色社会主义理论体系，深入学习实践科学发展观，推进学习型政党组织建设，教育引导党员、干部矢志不渝为中国特色社会主义共同理想而奋斗。"[4]正是紧锣密鼓的旗帜方向教育和具体的时代精神的弘扬，坚定了理想信念、培育了社会主义核心价值观，提升了党的执政能力建设和先进性水平，形成了科学发展思想，"开辟了当代中国马克思主义发展的新境界"。其体现出我们党是学习型、服务型、创新型政党，通过理论教育凝聚了全面建设小康社会的强大力量。

（七）以习近平总书记为核心的党中央高度重视理论教育，为开启中华民族"强起来"新征程贡献磅礴力量

以习近平总书记为核心的党中央，面对世界经济复苏乏力，局部动荡频发、全球性问题加剧等外部环境，在我国经济发展进入新常态等深刻变化下、在党面临的重大风险考验和突出问题形势下，高度重视理论建设和指导工作，狠抓理论教育工作，加强党对意识形态工作的领导，马克思主义意识形态领域的指导地位更加明显。

---

〔1〕《胡锦涛文选》（第 1 卷），人民出版社 2016 年版，第 132~133 页。

〔2〕《胡锦涛文选》（第 1 卷），人民出版社 2016 年版，第 133 页。

〔3〕胡锦涛：《沿着中国特色社会主义道路前进 为全面建成小康社会而奋斗》，人民出版社 2012 年版，第 57 页。

〔4〕胡锦涛：《沿着中国特色社会主义道路前进 为全面建成小康社会而奋斗》，人民出版社 2012 年版，第 50 页。

首先，强调马克思主义的立党之本地位，旗帜鲜明地讲政治，巩固全党、全国人民团结奋斗的共同思想基础。习近平总书记在纪念马克思诞辰200周年大会上指出："马克思主义为中国革命、建设、改革提供了强大思想武器，使中国这个古老的东方大国创造了人类历史上前所未有的发展奇迹"，"马克思主义思想理论博大精深、常学常新"，"我们要赢得优势、赢得主动、赢得未来，必须不断提高运用马克思主义分析和解决实际问题的能力，不断提高运用科学理论指导我们应对重大挑战、抵御重大风险、克服重大阻力、化解重大矛盾、解决重大问题的能力"。十九大报告强调："旗帜鲜明讲政治是我们党作为马克思主义政党的根本要求。"指出政治理想对我党为中国人民谋幸福、为中华民族谋复兴的导向作用。以习近平同志为核心的党中央在理论建设上、政治方向上披荆斩棘，固本溯源，创新共享，在中国特色社会主义建设的道路上再次拨亮灯盏，闪亮照耀中国和世界。

其次，彰显理论教育目的，落实立德树人的根本任务。2018年5月，在北京大学师生座谈会上，习近平同志强调，大学是培育人才的地方、是青年人学习知识的地方。在学校培养什么样的人、怎样培养人的问题上，总书记明确指出，培养德、智、体、美全面发展的社会主义建设者和接班人是教育的目的，要坚持办学的政治方向。

最后，高度重视思想政治教育工作，把握学科建设新定位。总结中国共产党发展的历史，习近平同志强调："历史是最好的教科书"，"学习党史、国史，是坚持和发展中国特色社会主义、把党和国家各项事业继续推向前进的必修课"。习近平指出："经过几千年的沧桑岁月，把我国56个民族、13亿多人紧紧凝聚在一起的，是我们共同经历的非凡奋斗，是我们共同创造的美好家园，是我们共同培育的民族精神，而贯穿其中的、最重要的是我们共同坚守的理想信念。"[1]通过理论教育树立理想信念，通过理论教育使思想高度统一。

二、国外马克思主义执政党高度重视理论教育

马克思主义理论教育在社会主义阵营的各个国家里都很受重视。如在越南，以胡志明为代表的革命先驱最早接受马克思主义，越南在统一之后

---

〔1〕 习近平："在第十二届全国人民代表大会第一次会议上的讲话"，载《人民日报》2013年3月18日。

也按照苏联模式进行建设，后来受中国改革开放的影响，他们也开始研究中国化的马克思主义理论，借鉴中国经验。其十分关注中国化的马克思主义研究。越南共产党认为："越南的社会主义革命和建设离不开马克思主义和胡志明思想的指导。面对苏联解体东欧剧变，越南共产党坚持认为，这是没有很好地坚持马列主义的结果……更加坚定了强化党的领导和坚强坚持、学习、宣传和信仰马列主义和胡志明思想的决心。"[1]在越南高校，马列主义课程是必修课，所有高校都要正式开设。在越南革新前，马列教学课程体系基本模仿苏联，有《马列主义哲学》《马列主义政治经济学》《科学社会主义》《越南共产党历史》等。在中国改革开放前，高校开设的有《辩证唯物主义与历史唯物主义》《政治经济学》《中国革命史》等。越南革新后，在2003年，《胡志明思想》被列入高校必修课。和越南相比，中国高校的马克思主义理论教育课更加体系化。在教育方面，越南带有"人民性、民族性、科学性和现代性的以马列主义与胡志明思想为基础的社会主义教育"。在理论课的师资建设上，越南"每学年和假期，教育部与培训部、中央科教部和中央联络部都联合举办全国高校马列主义课教师专题培训班，既进行教学经验交流，又可以对教学方案和教程提出意见和建议"。[2]通过文件，对马列理论课教师的社会地位予以提高，派教师出国考察。大胆尝试理论课的教学改革，教学形式也很灵活。

老挝人民革命党于1955年成立，并于1977年建立了老挝人民共和国。在新党章上，老挝人民革命党明确人民革命党为工人阶级，代表老挝劳动人民和全体老挝人民利益。老挝在进行社会主义建设时，借鉴过中国和越南经验。在理论建设上，老挝人民革命党在召开的会议上，多次把党的思想理论建设列为会议主题，近些年为了提高干部的理论素养，多次"选派各级各类干部到越南培训，并请求中国为其培训高级干部和专业干部，邀请中派专家到老挝介绍邓小平理论和改革开放经验、做法，并且派干部到国外进修英语。……要求党员、干部必须学习和研究马克思主义"。[3]对东欧剧变的原因，其也归咎于他们没有坚持马列主义原则，实行了民主化，放松了思想政治工作等原因。所以，全党高度重视马克思主义理论教育，以应对东欧剧变的影响。老挝对马克思主义的指导作用坚信不疑，在学校

---

〔1〕　赵康太：《中外马克思主义理论教育比较研究》，中国社会科学出版社2009年版，第86页。
〔2〕　赵康太：《中外马克思主义理论教育比较研究》，中国社会科学出版社2009年版，第104页。
〔3〕　赵康太：《中外马克思主义理论教育比较研究》，中国社会科学出版社2009年版，第126页。

宣传马列主义，将马列主义教育与党的路线、政策宣传教育结合，与实践结合，与佛教结合。在老挝也形成了符合国情的有特色的以凯山·丰威汉和坎代·西潘敦等思想为核心的马克思主义理论体系。

在朝鲜，坚持金日成的主体思想就是坚持马克思主义。"主体思想是指认识一切的主人，人决定一切。构成我们党的革命思想、党的唯一思想的精髓是马克思列宁主体思想；我们党的唯一思想体系是主体思想体系。"[1]《朝鲜宪法》规定：以马克思列宁主义创造性地运用于我国现实的朝鲜劳动党的主体思想作为自己活动的指南。在理论教育过程中将全体社会成员列为教育对象，目的就是把劳动人民改造成为共产主义者。在党建的过程中，朝鲜将领袖的作用视为决定作用，要从严治党，党管党员，党要建成求真务实、改革创新、廉洁、活力的马克思主义政党。

古巴是于1961年5月1日成立的社会主义国家，古巴的马克思主义理论教育将马蒂思想、马克思恩格斯列宁的政治思想、菲尔德思想统一作为古巴公民的指导思想。马蒂是古巴伟大的思想家、政治活动家、诗人，他追求民族民主革命精神、人道主义和正义道德，对古巴和其他拉美国家影响深远。卡斯特罗思想是对马蒂思想的继承和发展，是将马列主义与古巴革命和建设结合的产物。在理论教育中，要巩固党的执政地位，加强党的道德作风、政治思想理论教育。在全国建立以党校教育为主体的全体党员和干部的培养培训系统。由高级党校尼科·洛佩斯和地方党校，负责各级干部的培养。"每个领导干部任期内必须接受培训3个月以上，年轻干部要接受培训6个月以上，没有例外。……培训的除了干部还有学校校长、企业领导人、教师、新闻及法律工作者。"[2]此外，还有教材学习量的规定等。

可见，在社会主义阵营里，所有的社会主义国家在进行理论教育时都注重对马克思主义理论的干部教育，基本都将学校作为理论教育的主要阵地，将党建放在关键位置，这些国家的理论教育虽然各有各的本土特色，但是无一例外，都充分注重马克思主义的理论创新，发展与创新并重。中国作为社会主义强国，在进行理论教育时要充分认识到国家的世界地位。此外，发展较好的社会主义国家的理论教育在一定程度上也可成为其他社会主义国家理论教育参考的榜样。通过比较，我们更应该充分认识到在当今复杂的国际形势下马克思主义理论教育的重要性，更应坚定中国的马克

---

〔1〕　赵康太：《中外马克思主义理论教育比较研究》，中国社会科学出版社2009年版，第133页。

〔2〕　赵康太：《中外马克思主义理论教育比较研究》，中国社会科学出版社2009年版，第163页。

思主义理论教育的信心。

三、奋进新时代中华儿女的勠力同心需要理论教育

第一，牢牢掌握意识形态工作领导权需要理论教育。建设有强大凝聚力和引领力的社会主义意识形态必须推进马克思主义中国化、时代化、大众化。长期以来，在党和国家的高度重视下，在社会各界的努力下，我国的马克思主义理论教育取得了可喜的成绩，但也仍然存在一些问题。由于受到20世纪80年代至90年代的世界社会主义运动低潮的影响，当今社会主义建设正面临前所未有的挑战，马克思主义理论教育面临一些困境。习近平总书记在哲学社会科学工作座谈会上发表的重要讲话中指出："实际工作中，在有的领域中马克思主义被边缘化、空泛化、标签化，在一些学科中'失语'、教材中'失踪'、论坛上'失声'。这种状况必须引起我们高度重视"，马克思主义理论教育在一定时期话语示弱。而与此同时，改革开放以来，新中国步入了快速发展时期，社会问题也随之不断出现，各种不良思潮随着经济全球化、信息网络化等侵蚀着主流意识形态的领地。进入新时代后，改革开放进入了全面深化阶段，面对改革中难啃的骨头、面对纷繁复杂的国际局势，坚定理论自信、道路自信、制度自信、文化自信无不需要我们高举马克思主义的旗帜，加强理论的教育与宣传。正如学者所述："在我国哲学社会科学中，马克思主义理论是最基础的理论学科、领头学科，是关系党和国家前途命运的生命工程学科。"[1]作为世界上第一大执政党，将马克思主义理论深深扎根于8900多万党员的思想，需要理论教育。作为日益走进世界舞台中央的拥有将近14亿人口的泱泱大国，将马克思主义理论与时俱进，实现被群众认识、认同、认可，并为共产主义事业奋斗的马克思主义大众化过程更加需要各级、各类的理论教育工作部门齐心协力。

第二，回应"过时论""无用论"等错误论断需要理论教育。随着改革开放的全面推进，面对社会出现的一些问题（例如当今社会新阶层问题、资本主义的改良后的继续发展解释、市场经济体制改革后出现的分配不公等现象、学校马克思主义理论课改革等问题），有些人认为马克思主义已经过时了、没有什么用了。马克思主义理论过时论产生的主要原因就是对理

---

[1] 陈哲："毛泽东的马克思主义理论教育思想研究"，武汉大学2007年博士学位论文，第19页。

论认识不透彻，既有学习者自身的因素，也有教育的原因。"在传统的马克思主义理论教育中忽略了对人的全面发展的关注，给人们造成人只是手段和工具的印象，从而使受教育者产生疑惑和厌倦，降低了马克思主义理论教育的威信和实效。"[1]其道出了马克思主义理论为什么会被人认为是过时的重要原因。说其过时了，主要是因为这些人本身对马克思主义理论的体系并没有透彻而正确的认识，不了解理论本质，所以也就没有认可可言，正如没有调查就没有发言权一样。

为什么会有马克思主义理论"没有什么用"的观点？其最直接的原因在于，相对于其他课程，马克思主义理论课呈现给教育对象的是关于人类社会的发展、人的全面发展逻辑，是世界观、时代观和历史观，是方法论，是解决人类社会问题的宏伟科学。而专业课关注的是人的发展的微观层面，可以给教育对象带来切身利益，是和教育对象眼前的物质利益结合的。比如给教育对象带来好的工作、高薪报酬、好的社会地位。而马克思主义理论课是站在人类发展的较高层面，教育对象会认为这些理想和追求与自己短短的一生相比过于遥远，这个问题在教学效果的比较中应该被考虑。更何况由于一些社会原因，比如就业问题、工作待遇问题，高校学生学习心态浮躁，关注得更多的是眼前的既得利益。部分学生对专业课都缺乏动力，更何况是抽象的马克思主义理论课呢。关键是我们要以什么样的形式去进行理论教育，教育方式如何改革。难道这不正是马克思主义理论教育应该加强的原因吗？通过有效的马克思主义理论教育，引导教育对象对马克思主义的正确认识，了解马克思主义的本质，让教育对象获知马克思主义理论的方法论、世界观、价值观，进而为认识世界、改造世界服务。正如有学者所指出的："要使高等学校每一个工作人员和学生从根本上认识到，马克思主义不但是无产阶级革命的旗帜，而且是一个不断发展的科学的理论体系，具有无限的生命力。"[2]要提高马克思主义理论教育的质量和实效，"教育主管部门及教育工作者必须增强科学意识、加强学科建设没改变满足经验积累的传统管理、教育方式"。[3]通过马克思主义理论教育的各种措施，向教育对象传递马克思主义理论精髓，传递马克思主义关注的是人类

---

〔1〕 王琴华、罗成富："马克思主义理论教育规律探析——以掌握和运用克思主义立场观点方法为核心"，载《求实》2009 年第 9 期。

〔2〕 张顺清："高等学校必须强化马克思主义理论教育"，载《齐鲁学刊》1989 年第 6 期。

〔3〕 郑永廷、王宏维、李辉："马克思主义理论学科建设的形势与对策——高等学校思想政治教育研究会学术委员会第二次会议综述"，载《思想理论教育导刊》2006 年第 4 期。

发展的规律层面，将马克思主义理论与现实问题结合，重视马克思主义理论学科的建设，用马克思主义理论去分析和解决现实问题，发挥其应用价值。

第三，抵制西方和平演变需要马克思主义理论教育。虽然当今社会的时代主题是和平和发展，但是意识形态的差异，使西方敌对势力从来都没放弃过对中国的"西化""分化"，这些敌对势力想利用各种机会诋毁中国共产党在人民心中的形象，对党进行丑化，试图颠覆中国共产党在人民群众心中的地位，颠覆社会主义制度。1987 年 3 月 3 日，邓小平在《中国能走社会主义道路》一文中提道："少数知识分子煽动学生闹事，他们的主张实际就是反对社会主义制度，搞资产阶级自由化，所谓资产阶级自由化，就是要中国全盘西化，走资本主义道路。"[1]全盘西化就是要把"西方资本主义制度全盘搬到中国来"。1987 年 1 月 3 日的《排除干扰'继续前进'》一文中，邓小平针对当时的形势指出："搞煽动的人都是成名的人，我们要对付这些人。这些人恰恰就在共产党里。"[2]这说明马克思主义理论教育在当时的迫切性。但是西方西化、分化的问题是一个历史课题，不是登场一次就会退出历史舞台的，只要有机会，它们随时都会对中国的社会主义制度、对中国共产党进行攻击。"针对资产阶级自由化问题，我们党从 1983 年反对思想战线的'精神污染'，到 1986 年围绕学潮展开的斗争，再到 1989 年反对动乱和平息反革命暴乱的斗争，与资产阶级自由化思潮展开了三个回合的重大斗争。"[3]可见，理论教育至关重要。在社会主义建设中，"左""右"干扰都存在。"对青年人来说，'右'的东西值得警惕，特别是他们不知道什么是资本主义，什么是社会主义，要对他们进行教育。"[4]"我们提出反对资产阶级自由化，就是反对全盘西化，反对否定党的领导和社会主义制度。但是我们着重在教育。"[5]

面对西化分化，江泽民曾指出，随着国门的打开，一方面，我们吸收了世界的优秀文化成果，另一方面，我们也面临着西方对中国的西化和分化，拜金主义、享乐主义、极端个人主义的蔓延抵制是一个重大的历史课

〔1〕《邓小平文选》（第 3 卷），人民出版社 1993 年版，第 207 页。

〔2〕《邓小平文选》（第 3 卷），人民出版社 1993 年版，第 198 页。

〔3〕罗会德："马克思主义大众化的历史进程和基本经验——30 年的回顾与总结"，载《社会主义研究》2008 年第 6 期。

〔4〕《邓小平文选》（第 3 卷），人民出版社 1993 年版，第 229 页。

〔5〕《邓小平文选》（第 3 卷），人民出版社 1993 年版，第 235 页。

题，现实生活中与马克思主义、与社会主义违背的言论时有出现：公开鼓吹西化的、政治上主张西方多党制的、歪曲党和人民奋斗历史的，极端个人主义的，煽动对党和政府不满的不负责任生产格调低下的宣扬色情暴力、迷信颓废的影视作品和书刊的、对改革怀疑否定的。"全党都要认真对待、认真研究、认真解决。"〔1〕这些错误、落后、腐朽的思想文化侵蚀现在依旧猖獗，加上网络的开放性互动性，给这些思想提供了又一平台，不良文化思想泛滥的机会加大，理论工作任重道远。抵制西化，特别是文化的安全，马克思主义理论教育更是责无旁贷，迫切需要对这些问题加强理想信念教育，树立对马克思主义科学真理的认同，对有中国特色社会主义未来美好前景的信心，加强资本主义的不良思想洞察和自我防范意识，认清不良思想的本质。防止意志不坚定的人随波逐流堕落为中国特色社会主义建设宏伟事业的障碍。21 世纪，特别是年轻人，没有经历过战火纷飞，没有目睹过战争的残酷，对历史如果不是很了解，如果没有受过理论教育，或者对马克思主义理论没有把握本质，其对社会主义的美好未来、对幸福生活的珍惜感便难以形成，对社会主义和资本主义的区分自然不会很清楚，而片面地将经济发展情况、科技发展实力作为社会制度优劣的单一标准。

在中国崛起的今天，在全体中华儿女奋力实现中国梦的时代，面临的世界强国的打压和排挤更加明显，如 2018 年接连不断的美国对中国的贸易制裁、中国的芯之痛等教训，已经提前向我们敲响警钟。要用马克思主义理论教育引导大学生、引导其他受教育者"正确认识世界和中国发展大势、正确认识时代责任和历史使命、正确认识远大抱负和脚踏实地"，〔2〕使教育对象成为合格的社会人。这更需要理论教育的全面展开，推动马克思主义不断发展。

---

〔1〕 《江泽民文选》（第 1 卷），人民出版社 2006 年版，第 496 页。

〔2〕 习近平："把思想政治工作贯穿教育教学全过程"，载新华网：http://www.xinhuanet.com/politics/2016-12/08/c_ 1120082577. htm.

第三章

马克思主义理论教育的五次高潮

从马克思主义理论传入中国开始，马克思主义理论教育工作便一直没有松懈过，教育的主体理论水平不断提升、教育条件日益完善，教育对象从少数走向大众，但是国内外教育环境纷繁复杂，教育媒介日益多元化。尽管马克思主义理论教育整体状况是好的，但对其干扰也逐渐增加。这一路走来，既有成功也有不足，我们现在要做的就是吸取经验，助推中国梦的实现。回首短短的一百年时间，将马克思主义理论教育的五次高潮根据历史进程予以总结：建党时期的理论教育高潮、延安时期的理论教育高潮、新中国建设时期的理论教育高潮、改革开放时期的理论教育复兴发展高潮、理论教育创新发展高潮，总结每一次党进行马克思主义理论教育好经验，思考为什么在条件极其恶劣的情况下，党的马克思主义理论教育能取得可喜成绩，而在和平与发展的年代，理论教育唤起大众的共鸣还需努力。所以，希望通过每一高潮的教育活动的归纳及对比，找到不同时期教育的主要方法，总结教育特点。进而探索理论教育的规律，为马克思主义理论教育增添力量。

第一节　建党时期理论教育的第一次高潮

一、理论教育第一次高潮形成的历史必然

在建党时期，马克思主义理论教育从狭义的教育角度阐述，可以说还不是很合理，因为狭义的教育是学校教育，但是从广义上讲，却又有合理性。因为只要是增进人们的知识和技能，影响人们思想活动，都可被视为是教育。所以，本书主要基于广义的教育角度展开。马克思主义产生于欧洲，外来的马克思主义思想在中国传播需要时间被部分中国人所认识、认

可，进而传播开来。马克思主义理论教育高潮的到来，既有国际宏观环境的影响，也有内在动力的促进。

其一，关于国际宏观环境的影响。马克思诞生于资本主义社会矛盾尖锐化的时代，马克思是 19 世纪人类最先进国家中的三个主要思潮——德国的古典哲学、英国的政治经济学、同法国所有革命学说相联系的法国社会主义——的继承者和完成者，[1]先进的理论在走向大众的过程中似乎更加容易被接受。但是任何理论的产生被世人所接受都有一个漫长的过程，马克思主义学说观点也不例外。值得注意的是，马克思主义理论从不为人知、到广为践行，是如此震撼而又影响深远。"马克思主义学说始于 1843 年（鸦片战争后 3 年），但从 1843 年到 1917 年，74 年之久，影响主要限于欧洲，全世界大多数人还不知道有所谓马克思主义。"[2]在欧洲，马克思主义的影响起初也不大。国际环境中有哪些因素为马克思主义理论教育高潮的到来带来了契机？

首先，早期欧洲马克思主义学说传播的历史孕育了马克思主义理论教育。列宁是最早对马克思学说的历史命运做出归结的。他指出，截至 1913 年，马克思学说在世界的历史分为三个主要时期：第一个时期是 1848 年的革命到巴黎公社 1871 年，第二个时期是从巴黎公社到俄国革命 1905 年，剩下的是第三个时期。当然，列宁所谓的三个历史时期主要是针对那个年代以前马克思学说的历史命运而言。如列宁所述，在第一个时期，也就是 1871 年之前，马克思主义学说不占统治地位，只是无数个社会主义派别和思潮中的一个，与民主粹主义相似的社会主义有明显的优势，但是这些"主义"并"不懂历史运动的唯物主义原理"，只是貌似社会主义而已。第二个时期，即 1872 年至 1904 年，"西方结束了资产阶级革命，东方还没有成熟到实现这种革命的程度"。前者为未来的变革做好了准备，到处都是无产阶级的社会主义政党，也迎来了欧洲马克思主义理论教育的良好时机。"这些政党利用资产阶级议会制，创办自己的日报、建立自己的教育机构、自己的工会和自己的合作社。马克思学说获得了完全的胜利，并且广泛传播开来"，[3]为无产阶级展开斗争做好了充分准备。在第三个时期，亚洲已

---

〔1〕《列宁专题文集 论马克思主义》，人民出版社 2012 年版，第 7 页。

〔2〕"毛泽东关于'七大'工作方针的报告（1945 年 4 月 21 日）"，载中央档案馆编：《中共中央文件选集》（第 15 卷），中共中央党校出版社 1991 年版，第 94 页。

〔3〕《列宁专题文集 论马克思主义》，人民出版社 2012 年版，第 63 页。

经逐渐成为新的革命风暴的发源地，"八亿人民的亚洲投入了为实现和欧洲相同理想的斗争"。[1]纵观这三个时期，我们可以看出，欧洲早期的革命运动在理论教育的促进下，获得了较大影响力。特别是19世纪末20世纪初，马克思主义理论的教育机构的设立和教育宣传，不仅促进了欧亚部分国家社会主义革命的胜利，也成为早期世界马克思主义理论教育的开端，为中国马克思主义理论教育提供了借鉴。

其次，理论指导实践的成功案例树立了教育典型。十月革命的胜利为理论教育高潮的到来推波助澜。马克思主义理论传入中国始于19世纪末，只是当时的传播对象是一些传教士和士大夫，还有部分留日学生，影响很小。梁启超、朱执信曾提到过马克思主义，后者还是国民党员，而真正知道马克思主义的实为罕见。受客观条件的限制，"我们那时候……根本不知道世界上还有什么帝国主义，什么马克思主义。进了学校，也只晓得几个资产阶级的英雄，如华盛顿、拿破仑"。[2]十月革命以后，马克思主义影响在中国如一声炮响。"十月革命炮声一响，给我们送来了马克思列宁主义。十月革命帮助了全世界的也帮助了中国的先进分子，用无产阶级的宇宙观作为观察国家命运的工具，重新考虑自己的问题。"[3]"中国人找到了马克思列宁主义这个放之四海而皆准的普遍真理。"[4]马克思主义传入中国"比飞机飞得还快"。[5]

其二，关于内在动力。国内马克思主义理论教育高潮的内在动力因素多样，但是主要的动力主要来自三个方面：社会生产力发展的推动、知识分子的觉醒、教育环境改善对马克思主义理论教育高潮到来的直接影响。

首先，中国工业化进程和中国无产阶级的发展和壮大，为中国进行马克思主义理论的传播奠定了阶级基础。在19世纪60年代前后，各个主要资本主义国家基本已经完成了工业革命，需要开拓中国市场，而中国在鸦片战争之后长期沦为其殖民地。这促进了中国追求现代化的意识的觉醒。如在这种意识支配下，中国通过洋务运动，放弃传统的华夷观，接收到西方文明，致力于建立现代国际关系，推进中国军事现代化并第一次出现了具

〔1〕《列宁专题文集 论马克思主义》，人民出版社2012年版，第64页。

〔2〕《毛泽东文集》（第3卷），人民出版社1991年版，第290页。

〔3〕《毛泽东选集》（第4卷），人民出版社1991年版，第1471页。

〔4〕《毛泽东选集》（第4卷），人民出版社1991年版，第1470页。

〔5〕"毛泽东关于'七大'工作方针的报告（1945年4月21日）"，载中央档案馆编：《中共中央文件选集》（第15卷），中共中央党校出版社1991年版，第95页。

有现代意义的教育。[1]在"官商合办""官商督办"的努力下，清政府成立了资本主义纺织厂、钢铁厂、煤、铁矿场、轮船公司，有了第一条铁路、电线，第一批邮局、电话局。[2]但是甲午战争的失败，让中国失去了现代化机会。1861年至1895年，中国第一次现代化努力虽然失败了，但是却在一定意义上奠定未来工业化的基础。19世纪末20世纪初的中国迎来了资本主义发展的黄金期，实现了工业化的快速发展。工业化进程使得经济快速发展，这直接带来了都市社会的兴起[3]，带来了阶级的多样化，特别是产生了现代知识阶层和工业无产阶级。

据史料记载，在辛亥革命之后，不仅中国的资本主义迎来了黄金时代，而且中国的工人阶级的数量也在悄然增长。"革命后10年到20年代初，中国的民族资产阶级就开足了马力，出现了新一代从事工业生产和采用工资雇佣制的企业家。"其中，现代企业特别是沿海城市的工业增长尤为明显，从1912年到1920年，中国现代工业的增长率达到了13.8%，相当于新中国成立后一五计划时期的速度。受到五四运动的推动，中国无产阶级影响力进一步扩大，走向成熟，逐渐从自在阶级变成自为阶级。

其次，中国知识分子的觉醒，使马克思主义被广泛关注。这个觉醒经历了从希望到失望再到希望的重大转变，为马克思主义理论教育的开展奠定了基础。在清末亡国灭种的民族危难之际，救亡图存心最强烈的、最有责任感和使命感的首先就是士大夫阶层。这些阶层无法恪守传统世界观、价值观，开始步入现代化事业，如百日维新。他们对教育、军事、官僚机构、政治等进行改革，特别是新式学堂教育改革之风席卷全国。如废除科举制、建立新学堂、鼓励和组织出国留学。至1909年，中国共建学堂5234所，学生总数92 169人。[4]教育改革促进了现代化知识的传播，培养了适应现代化建设的新型人才，"以传播新文化、新知识、寻求富强国家方案为主要功能的学会和新闻出版机构也由一批具有新文化思想的知识分子开办起来"。[5]甲午战败，中国文人读书的选择趋向和成就价值取向发生了很大变化，开始从学习四书五经变成漂洋过海，主动吸收西方新知识、新思想，

〔1〕 中国社会调查所：《中国国情报告》，辽宁人民出版社1990年版，第33页。

〔2〕 中国社会调查所：《中国国情报告》，辽宁人民出版社1990年版，第33页。

〔3〕 ［美］费正清编：《剑桥中华民国史》（上卷），杨品泉译，中国社会科学出版社1994年版，第740页。

〔4〕 中国社会调查所：《中国国情报告》，辽宁人民出版社1990年版，第45页。

〔5〕 中国社会调查所：《中国国情报告》，辽宁人民出版社1990年版，第43页。

组织新文化运动。

1914 年第一次世界大战的爆发，给人类带来了深重灾难。1918 年，第一次世界大战结束，作为战胜国的中国为之振奋，也充满希望，希望正义可以给人类带来幸福，给中国带来发展机遇。但是，随着美国威尔逊诺言的破灭，中国知识分子对西方国家失去了信任。在救亡道路迷茫之际，中国的知识分子仍未放弃探寻，而此时苏联的出现和对中国的援助犹如雪中送炭，给中国的知识分子救亡图存带来了新的希望，让马克思主义在中国的传播更为接地气，在一定程度上提升了马克思主义理论教育的亲和度。

最后，教育宣传环境的改善。1919 年，五四运动爆发，而后中国又有了作为理论传播的得力刊物。如北京《晨报》开设了"马克思研究专栏"。1915 年，《青年杂志》（1916 年 9 月 1 日改名为《新青年》）创办，1919 年下半年后，许多报刊都大量刊登马克思主义、工人运动还有介绍俄国的十月革命的文章，到建党前，此类文章达一百余篇。这种规模的马克思主义相关理论的传播充分显示，中国开始了马克思主义理论教育的进程。所以，中国马克思主义理论教育的起点，本书认为应该是 1919 年，这个时间条件相对以前显然更加成熟。据史料记载，在民国成立前，"马克思的名字已不止一次出现在中国报刊上。但是直到俄国革命爆发和第一次世界大战结束之后，马克思主义才在中国引起广泛的兴趣"。[1]当时中国的早期革命先行者（如李大钊、陈独秀等）举起了救亡图存大旗。

在五四运动后，马克思主义在中国广泛传播，早期中国共产党人（如陈独秀、李大钊、毛泽东、瞿秋白等）的传播活动，把马克思主义理论推入了高潮。他们不仅自己学习马克思主义，提高自己的理论水平，还躬身马克思主义理论的大众化推进。李大钊说："应该细细地研考马克思的唯物史观，怎样应用于中国今日的政治经济情形……我们应该怎样去作民族独立的运动，把中国从列强压迫之下救济出来。"[2]进步刊物《新青年》对马克思主义在中国传播实践主要是对国际社会主义运动的介绍。《新青年》刊发了有关于俄国布尔什维克的介绍，如第 5 卷第 5 号发表的《布尔什维克的胜利》。"布尔什维克是坚持马克思主义的党派，他们把马克思主义理论和

---

〔1〕 史仲文、胡晓林主编：《中国全史（思想卷）》，中国书籍出版社 2011 年版，第 1023 页。
〔2〕《李大钊文集》（第 4 卷），人民出版社 1984 年版，第 376 页。

俄国的实际结合起来，是世界共产党的榜样。"[1]再者，刊发中国马克思主义者的文章，如"马克思主义研究专号"。所以，《新青年》的发展与中国的马克思主义者的形成相互促进，给进步人士学习先进思想（民主、共和、社会主义等）提供了平台。1920 年，北京党组织创办《劳动音》周刊，用以提高工人的觉悟；1921 年，北京党组织创办《工人周刊》，上海党组织创办《共产党》，以介绍党的基本知识。早期共产党人还到国外学习马克思主义理论，接受理论知识，如赴法国、赴西欧学习。蔡和森到法国学习马克思主义理论，周恩来去西欧留学学习理论，彭湃于 1917 年 6 月到日本留学，1921 年回国后，加入中国青年团，积极宣传马克思主义。通过深入学习，为马克思主义理论教育在中国的开展打下了坚实的基础。1921 年中国共产党的成立，使马克思主义的传播有了组织的依靠。

综上所述，中国马克思主义理论教育高潮的到来已经势不可挡，从 1919 年五四运动开始，中国的马克思主义理论教育（广义上的教育）迎来了良好的时机。到了 1921 年，中国有了自己的无产阶级政党中国共产党，她将马克思主义作为指导思想，开始了轰轰烈烈的工人运动。所以，关于建党时期的理论教育，本书向上追溯到 1919 年 5 月，而在后文中，本书将建党时期理论教育高潮考察时期界定为 1919 年 5 月至 1927 年 12 月。

二、理论教育第一次高潮的表现

（一）理论教育建"组"立"规"

理论教育如果要取得良好的效果，必须有组织了有计划。而在建党时期，中国共产党经历了一个从无到有的诞生过程，而这个党组织的诞生必然是马克思主义理论教育和传播的坚强后盾和继续播种的沃土。为了寻求马克思主义理论教育的渊源，我们须要从最基础的条件着手，通过党组织的诞生来看马克思主义理论教育的开始。

1. 成立中共委员会

有保障的教育要依赖于稳定的组织，在中共一大至三大期间，伴随着中央委员会的成立，党有了明确的命名和纲领，组织也日益完善起来。在一大的相关决议中，马克思主义理论教育的实施体现在立名上。首先是为

---

[1] 闫艳红、段治文："《新青年》对马克思主义传播及其启示"，载《中国出版》2012 年第 12 期。

党命名，提出党的纲领，明确入党条件及党的具体任务。在 1921 年中共第一次代表大会上，党成立的第一个文件里明确了党的纲领，即推翻资本家阶级政权，建立无产阶级专政。纲领规定凡是党员达到 5 人均应成立委员会，并于第 9 条规定了委员会的组织结构，即党员不够 10 人的地方委员会应设书记 1 人，大于 10 人的应设财务委员、组织委员宣传委员各 1 人，大于 30 人的，应设一个执行委员会。此外，纲领还说明了成为中共党员的基本条件，如"凡承认本党纲领和政策，并愿成为忠实党员的人，经党员一人介绍，不分性别、国籍、均可接收为党员，成为我们的同志。但在加入我们队伍之前，必须与企图反对本党纲领的党派和集团断绝一切联系"。[1]此纲领首次提出我党的名称、入党的条件和党的任务。这个纲领为我党马克思主义者的扩大奠定了基础，使马克思主义在中国的传播有了组织和方向。

在建立和发展党团工会组织上，党中央于 1921 年 11 月通告中规定："上海北京广州武汉长沙五区早在本年内至迟亦须明年七月大会前，都能得同志 30 人成立区执行委员会。"[2]对短期团员发展数量"二千团员"[3]也做了明确。自此，党在初期具备了理论教育的最原始条件，那就是国内理论教育主体的形成。教育主体的存在只是为理论教育奠基，还必须规范，在党刚成立时，党就有了自我约束的高度意识，对党组织进行纪律和法律的规定。

2. 优化党组织管理

中共第二次代表大会相关决议对马克思主义理论教育的领导者党组织工作进行了进一步细化。通过了共产党的组织章程，对共产党的组织的严密性纪律性予以明确说明。章程中规定了党的组织结构，党代表会的召集方法，3 人~5 人组成一组，设组长，隶属地方支部，地方支部有区执行委员会指定或直接受中央执行委员会指挥，中央执行委员会由全国人大代表会选举 5 人组织，选举候补委员 3 人。中央执行委员会任期 1 年，区和地方的为半年，组长任期不定，干部由地方执行委员会随时任免。党组会议召开有了明确说明，组长每周一次，支部每月一次，地方执行委员会每月召

---

〔1〕　中央档案馆编：《中共中央文件选集》（第 1 卷），中共中央党校出版社 1989 年版，第 3 页。

〔2〕　中央档案馆编：《中共中央文件选集》（第 1 卷），中共中央党校出版社 1989 年版，第 26 页。

〔3〕　中央档案馆编：《中共中央文件选集》（第 1 卷），中共中央党校出版社 1989 年版，第 26 页。

集各干部会议一次，半年召集本地及全体党员或组长会议一次，各区每半年由执行委员会召集代表会一次，全国代表大会每年由中央执行委员会定期召集一次。[1]此外，还有对党员的纪律、经费的严格规定。由此从中央到地方小组，中共形成了基本的管理组织体系，方便了马克思主义教育自上向下的传播，使马克思主义理论教育有了组织的规范管理。

3. 创建党组织法律

中共第三次代表大会制定了执行委员会组织法律，修订了党的章程。在中央委员会组织法律中，规定了组织中央局。即中央局由执行委员会选出 5 人形成，并规定了中央局的组织结构，如秘书的设立和秘书职责等。此外还有中央局的会议召开办法（每周一次）和表决办法。这一系列规范使党的理论教育活动更具备组织的完善性，方便了中央委员会各项活动的开展，也体现了党组织的不断完善。中央委员会"管理各区各地方之行动，……并管理派遣做青年、妇女、劳工、农民等工作之职员"。[2]如何管理派遣，这个任务的完成质量依赖于组织的严密管理体系。通过组织法可以看到党的组织管理的规范性努力，尽管组织法本身可能受当时党自身发展完善或时局的限制而有一定的缺陷，但是总体看来它足以证明党对马克思主义理论传播机构的执行力在加强。

4. 充实党组教育队伍

首先，形成工会组织。建党初期，建立工会。党对工人阶级的理论宣传运动十分关注，通过工会组织和其他途径来实施，在工会中宣传党的立场，为工人谋求生存的基本条件，如增加工资、缩短工时、成立工会等思想。同时，对工人的活动不限于工会，还有其他方法，如引导他们"与企业主交锋。只有这样，工人才会对自己的工会感兴趣，才相信工会的力量。工人群众没有知识，不认识字，十人当中只有一人能看报"。[3]所以，教育形式要多样。把识字作为基础，给工人上课，教工人认字，让他们善于用文字表达自己的呼声，向工厂主要求提高自己的生活待遇，同时利用自己的知识能看书读报，进而学习俄国革命斗争和马克思主义理论。"要利用机会推动示威和罢工。"〔1〕《北京共产主义组织的报告》提到了教授工人的内容和方法经验，如经验是"第一步，在忠实于工人运动的人与工人之间建立友好关系；第二步，从工人当中选拔一些领袖；第三步，提醒他们不要忘记我们组织的目的，并利用自己的工会同雇主进行斗争，从而使阶级仇恨激化；第四步，我们必须利用每一个机会，推动群众举行游行示威和罢工"。〔2〕在广州，仅仅在 1920 年，工会数量"就增加到一百多个"，〔3〕此外还有工人俱乐部。这些在建党初期历次中央决议中都得以体现：第一，关于工会成立的规模，中共第一次决议规定，会员数 200 人以上方能成立工会。同时对建立工会的必要性和建立工会的目的予以说明，工会在当时是党的基本任务，主要针对产业部门建立工会，手工业工会一旦成立，便马上派党员去进行改组，以马克思主义理论为指导。这为党在产业界影响力的扩大奠定了基础，凡是有工人的地方，都能看到共产党员领导的身影，为党扩大工人阶级队伍做准备。在工会重点成立的地点举行劳动运动，决议"以全力组织全国铁道工会，上海北京武汉长沙广州济南唐山南京天津郑州杭州长辛店褚同志都要尽力于此计划"。〔4〕第二，成立工会研究机构。规定机构的组成人员、机构研究方向、"工会组织的工作方法等问题"，〔5〕提出"成立工会研究机构的目的，是教育工人，使他们在实践中去实现共产党的思想"。〔6〕

其次，规定工会活动原则。中共二大的召开，将过去运动经验和近代欧洲运动后得出的教训运用在当时的活动，明确了党在工会活动的原则。共产党意识到工会活动必须整合力量，明确了工会成立的目的、工会活动的具体方法（如改良工人状况做到"经济改良"）〔7〕确定展开为劳动者立法运动，工会必须努力做到的职务（如团队契约等），工会的性质——阶级

〔1〕　中央档案馆编：《中共中央文件选集》（第 1 卷），中共中央党校出版社 1989 年版，第 15 页。

〔2〕　中央档案馆编：《中共中央文件选集》（第 1 卷），中共中央党校出版社 1989 年版，第 15 页。

〔3〕　中央档案馆编：《中共中央文件选集》（第 1 卷），中共中央党校出版社 1989 年版，第 22 页。

〔4〕　中央档案馆编：《中共中央文件选集》（第 1 卷），中共中央党校出版社 1989 年版，第 26 页。

〔5〕　中央档案馆编：《中共中央文件选集》（第 1 卷），中共中央党校出版社 1989 年版，第 7 页。

〔6〕　中央档案馆编：《中共中央文件选集》（第 1 卷），中共中央党校出版社 1989 年版，第 7 页。

〔7〕　中央档案馆编：《中共中央文件选集》（第 1 卷），中共中央党校出版社 1989 年版，第 77 页。

的群众的工会，工会是世界性的工会等，指出共产党在进行工会活动时必须要为工人利益奋斗。这说明我党对工会的马克思主义理论教育工作在政策规定上从工人群众具体的问题出发，发挥了党员的先进作用。而工厂小组在建党初期主要是起秘密联络和发展积极分子作用，为工会的成立做准备工作。

5. 明示理论教育原则

首先，明示宣传党性工作原则。在宣传上，中共一大决议明确指出："一切书籍、日报、标语和传单的出版工作，均应受中央执行委员会或临时中央执行委员会的监督。""不论中央或地方出版的一切出版物，其出版工作均应受党员的领导。"[1]"任何出版物，均不得刊登违背党的原则、政策、决议的文章。"[2]对出版业等党性进行了规定。

对中央宣传部的任务进行明细，要求中宣部在 1922 年 7 月前，"必须出书（关于纯粹的共产主义者）20 种以上"。[3]这些任务是必须完成的，说明党在早期将马克思主义理论的传播视为工作的重心，全力做好马克思主义理论的广泛教育。"关于青年及妇女运动，请各区切实注意。"[4]

其次，要求宣传工作以马克思主义为指导思想。虽然中共二大主要是为中国加入第三国际做准备，但是在规定里还反映出了党对宣传教育工作的具体要求。如"中国共产党为共产国际之中国支部"，[5]"每日的宣传和运动须具真实的共产主义的性质，并遵守第三国际的纲领和决议。党的一切机关报，均须由已经证实为忠于无产阶级利益的忠实共产党编辑"[6]并强调不要流于形式，要将宣传做得实际，使一切劳动者都认识到无产阶级专政出现之必要。"一切定期的或其他的报纸与出版物，须完全服从党的中央委员会"，[7]对第三国际的党众在报纸和公共集会里也做了明示，就是要

---

〔1〕 中央档案馆编：《中共中央文件选集》（第 1 卷），中共中央党校出版社 1989 年版，第 7 页。

〔2〕 中央档案馆编：《中共中央文件选集》（第 1 卷），中共中央党校出版社 1989 年版，第 7 页。

〔3〕 中央档案馆编：《中共中央文件选集》（第 1 卷），中共中央党校出版社 1989 年版，第 26 页。

〔4〕 中央档案馆编：《中共中央文件选集》（第 1 卷），中共中央党校出版社 1989 年版，第 26 页。

〔5〕 中央档案馆编：《中共中央文件选集》（第 1 卷），中共中央党校出版社 1989 年版，第 67 页。

〔6〕 中央档案馆编：《中共中央文件选集》（第 1 卷），中共中央党校出版社 1989 年版，第 68 页。

〔7〕 中央档案馆编：《中共中央文件选集》（第 1 卷），中共中央党校出版社 1989 年版，第 68 页。

系统而严厉地攻击资产阶级及与其关联的各种改良派。这次决议还提出要在军队和农村宣传马克思主义思想，指出在军队里宣传必须要系统、有决心。关于农村为什么要进行系统、合理宣传，主要是因为农村劳动者是工人运动的坚强后盾。把乡村的马克思主义宣传工作置于当时的非常重要的位置，违背与乡村的交接工作就是"抛弃无产阶级革命"。[1]在中共二大相关决议里，有《关于妇女运动的决议》。其中讲到：对妇女的解放必须要伴随着劳动的解放，阐述妇女获得劳动解放的途径是无产阶级的革命的胜利。各国都应成立妇女部，各国的共产党机关报里也都必须举办妇女专栏。

最后，中共三大、四大中的"主义宣传"号召。中共三大通过的《青年运动决议案》，规定青年运动必须有组织援助。在出版物上注意一般青年实际生活状况和要求，对青年学生应该从文化宣传变为"主义宣传"。[2]中共三大的相关决议提出妇女运动的领导要突出男工和女工的团结，免得受封建宗法的束缚，发生男女工运动冲突。在出版上提及了妇女运动出版物的建立。在《党内组织及宣传教育问题议决案》里，党已经意识到自身组织形式加强的重要性，要在国民运动中明确显示中共党组织。议案强调了发展党组织任务的根本性，强调党自身对革命胜利的重要性，并为了履行这种职任而制定了多种方法，"中央宣传部应当在党报上加重党内教育的工作，并且指导马克思主义研究会——这种研究会不要纯粹由知识分子组织"。[3]还要马上设立党校培养指导人才，中央特设编辑委员会，指导训练政治和策略问题的全党思想。中共四大后，在1926年1月17日，党通告各地利用学生寒假在农村进行宣传工作，发展学生运动，充分发挥学生的理论宣传作用，重视人才，对学生工作能力强的给予大力训育，扩大人才规模。早在1921年，中共一大决议就指出要建立工人学校，学校逐渐变成工人政党的中心机构。基本方针是提高工人的觉悟，使其认识到成立工会的必要。

（二）理论教育的具体方法

1."刊""册""典"的大力发行

"刊"是指进步报刊。在马克思看来，报刊是精神教育的强大杠杆，

---

〔1〕　中央档案馆编：《中共中央文件选集》（第1卷），中共中央党校出版社1989年版，第69页。

〔2〕　中央档案馆编：《中共中央文件选集》（第1卷），中共中央党校出版社1989年版，第153页。

〔3〕　中央档案馆编：《中共中央文件选集》（第1卷），中共中央党校出版社1989年版，第246页。

"正是由于报刊把物质斗争变成思想斗争，把血肉斗争变成精神斗争，把需要、欲望和经验的斗争变成理论、理智和形式的斗争，所以，报刊才成为文化和人民的精神教育的极其强大的杠杆"。[1]在五四运动前夕，党的进步刊物有《新青年》《每周评论》《新潮》。还有广州的《社会主义者》日报，其于1921年1月成为从事党的宣传工作的正式机关报，另外一份是《共产党》月刊，有党员经费维系。除了党自己创办刊物，还鼓励工人创办进步刊物。如在建党初期，不同城市的共产主义活动都在鼓励工人自己创办宣传刊物，篇幅虽不多，多是工人自己写的简讯，但是收效较好，如北京组织的《劳动音》周刊（出了5期后改名为《仁声》）。虽不断地受到查封和经费限制，但还是利用一切机会宣传党的理论思想。此外，还有《劳动界》，后由于经费紧张而停办。据数据显示，截至1922年6月30日，党通过各种活动，使常务会的党员人数从1921年的50余人增加至195人。

1924年《新青年》季刊出版。《前锋》月刊出版10期，《社会科学主义》出了3期，还有《向导》的出版。"五四运动爆发后的一年里，全国新出版的期刊猛增至400余种，其中影响较大的有上海的《星期评论》《建设》《民国日报》副刊《觉悟》，北京的《少年中国》《曙光》《新社会》，天津的《天津学生联合会报》《觉悟》，湖南长沙的《湘江评论》，四川成都的《星期日》，湖北武汉的《星期评论》，浙江杭州的《浙江新潮》。"[2]

"册"指宣传小册子。宣传小册子是建党初期进行理论传播的有效途径，如初期的"《工人的胜利》和《五一节》，这些刊物传播得相当广泛"，[3]有"中央机关发布《中国共产党对于时局之主张》的小册子5000份，主张联合全国民主派对于北洋军阀继续战争"。[4]"多印发对农民工人兵士宣传的小册子"[5]，书记部于上海发行了《劳动周刊》，份数"16 5000张"。[6]党

---

〔1〕《马克思恩格斯全集》（第1卷），人民出版社2007年版，第329页。

〔2〕全国干部培训教材编审指导委员会组织编写：《毛泽东思想基本问题》，人民出版社2002年版，第7页。

〔3〕中央档案馆编：《中共中央文件选集》（第1卷），中共中央党校出版社1989年版，第7页。

〔4〕中央档案馆编：《中共中央文件选集》（第1卷），中共中央党校出版社1989年版，第49页。

〔5〕中央档案馆编：《中共中央文件选集》（第1卷），中共中央党校出版社1989年版，第53页。

〔6〕中央档案馆编：《中共中央文件选集》（第1卷），中共中央党校出版社1989年版，第50页。

在 1923 年的国民运动中鼓励做农民宣传，要印发农民图画，幻灯等，还要广东地区办农民周报及壁上新闻。

"典"指马克思主义经典著作。1922 年陈独秀对共产国际的报告中显示人民出版社印发"马克思全书 2 种""列宁全书 5 种""康民尼斯特丛书 5 种"。[1]新青年社还翻译出版了马克思主义部分著作，如恽代英翻译的考茨基的《阶级斗争》、马尔西的《马克思资本论入门》等。1921 年，李达出版了《唯物史观》《马克思经济学说》等著作，介绍了马克思主义哲学、政治经济学等马克思主义基本原理，"代表了当时马克思主义研究的最高水平"。[2]

2. 以运动烘托教育环境

从 1921 年至 1924 年，全国各地的罢工和农民工人运动全面掀起，给理论教育创设了良好的环境。如 1921 年至 1922 年，上海方面，参加罢工 6 次，包括"英美烟公司罢工 2 次、海员 1 次、邮差 1 次、浦东纺纱工人 2 次"，[3]参加工人群众运动 5 次，因罢工受官场压制 3 次。北京方面，有陇海铁路罢工、京汉铁路罢工、京绥铁路工会组织的参加，设立了长辛店、唐山铁路工人学校、俱乐部、图书馆。于天津开办了工人补习学校。广东方面，罢工有建筑工人大罢工，援助盐业工人大罢工；建筑工会的设立，工会改造运动，工人学校建设 3 所；以共产党名义散发传单 3000 份。汉口方面，参加粤汉和京汉铁路罢工、建立工人俱乐部、参加车夫罢工、建立工会扬子江铁厂工会、参加烟草罢工。长沙方面也有参加纱厂罢工、建立萍乡路矿工人俱乐部。浙江方面，主要组织 80 个农村的协会反地主。

从 1922 年 1 月到 1923 年 2 月，全国罢工次数有 100 多次，参加人数为 30 万。以京汉铁路工人大罢工为第一次工人运动高潮顶点。从 1926 年 10 月到 1927 年 4 月，工人罢工 300 次以上。[4]这一时期，农民运动也在逐步推进。从 1921 年 9 月由沈玄庐在浙江萧山以衙前农民协会形式开始。沈玄庐是上海共产主义小组成员，在自己的家乡衙前进行农民教育。在农民协会中，对农民进行教育，以形象、直观的语言和农民进行沟通，把理论变

---

〔1〕　中央档案馆编：《中共中央文件选集》（第 1 卷），中共中央党校出版社 1989 年版，第 49 页。

〔2〕　张北根："五四运动后至建党前马克思主义大众化进程的历史考察"，载《北京科技大学学报（社会科学版）》2011 年第 3 期。

〔3〕　"中共中央执行委员会书记陈独秀给共产国际的报告（1922 年 6 月 30 日）"，载中央档案馆编：《中共中央文件选集》（第 1 卷），中共中央党校出版社 1989 年版，第 51 页。

〔4〕　许启贤：《中国共产党思想政治教育史》，中国人民大学出版社 2004 年版，第 60~65 页。

成通俗的诗歌、民谣，以便于农民接受，教育内容以揭露社会不合理现象和根源为主，用马克思主义立场来分析，给中国共产党在农村进行理论教育做好榜样。随后，还有彭湃的海陆丰农民运动。在1922年夏季，彭湃在家乡海陆丰进行农民运动，在海陆丰，彭湃出版了《赤心周刊》进行马克思主义理论传播，发展会员10万以上，唤起了农民的革命精神。

1923年4月，中国共产党湘区委员会派水口山工人刘东轩和安源工人、党员谢怀德在自己的家乡岳北开展农民运动，在他们成立的农工会的影响下，截至1923年10月，岳北68乡农民的农工会会员达到6000多家，正式会员4万人以上。

1924年6月，国民党中央通过成立农民讲习所决定，广州农民运动讲习所从1924年开始到1926年9月，举办了6届，毕业学员772人。农民运动讲习所的主要教学内容是俄国十月革命和马克思主义理论，部分农讲所的教员还有来自苏联的顾问，有中国共产党党员，也有国民党成员。农讲所培训出来的学员再分派到地方农讲所、农训班还有农军学校，继续进行马克思主义理论教育。北伐战争开始后，曾在第六届讲习所教育过学员的毛泽东于1926年11月15日到武汉进行讲习所筹备，后扩大为中央农民运动讲习所，于1927年3月正式开学。[1]农民讲习所的开设为全国的农民运动培养了指导人才，使学员对农民问题有深刻的认识，带领学员通过培训学会解决农民问题的方法。尽管当时的农讲所教员有部分叛变，但是大部分中共党员都是忠于党的事业的。教育的学员成了农民运动的骨干，为领导全国的农民运动贡献力量。

随着运动式教育宣传的推进，党对理论教育也总结出了一些经验，如进行实用的、通俗的教育变通。在1927年初，毛泽东做了湖南农民运动的考察报告，其中提到有些政治口号宣传效果确实很好，如"打倒帝国主义，打倒军阀，打倒贪官污吏，打倒土豪劣绅，这几个政治口号，真是不翼而飞，飞到无数乡村的青年、壮年、老头子、小孩子、妇女们的面前，一直钻进他们的脑子里去，又从他们的脑子里流到了他们的嘴上"。[2]农村大人小孩对这些政治宣传的内容几乎都可活学活用，随时传唱。在生活中遇到问题时，农民便会用这些理论进行抵制，把这些理论当成"武器"。"政治

---

〔1〕 李德芳、杨素稳：《中国共产党农村思想政治教育史》，中国社会科学出版社2007年版，第9~43页。

〔2〕《毛泽东选集》（第1卷），人民出版社1991年版，第34页。

宣传的普及乡村，全是共产党和农民协会的功绩。简单的标语、图画和讲演，使得农民如同每个人都进过一下子政治学校一样，收效非常之广而速。"〔1〕毛泽东要求以后要利用机会，把上述那些简单的口号充实，意义明晰。可见，对农民进行政治理论教育，虽然没有全然依靠学校的力量，虽是简单的政治口号，但是善于宣传，潜移默化，使理论成了捍卫农民权力的武器，在农村达到人脑、人心、人口。

3. 重点教育对象的廓清

第一，对工人阶级的理论教育。教育目的是提高工人的文化水平，宣传进步思想。其主要表现在：首先，成立工人学校，在提高文化水平的同时教育工人意识到自己所受的压迫和掠夺，介绍外国工人运动史。李大钊在北京大学成立了"马克思学说研究会"，并开始向劳工阶级宣传马克思主义思想。方志敏等在《新江西》杂志宣传马克思主义思想，用马克思主义改造社会，为主义而奋斗。其实，毛泽东、周恩来、邓中夏等就是在这段时间成为马克思主义者的。正如毛泽东所说："到了 1920 年夏天，在理论上，而且在某种程度的行动上，我已经成为一个马克思主义者了。"〔2〕他自己也认为自己现在就是马克思主义者。工人学校的建立是有针对性的，主要是根据工人发展的情况。北京的共产组织在工人学校的建立上认为，不是所有的行业都有必要建立工人学校，支持没有工人领袖或工人组织的地方建立学校，学校还不能一般，要办专门学校，如专门行业的"纺织工人学校和铁路工人学校等"〔3〕。上海、广州都分别成立了自己的工人学校。其次，在工人学校的基础上建立工人夜校。在广州，工人夜校的举办是先试点成功一个然后再逐渐推广，将教育分时段进行，尽可能考虑工人的作息安排。

第二，对农民的理论教育。在共产主义理论的宣传中，党于早期就开始着手通过刊物来传播思想。1919 年 2 月 20 日至 23 日，李大钊在《晨报》上发表了《青年与农村》一文，对农村问题予以关注。李大钊认为农村黑暗，但是中国农村民主政治的基础，没有农民的民主思想，民主主义不能成立。对于如何进行农民的教育，他认为，应该派青年到农村做思想宣传

〔1〕 《毛泽东选集》（第 1 卷），人民出版社 1991 年版，第 35 页。
〔2〕 ［美］埃德加·斯诺：《西行漫记》，董乐山译，解放军文艺出版社 2002 年版，第 116 页。
〔3〕 中央档案馆编：《中共中央文件选集》（第 1 卷），中共中央党校出版社 1989 年版，第 16 页。

工作，推荐俄国模式，青年放弃家庭的幸福，去农村"宣传人道主义、社会主义的道理，有时候乘着他们休息的时间和他们谈话，有时和他们在一处工作，一滴血、一滴汗的作他们同情的伴侣们"。[1]虽然，他的文章有改良主义色彩，但是对农民理论教育是一种启发。在 1921 年 4 月，在中共一大召开前夕，《共产党》月刊第 3 号发表《告中国农民书》，在广州，褚诺晨为了"实现共产主义思想，创办了《新村》"。[2]如上文所述，通过农民运动讲习所的开设，培养农民运动领导人员，通过农民运动教育农民为中国革命奋斗。

第三，对少年的理论教育。在中共二大决议中，我党已经意识到对少年的理论教育的重要性，"革命的教育在无产阶级少年运动当中成了很紧急需要"，[3]指出少年运动是训练少年劳动者成为阶级觉悟的革命分子的课程。共产党不仅要引导少年先锋为少年劳动者谋取经济利益还要谋取文化利益。

第四，对文化界的理论教育。文化界的理论教育主要目的是推动知识界加入革命运动。中共在建立初期，特别注意知识分子的理论教育，在扩大无产阶级规模时，党对知识界有独到的看法，认为知识界看重科学事业，因为科学事业使这一个阶层获得影响力快，所以知识界渴望得到广泛教育。知识界轻视无产阶级的社会改造作用，看重自身能力，所以知识界会成为"工人革命运动的极大障碍"，[4]因此必须对工人阶级"打消他们想成为学者并进入知识界的念头，促使他们参加无产阶级的革命运动"。[5]在北京，对知识分子的理论教育由于受到反动势力的压制不能出版刊物，所以主要是通过介绍国外的斗争经验，如《俄国革命和阶级斗争》和《共产党纲领》，同时也散发了上海印制的《共产党宣言》等。

公共普通教育学校针对知识分子也加大了共产主义教育，"北京显著地

---

〔1〕 李德芳、杨素稳：《中国共产党农村思想政治教育史》，中国社会科学出版社 2007 年版，第 9~11 页。

〔2〕 中央档案馆编：《中共中央文件选集》（第 1 卷），中共中央党校出版社 1989 年版，第 24 页。

〔3〕 "关于少年运动问题的决议案"，载中央档案馆编：《中共中央文件选集》（第 1 卷），中共中央党校出版社 1989 年版，第 84 页。

〔4〕 中央档案馆编：《中共中央文件选集》（第 1 卷），中共中央党校出版社 1989 年版，第 13 页。

〔5〕 中央档案馆编：《中共中央文件选集》（第 1 卷），中共中央党校出版社 1989 年版，第 13 页。

增加了。从前，他们对学生进行了爱国主义教育，我们尽力促使这些学校进行共产主义的宣传，并且在这方面获得了部分成绩"。[1]可以看出，在我党刚成立之时，党组织在知识分子中进行的教育是经过周密思考并认真落实的，综合考察知识分子的特点后才开始有计划、有步骤地实施理论宣传教育。

三、建党时期马克思主义理论教育基础性特点

第一，教育组织的基础性。在党建时期，理论教育的发端直接取决于中共何时成立。真正称得上是正规教育，只能是从党组成立开始，没有党，理论教育就没有主体。为了使马克思主义得以在中国快速传播，中国共产党必须形成自己的宣传教育组织，并给予规范化管理。在党成立时期，马克思主义理论教育的组织可能不尽完善，但是有了中国共产党，就有了马克思主义在中国传播的具体"播种者"，使马克思主义在中国快速"开花"。当时中国共产党尽管是在共产国际的指导下，有一定的组织依赖性，但是，在非常时期，这种依赖不仅不会妨碍而且还会推进党的壮大，也可为马克思主义理论教育贡献力量。

第二，教育内容的基础性。在进行理论教育的过程中，党组的完善是理论教育的重要保障。在进行马克思主义理论教育的初期，党自身不断完善，这体现在党组织体系的丰实。从建立党、党委员会的优化、法律的制定、到建立党团工会和相应的工会研究机构，制定章程工会活动原则。这些组织上、制度上的完善是进行后续马克思主义理论教育推动高潮的有力保障。所以，在党成立初期的工人罢工、妇女运动、农民运动以及正式的工人学校为工人进行理论培训，进行精神教育都能水到渠成。为了加强教育效果，宣传刊物在严酷的条件下紧紧跟进，体现在教育效果上，党员人数在敌对势力迫害下还在成倍增加。据有关学者统计，[2]一大党员数量大体为60人左右；二大为195名，是一大时期的3.68倍；三大时增加了225人，是二大的2.15倍；四大是994名，比三大增加了574人，是三大的2.37倍；五大时党员5.7967万，是上年同期的58.32倍；大革命时期，党

---

〔1〕　中央档案馆编：《中共中央文件选集》（第1卷），中共中央党校出版社1989年版，第18~19页。

〔2〕　孙应帅："中国共产党党员数量与结构变化及发展趋势"，载《北京行政学院学报》2009年第5期。

员数量骤降，减少了31%；七大为121万，数量又攀升起来，是六大时期的31倍。随后，党员数量逐年递增，除了九大时党员数量增速是2.05倍，其他基本保持在8倍以上。这说明当时的马克思主义理论在少数精英心中是坚不可摧的。

第三，教育方法的基础性。教育方法是教育收效的重要影响因子，在建党初期，党的理论教育主要是自我教育和宣传普及结合。理论教育在革命初期服务于革命运动，期间，党员数量相对来说是比较少的，迫于当时外部环境的残酷性，教育方法注重实用性。信念坚定的马克思主义者在非常时期一方面要自学马克思主义理论，另一方面在自学的基础上还要进行理论传播教育，在提升自己的同时也为理论教育做好铺垫。而革命需要群众的力量，理论要走向群众，凝心聚力，宣传口号至关重要。党内教育方法多，如党报、政治简报、编辑的各种教育同志的小册子、训练班、个别谈话、有组织的分配看书、对不识字党员读书报、批评、小组会、支部大会、组联会、纵队为单位的党员大会、联席会议、全军支队的联席会、政治讨论会等。宣传方法有传单、布告、宣言、少量的壁报、画报、革命歌谣、上门板、捆禾草等纪律配合。[1]尽管这些教育和宣传方法技术有众多缺点，也比较淳朴，但是在客观上为后续理论教育方法载体做了基本铺垫，也从中吸取了教训、积累了重要工作经验。

总之，在建党初期，党的马克思主义理论教育和党自身的成长、成熟息息相关，为后期的马克思主义理论教育机构、内容、教育形式奠定了基础。

第二节　延安时期理论教育的第二次高潮

一、理论教育第二次高潮形成的历史背景

延安时期是中国共产党在革命中的一个复杂时期，根据历史记录，具体时间是从1935年10月中共中央和红军在延安落脚起，到1948年3月中共中央政府离开延安止。对于中国共产党来说，内有阶级矛盾，外有民族抗争任务。在这个时期，马克思主义理论教育紧紧围绕抗战任务，凝心聚力，高潮再起。回首过去，长征本身就是一次伟大的理论教育，在一定意

---

[1]《毛泽东文集》（第1卷），人民出版社2009年版，第92~97页。

义上，长征展现了红军坚定的理想信念，让更多的老百姓认识到了红军、认识到了马克思主义，党和军队用实践证明着自己的选择的正确性，用行动教育着人民。

1935 年 12 月 27 日，毛泽东在陕北瓦窑堡党的活动分子会议上作报告时谈到了长征的意义："长征是历史记录的第一次，长征是宣言书，长征是宣传队，长征是播种机。"〔1〕面对"天上每日几十架飞机侦察机轰炸，地下几十万大军围追堵截"，红军却开动每人的两只脚长驱 2 万多里，向 11 个省内大约 2 万万人民宣布红军道路的正确性。正如毛泽东所讲："不因此一举，那么广大的民众怎会如此迅速地知道世界上还有红军这样一篇大道理呢？""宣言书"表明了党必胜的信心、"宣传队"体现了理论教育的方法、"播种机"蕴含着长征带来的教育意义。所以，长征本身就是一次伟大的理论教育实践。这次高潮的来临，既有长征中敌人围剿导致人才紧缺的推进和抗日战争统一战线建立的需要，也有与官僚主义和机会主义斗争的需要，还有理论教育内容中国化深入发展的需要。

第一，人才的紧缺迫切需要理论教育。长征中面对敌人的围剿，中国共产党人初心不改，奋勇向前，最终开启了中国共产党为实现人民解放而斗争的新的伟大征程。期间，我们党和军队付出了巨大牺牲，大批有经验的干部遭到屠害。而面对新的伟大进军，更加需要理论教育，培育大量理想信念坚定的人才。国民党第五次围剿前，红军发展到了 30 万人，长征结束，红军不足 3 万。从 1937 年到 1940 年，党员和军队数量发展飞速，"军队扩大了 5 倍，党员人数增长了 20 倍"，〔2〕1937 年党员 40 000 人，1940 年达到了 800 000 人，到了 1945 年七大时已经增至 1 211 128 人，八路军和新四军也分别从 1937 年的 80 000 人、12 000 人，增加到了 1945 年 5 月的 614 000 人、296 000 人。如此快速的发展也带来了一些严重问题，如"素质、经验、训练"等问题。面对参差不齐的党员和干部素养，面对严峻的革命形势，党还面临如何保持革命运动的凝聚力和推动力问题。在《为争取千百万群众进入抗日统一战线而斗争》中，毛泽东指出："指导伟大的革命，要有伟大的党，要有许多最好的干部"，也要有几百个最好的群众领

---

〔1〕《毛泽东选集》（第 3 卷），人民出版社 1991 年版，第 150~151 页。

〔2〕［美］费正清：《剑桥中华民国史》（下卷），杨品泉译，中国社会科学出版社 1994 年版，第 618 页。

袖，"这些干部和领袖懂得马克思列宁主义"。[1]可见，马克思主义理论教育和相关知识学习无疑成了重要任务。

第二，日军的入侵燃起了学生和民众的爱国情怀，促进了理论教育高潮的到来。自 1937 年日本轰炸天津南开大学开始，中国多地高校接连受到日本的摧残。如北京的清华大学、北京大学等，上海、武汉、广州等地大学也屡遭轰炸。1939 年后期，日本占领区只有 6 所大专院校，大学、学院、职业学校 52 所，教育机构内迁，学生辍学严重，教师教学受到重创。学生要么待在家中，要么参加革命，要么流亡学习，学校条件极差。但是，即便是在这种条件下，教育体制依然继续照常运作，学生注册人数从 1936 年的 42 000 名增长到了 1944 年的 79 000 名。[2]战争的摧残增加了学生们的爱国情怀。就学生而言，继续汲取知识的力量，就是一种爱国，就是一种对日军入侵的蔑视。学生、教师和共产党人成为救亡先锋，如法国留学生杨秀峰在天津河北省立法商学院任教，作为地下党员，积极支持民族救亡，后来在冀南地区党的事务活动中起到了重要作用。[3]还有些共产党人从一开始就活跃在牺盟会中，与爱国的教师、学生、自由主义者和其他人一起工作。[4]而在国统区，饥荒和税赋更是让人失去了生活的希望，1942 年至 1943 年冬天吃树皮、草根等现象涌现，乡民不满被统治，"从福建、广东到四川、甘肃，几乎每一省都有农民暴动"。成千上万的农民武装产生，"民心鼎沸"。[5]

第三，主观主义和机会主义斗争推动理论教育。在长期的革命和战争中，党对马克思主义理论教育的研究也日趋深入，尽管战事紧张，但是也不忘进行思想整顿、教育反思。但是理论教育存在的问题也同样存在，如教条主义，效果评价（如学生对理论的学习能否活学活用）等也需要继续完善。而抗日战争爆发后，新党员中有许多是小资产阶级出身，一些党员思想动机问题、作风问题、学风问题等浮出水面，引起了党中央的高度重视。如在学风问题上，毛泽东在改造我们的学习讲话中指出我们党许多同

---

〔1〕《毛泽东选集》（第 1 卷），人民出版社 1991 年版，第 277 页。

〔2〕［美］费正清：《剑桥中华民国史》（下卷），杨品泉译，中国社会科学出版社 1994 年版，第 560~561 页。

〔3〕［美］费正清：《剑桥中华民国史》（下卷），杨品泉译，中国社会科学出版社 1994 年版，第 628 页。

〔4〕［美］费正清：《剑桥中华民国史》（下卷），杨品泉译，中国社会科学出版社 1994 年版，第 635 页。

〔5〕《福建省情报告》第 2 页。

志继续存在着"瞎子摸鱼"、一知半解等违反马克思列宁主义基本精神的作风，不能够认真地研究情况、不能从客观实际出发，为了学习而学习，缺乏解决问题、学以致用的能力。这些作风传播出去，害人害己。还有部分党校同志把马克思主义理论当成教条、不能理论联系实际等问题，而有些党员干部有经验却没有理论基础也需要改进现状。宗派主义、党八股等现象深深毒害着一些党内同志，"所以我们要在党内发动一个启蒙运动，使我们同志的精神从主观主义、教条主义的蒙蔽中间解放出来，号召同志们对于主观主义、宗派主义、党八股加以抵制"。[1]

第四，理论教育中国化、大众化深入发展。首先，我党对中国革命特点的深入认识和革命规律的探索，促进了马克思主义理论的中国化，也让理论教育逐渐具有中国特色。由于党的建设过程也是从幼年走向成熟的过程，第一次大革命尽管取得了一定的成效，但毕竟是幼年阶段，所以对马克思列宁主义的理论和中国革命实践还没有完整的了解。随着土地革命的推进，"我们的干部更多地领会了马克思列宁主义的理论，更多地学会了将马克思列宁主义的理论和中国革命的实践相结合"，[2]对这种"结合"的实践和更加深入、更加统一的理解，促使了抗日统一战线的建立，进行了伟大的抗日战争，使党在全国人民中的影响更大了。然而，大批的新党员还没有受到教育，他们对马克思主义和中国的革命实践没有完全的、统一的理解。正如毛泽东所说："按照中国革命运动的丰富内容来说，理论战线就非常之不相称，二者比较起来，理论方面就显得非常之落后。……我们还没有对革命实践的一切问题，或重大问题，加以考察，使之上升到理论的阶段。"[3]

同时，中国的马克思主义理论教育有庞大的理论教育主体、有具体的革命实践，这些条件共同促成了马克思主义的中国化和大众化浪潮，马克思主义理论教育成果颇丰，既实现了马克思主义中国化的开创，又推动了马克思主义大众化。在理论教育主体方面，有关研究显示，到延安进行马克思主义理论传播和教育的有随长征到来的马克思主义理论干部、知识分子，有国统区的爱国知识分子，有来自南洋和欧美地区的华侨青年学生，还有陕甘宁地区和华北地区土生土长的知识分子、党外进步记者。有马克

〔1〕《毛泽东选集》（第3卷），人民出版社1991年版，第827页。

〔2〕《毛泽东选集》（第2卷），人民出版社1991年版，第611页。

〔3〕《毛泽东选集》（第3卷），人民出版社1991年版，第813页。

思主义理论研究者，也有基层教育者。如由张闻天任院长的延安中央研究院，有9个研究室，"形成了一个较为稳固的马克思主义理论研究阵地"。[1] 该研究室包括了文化研究室主任艾思奇、新闻研究室主任李维汉等，他们为马克思主义理论和中国的实际结合研究以及中国文化转型做出了重要贡献。

党在各种理论教育研究和传播活动中，形成了一支庞大的理论教育队伍。郭德钦在研究成果中提到，马克思主义哲学、经济学、科学社会主义理论、史学理论人才辈出，如马克思主义哲学领域有"艾思奇、李达、胡乔木、陈伯达、陈唯实、何思敬、杨松、和培元、任白戈、成仿吾等。在哲学学习中，推动马克思主义理论教育特别是辩证唯物主义走向深入，成立读书小组有专业人士主持，如自然辩证法小组等。在马克思主义经济学领域有王亚南、陈翰笙、孙志方、沈志远、于光远、钱俊瑞、许涤新、郭大力、彭迪先、王思华、薛暮桥等。在马克思主义科学社会主义理论领域有胡绳、柳湜、吴黎平、张如心、邓力群、乔冠华等。在马克思主义史学领域有郭沫若、范文澜、侯外庐、吕振羽、翦伯赞、叶蠖生、何干之、华岗、陶希圣、梅思平等。在马克思主义文艺学领域有周扬、丁玲、冯雪峰、胡风、田汉、聂耳等。在马克思主义经典著作翻译领域有张仲实、师哲、王学文、吴黎平、何锡麟、郭大力、王亚南等"。[2]如在中国社会史论战中，唯物史观在历史研究中得到了普遍应用，并涌现出了一批运用马克思主义理论研究中国历史的学者如郭沫若等。[3]在这些理论工作者的宣传鼓动下，马克思主义理论教育有了坚强的理论研究和理论传播支撑。

此外，马克思主义理论在基层大力传播。党非常重视基层理论的普及，通过颁布政令来促进理论传播。如1941年6月发出的《中央宣传部关于党的宣传鼓动工作提纲》指示："在目前党的宣传鼓动工作达到异常广大范围的情形之下，在各级党的组织之下，应该有相当数量的宣传员和鼓动员，并经常进行对他们的教育，以提高他们的质量。除此之外，在高级党校内设立专门培养宣传鼓动工作者，报纸编辑，及新闻记者的科系，是非常必要的。"此外，理论宣传家也要做到"（1）对无产阶级事业的忠实，通晓马

---

〔1〕 郭德钦："延安时期知识分子与马克思主义大众化研究"，陕西师范大学2012年博士学位论文，第26页。

〔2〕 郭德钦："延安时期知识分子与马克思主义大众化研究"，陕西师范大学2012年博士学位论文，第29页。

〔3〕 史仲文、胡晓林主编：《中国全史（思想卷）》，中国书籍出版社2011年版，第1081页。

列主义学说，深刻了解党的路线与政策；（2）有政治的眼光，善于揭破敌人的一切欺骗，有很高的革命警觉性；（3）自我学习的精神；（4）不是教条式的解说马列主义，而是创造性的解说马列主义。对一个鼓动家的要求：（1）了解党的路线政策；（2）有鼓动的能力，不管他是用激昂、比喻、幽默来达到都可以；（3）熟悉群众的语言；（4）与群众有密切的联系，了解群众的生活和心理"。[1]

二、理论教育第二次高潮的表现

（一）宣传教育系统化奠基

中华苏维埃共和国临时中央政府成立后，为了加强党内的马克思主义理论水平，中国共产党加强了马克思主义理论刊物的翻译、出版和发行。

1934年1月5日，《中央关于扩大红军突击月总结的决定》提到，教育党员"党的决定能够完成与否不是由于什么客观的不能克服的困难，而是由于我们是否真能坚决为党的路线而斗争到底"。[2]提出要进一步反对机会主义的斗争。各种机关报都要常刊载优待红军家属的信息，建立家属通讯员。青年团、工会、女工农妇代表会要热情参加优军运动，并将运动视为群众运动。

宣传是教育的有力措施，利用好宣传方法，可以对教育起固化和扩展作用。在建党时期，我党也宣传马克思主义理论的刊物，但是迫于当时的条件，刊物的创办经费不足，还有的借助于共产国际的支持，出版的刊物种类也有限。但是，在革命过程中，党组在全国部分城市有了自己的据点，特别是到延安时期，革命经过辗转南北，影响扩大，刊物的广泛创办和发行需求更强。在理论教育中，宣传将教育的促进作用推向了新的高度，主要表现在理论教育宣传刊物在数量上和质量上更上一个台阶。

首先，在宣传刊物数量上，延安时期的马克思主义理论相关刊物发行规模扩大。出版马克思主义理论的主要单位不下5家，出版的理论文章涵盖了马克思主义哲学、政治经济学、社会主义文章，既有马克思主义经典著作文章，也有中国学者关于马克思主义理论的文章。这说明党在延安时期对理论学习不仅是学习经典，还在进行本土化，有了自己的哲学教科书，这与建党初期理论教育相比又是一个阶段性的突破。如在1931年，中共成

---

〔1〕《中共中央文件选集》（第13卷），中共中央党校出版社1991年版，第137~138页。
〔2〕《中共中央文件选集》（第10卷），中共中央党校出版社1991年版，第4页。

立了北方人民出版社，主要刊印马克思主义经典著作。此外，同年还有长汀县的闽西列宁书局，为苏区出版起到示范作用。在苏区还有中央出版局，管理根据地的报刊发行，自己也出版过《政治经济学》等。1932年成立的中央军委出版局，出版军事、理论著作，如《红军中党的作用》等。马克思主义研究总会编辑部出版过《共产党宣言（附雇佣劳动与资本）》《中国经济之性质问题的研究》等。马克思主义学校编审的出版物有《列宁主义问题》《共产党宣言》《中国革命基本问题》《政治常识讲义》等。此外，李达出版了《社会学大纲》，毛泽东称这本书"是中国人自己写的第一本马克思主义的哲学教科书"。[1]艾思奇的《大众哲学》《思想方法论》《哲学与生活》等著作，阐明了马克思主义哲学的一些基本原理。毛泽东曾给艾思奇写信说："你的《哲学与生活》是你的著作中更深刻的书，我读了得益很多。"[2]此外，还有《红星报》《共产党人》《解放日报》等党内刊物的理论教育。党报要为战斗服务，党报文字力求通俗简洁，适应大众需求，即使是识字不多稍微有点政治知识的人也能读懂。从建党初期引用外来的经典，学习马克思主义经典理论。延安时期，中国有了自己的哲学著作，产生了自己的见解，有了本土理论学习读本，这个变化既说明马克思主义理论教育有阶段性成果，也显示出了当时马克思主义理论教育的内容多样性。

其次，宣传工作系统化。系统宣传主要表现在：第一，对宣传的内涵理解更加深入。第二，对宣传在教育中的作用有更深认识。第三，宣传工作的方法具体化。如1941年6月张闻天的《党的宣传鼓动工作提纲》即有所体现。[3]关于宣传的内涵，党认为"宣传"是"思想意识方面的活动"，宣传和鼓动不分家，但是宣传和鼓动也有区别，宣传是将问题从理论上说明白，宣传的对象数量相对于鼓动来说，数量要少，宣传的作用是让一部分人明白某种观念，而鼓动则是面向群众的，是激起热情的一种方法。如在进行党的马克思主义理论教育中，要认识到马克思主义理论宣传的长期性，将鼓动和宣传结合起来使用，并在教育方法上有所区别。对于模范红军，将瑞金中央突击队领导的名字（如罗荣桓、谢名仁、邓振询等）放在

---

〔1〕 龚育之、逢先知、石仲泉：《毛泽东的读书生活》，生活·读书·新知三联书店1986年版，第46页。

〔2〕《毛泽东书信选集》，人民出版社1983年版，第112页。

〔3〕《张闻天选集》，人民出版社1985年版，第299页。

红军突击运动的光荣红榜上，"在各种小册子、会议与报纸上解释与宣传他们工作的经验，教育全党同志"。[1]宣传鼓动模范，做好示范。对家属进行文化教育、照顾子女免费入学，对家属愿意参加补习学校和训练班的优先考虑。《红星报》等中央机关报要常刊载此类消息。考虑到民众的文化水平不高，识字不多，党还有专门的读报活动，设立读报组，在一些合作社等经济组织由读报人员来对各种报刊给予讲读，读报活动辐射到了田间地头。

"在工厂、变工队、运盐队或妇纺小组，由一个会读报的人每天拿群众报念给大家听，并加以批评解释，进行时事教育。宣传效果似乎很大。"[2]加上党也意识到，"必须依靠群众，……才能克服投降和反共危险，巩固统一战线"，坚持了两年抗日战争就发现了"注重了上层统一战线工作，忽视了下层群众工作"。[3]所以，为了使群众工作不至于停顿，中央责成党部，立刻纠错，这对马克思主义理论的大众教育有重要意义。此外，发挥文化团体（如协会等）帮助国民教育的作用，提高教育经费比例，实行免费教育，对困难学生给予笔纸援助。[4]在教育效果上，共产党甚至优于国民党的教育。正如斯坦因所说"我很怀疑国民党区域大学学生的学术水准比延大学生高多少，因为他们虽然有好的设备，好的先生，但先生学生营养不足和知识压迫而没有生气，好设备、好先生的优点也就被抵消了。"[5]

在延安时期，文化宣传起到了一定的理论教育作用，但是也遇到一些问题。如党的宣传工作在抗战时期落后于党组织的发展。"严格地说来，党的宣传工作落后于革命的发展与党组织的发展是很远的。"主要是宣传组织本身的"不充实及工作的不健全"、党内存在部分重组织轻宣传，干部配备不到位，因为宣传本身也包括"领导和进行党内的教育工作，一般党员教育和干部教育（包括党校及干部训练班等在内）"；"领导和组织党报的出

---

〔1〕　中央档案馆编：《中共中央文件选集》（第10卷），中共中央党校出版社1991年版，第6页。

〔2〕　"关于发展群众读报办报与通讯工作的决议（1944年11月16日）"，载《解放日报》1945年1月1日。

〔3〕　"中央关于深入群众工作的决定（1939年11月1日）"，载中央档案馆编：《中共中央文件选集》（第12卷），中共中央党校出版社1991年版，第134页。

〔4〕　"中央关于开展抗日民主地区的国民教育的指示（1940年3月18日）"，载中央档案馆编：《中共中央文件选集》（第12卷），中共中央党校出版社1991年版，第331页。

〔5〕　［美］斯坦因：《红色中国的挑战》，李凤鸣译，新华出版社1987年版，第139页。

版与发行，并编审和出版各种书籍、教材及宣传品"。[1]党中央对宣传部的工作予以总结并针对问题及时进行了整改，在党的理论教育中充分认识到了宣传对理论教育的重要作用，并赋予了宣传、理论教育的"领导和组织"工作职责，尽管在教育时存在各种条件限制，但是这些都说明党中央在延安时期的理论教育有推向大众的决心。

（二）正规化理论教育拉开帷幕

1. 建立马列学院引领长效教育机制

马克思主义理论教育离不开理论教育的专业机构，在党发展到一定规模，中国的革命取得阶段性成果的时候，规范的理论教育便被提上了日程。为了进行系统的马克思主义理论教育，特别是干部的马列主义理论培训，第一所正规的延安马列学院在1938年5月正式成立。这所专门培训马克思主义理论人才的学校是继1933年3月成立的马克思共产主义学校（即最初的中共苏区中央局党校和后来的中共中央党校）之后成立的，是一所理论教育学府，院长由张闻天兼任。张闻天是党的历史上进行理论宣传和干部教育功不可没的主要领导人之一。学院的主要教学内容是马列主义基本问题、中国现代革命运动史、政治经济学等，并特别注重对马列经典著作的学习。其中任教的有王学文、艾思奇、吴亮平、朱德、邓小平等。马列学院的主要教育对象是革命老干部、知识青年等参加过抗大、陕公、中央党校学习的优秀人员。从建立到1941年5月改组为马列研究院，"招生五届，全部学员八九百人"。[2]延安马列学院代表了当时理论教育的"最高水平"，[3]参加过学院教育的学员对马克思主义理论有了相对系统的认识，为抗日战争的胜利奠定了一定的基础，在理论教育方面也为延安时期马列理论教育作出了重要贡献。罗青长曾说："我的马列主义启蒙教育，就是从党校开始的。"[4]林肖侠说："在中央党校短短几个月的理论学习，是一辈子不会忘记的，它不仅使学员受到了初步的马列主义基础教育，而且为以后的自学打下了很好的基础。"[5]福尔曼在《北行漫记》中说："他们在延大所受的

教育完全是实际的学问。"〔1〕

此外，还有一些综合干部大学要开展理论教育，如1941年9月合并而成的延安大学。在1943年延安自然科学院、鲁迅艺术文学院、新文字干部学校、民族学院、行政学院相继并入。毛泽东在延安大学曾反复强调延安大学要为各个抗日根据地服务，政治上要学习党的方针政策，还要多教百姓识字，多识字，办冬学，要克服教条主义，要和实际结合。以至于，延安成为青年奠定人生观、世界观的摇篮。

2. 开办马列流动培训班接续短期集训

第一，办班的必要性。为了满足广大干部的马克思主义理论教育需求，中央文件显示，因为老干部不足，新吸收的革命知识分子由于历史特点，也可以部分变成共产主义者，但是出身不同，所以有一定的"思想上、行动上的弱点，因此要他们成为一个健强的干部，必须经过长期的教育与锻炼"，"来确定他们的无产阶级人生观"。〔2〕通过开办马列主义理论培训班，对其进行马克思主义理论教育成为必要。

第二，办班的方法。为了全面进行干部教育，将教育地点分为抗日民主区和反动统治区。在民主区，要大力推进干部教育，利用干部培训班、训练班、党校形式。在沦陷区还有反动分子、"顽固分子、反共分子的统治区"，所以要开展秘密工作，"办短小精干的干部训练班"。〔3〕对国统区的教育国民党的教育方式进入教育活动，固定教员去争取小学教师的同情分子，使他们团结在党的周围。

在民主区，中央要求在县委以上的党委经常办培训班，专门培训马列主义基本理论，教程由宣传部负责提供。宣传部的教育工作人员数量要训练有素，并帮助各种流动培训班的教学，在教学内容上除了给予理论培训，还给予作战和党建培训。

在1940年3月20日，中央对1940年1月13日的干部教育文件进行细化，对在职干部教育学情分析更透彻，"有相当文化理论水准的老干部""文化理论水准都较低的老干部""有相当文化水准的新干部""工农出身的

---

〔1〕［美］哈里森·福尔曼：《北行漫记》，陶岱译，解放军文艺出版社2002年版，第83页。

〔2〕"总政部关于大量吸收知识分子和培养干部问题的训令（1939年6月25日）"，载中央档案馆编：《中共中央文件选集》（第12卷），中共党史资料出版社1991年版，第134页。

〔3〕"中央关于办理党校的指示（1940年2月15日）"，载中央档案馆编：《中共中央文件选集》（第12卷），中共党史资料出版社1991年版，第304页。

新干部"，〔1〕并对四类教育对象制定不同的课程。课程内容的衔接也给予细化，如文化理论水平较低的老干部在学文化课时要和中国问题同时并进，然后转入甲类（有相当文化理论水准的老干部）课程（联共党史、马列主义、政治经济学、哲学），〔2〕并将学习时间定为平均每日 2 小时，非战争或紧急事故不得耽误。还将 5 月 5 日马克思生日定为"学习节"，〔3〕从 1940 年开始第一届节日。在 8 月 13 日，对干部教育的内容予以"策略教育"扩充，主要是中央文件宣言、决议、决定、党报文摘、政策文章、政治情报、高级党部的策略指示和经验等内容，这些策略内容充实在马列主义、中国革命基本问题、联共党史等课程中。这种对干部的分类教学在 1941 年 12 月 1 日的中央文件也有体现，并在延安的在职干部学习的决定中明文规定适合各地推广。这次的学习决定文件拟定更详细，将理论学习分为工作中的、工作外的，缺少实际经验的，或缺少理论的，应该分开学习，力求理论和实际一致。对干部学习中提到"第一类，应以学习马列主义理论（同自己有联系的某一方面学起）为主，同时增加中国历史"。〔4〕这里的"第一类"指有工作经验又有高文化的高级和中级老干部。而其中对没有什么经验，但是文化较高的中级和下级知识分子新干部也明确提出要增加马克思主义理论知识。这说明，党对新老干部的理论教育重点在推进，注意新老干部的马列主义理论的提高，也为干部的衔接做好了准备。

3. 建立党校铺设全党教育节点

为了巩固党，中央发布了各地党领导机关都要办党校以加强党的干部的马列主义教育指示。在根据地，各层次的党校和军校成了人才输出的重要渠道。如延安的抗日军政大学，为各地输送人才。根据地也有自己的抗大分校和干部学校。还有短期培训班、公开的或秘密的大大小小的会议等都成了理论教育的有效载体。〔5〕

---

〔1〕 "中央关于在职干部教育的指示（1940 年 3 月 20 日）"，载中央档案馆编：《中共中央文件选集》（第 12 卷），中共党史资料出版社 1991 年版，第 333 页。

〔2〕 "中央关于在职干部教育的指示（1940 年 3 月 20 日）"，载中央档案馆编：《中共中央文件选集》（第 12 卷），中共党史资料出版社 1991 年版，第 333 页。

〔3〕 "中央关于在职干部教育的指示（1940 年 3 月 20 日）"，载中央档案馆编：《中共中央文件选集》（第 12 卷），中共党史资料出版社 1991 年版，第 335 页。

〔4〕 "中央关于延安在职干部学习的决定（同时亦适用于各地）（1941 年 12 月 1 日）"，载中央档案馆编：《中共中央文件选集》（第 13 卷），中共党史资料出版社 1991 年版，第 243~244 页。

〔5〕 [美] 费正清：《剑桥中华民国史》（下卷），杨品泉译，中国社会科学出版社 1994 年版，第 623 页。

1931 年 8 月，闽浙赣苏区建立了赣东北省委共产主义学校，培养县、区、省委机关干部。鄂豫皖苏区建立了列宁高级学校，为地方和红军培养党、政干部。湘鄂西苏区建立了湘鄂西省委党校。1933 年，中央苏区建立了第一所党校（瑞金的马克思共产主义大学），在 1935 年更名成为中共中央党校。1933 年 8 月创建了苏维埃大学（后改名为沈泽明苏维埃大学），主要是培养政治高级干部，在 2 月创办了中共川陕省委党校。1937 年的延安陕北公学，专门培养抗日战争、解放战争干部。1939 年 6 月和鲁迅艺术学院、安吴堡青训班延安工人学校合并变成华北联合大学，到 1948 年春和北方大学联合组建华北大学。1942 年 3 月，中央文件规定在延安军事学院高级班归并到党校，一个班以 300 人~400 人为限度。

在党校建设上面要求抗日民主区全面加强干部马列教育，根据环境来办党校，并将不同级别党校负责的任务予以明细："训练中级干部（县级及区级）的党校，由中央局分局办理"，"训练区级干部的党校由省委区委、地委办理"，"训练初级干部（支及干事）的训练班；大致由各地委、县委办理"[1]。对干部的培训时间也明确要求，中级党校是半年至 1 年，区级的 3 个月至 6 个月，初级的是 2 个星期至 2 个月。对干部的培训党校批量开培训班，培训教育干部人才。在进行教育后总结经验，对延安干部学校的缺点如主观主义、教条主义、理论与实际脱节等予以纠正，要求学员掌握马列主义实质，善于将理论应用到中国的具体环境，必须正确地教授马列主义理论，学校办得要有目标，并将文化水平补习作为理论学习的基本条件，学校在补习文化时不仅限于识字的多少，还要考虑到阅读能力、写作能力、历史地理、社会政治基本常识、自然科学常识。[2]其同原来的文化补习仅仅是识字的要求规定相比是一个进步。同时对马克思主义的教授和学习重视应用，要求也有提高，就是将学生是否真正领会以学生"是否善于应用为标准"。而如何才算应用，是"指用马列主义精神与方法去分析中国历史与当前的具体问题，去总结中国革命的经验，使学生养成这种应用的习惯，以便在他们出校之后善于应用马列主义的精神与方法去分析问题

---

〔1〕 "中央关于办理党校的指示（1940 年 2 月 25 日）"，载中央档案馆编：《中共中央文件选集》（第 12 卷），中共党史资料出版社 1991 年版，第 301 页。

〔2〕 "中共中央关于延安干部学校的决定（本决定同时亦适用于各抗日根据地）（1941 年 12 月 17 日）"，载中央档案馆编：《中共中央文件选集》（第 13 卷），中共党史资料出版社 1991 年版，第 259 页。

与指导实践"。[1]党校的建立从全方位上加强理论教育，马列学院主要针对革命干部、知识青年和党校的优秀人士，党校主要针对所有党员和积极分子，无论在教育对象范畴上还是在教育具体内容上两种教育机构都共同给力。

（三）"中国化"理论教育的开始

1. 理论教育内容中国化的背景

第一，国际背景的变化。在德国法西斯势力的不断扩张下，日本向中国发动侵略，形势发展不利于苏联。苏联和共产国际要求各国共产党建立无产阶级统一战线和反法西斯人民战线。对于中国共产党来说，其从原来的反对资产阶级转变成了与资产阶级一起反对外侵、反对法西斯。这种战略的转变，使共产国际不可能按照苏联共产党的做法向中国共产党下达指令，只能具体问题具体分析，推进了马克思主义中国化的提出。对无产阶级战线和人民战线的问题不能千篇一律。季米特洛夫说："从俄国布尔什维克的经验中，我们应当学习东西是：从每个国家的特点出发，灵活而具体地运用在反对资本主义斗争中的统一的国际主义路线；毫不留情地摒弃、鄙视和公开耻笑说空话、墨守成规、咬文嚼字和学理主义等恶习。"[2]在收到了国际七大有关文件，中国共产党就开始了中国化的大胆尝试，把抗日战争和国内革命有机结合，具体解决革命问题。中国共产党开始改变对共产国际的教条主义态度，将马克思主义的基本理论和中国革命融为一体。

第二，国内条件成熟。首先是中国追求民族特色的大背景的促动。在历史上，面对外来文化的来袭，中国自己的传统文化在人们心中的地位受到冲击。"在 20 世纪 20 年代以后，由于对'全盘西化'思潮的反思和民族危机的不断加深而不断强化，无论是宗教界、教育界、还是学术界、文艺界，都开始有人讨论如何将本领域的外来思想文化中国化，与中国的国情和实际相结合。"[3]加上日本的入侵，广大知识分子认为需要通过文化来捍

---

[1]　"中共中央关于延安干部学校的决定（本决定同时亦适用于各抗日根据地）（1941 年 12 月 17 日）"，载中央档案馆编：《中共中央文件选集》（第 13 卷），中共党史资料出版社 1991 年版，第 260 页。

[2]　[保加利亚]季米特洛夫："关于法西斯的进攻以及共产国际在争取工人阶级团结起来反对法西斯的斗争中的任务（1935 年 2 月）"，载中共中央党史研究室第一研究部编：《共产国际、联共（布）与中国革命文献资料选辑（1931—1937 年）》（第 17 册），中共党史出版社 2007 年版，第 127 页。

[3]　王明："延安时期马克思主义中国化研究"，陕西师范大学 2011 年博士学位论文，第 15 页。

卫民族魂，于是，在中国文学、历史、哲学等领域拉开了中国化思潮。1937年11月，一署名为"从贤"的人在延安《解放》周刊发表了《现阶段的文化工作》，针对以往新文化运动外国气息太浓问题，提出要"使我们的文化运动中国化"。[1]1938年5月，陕甘宁边区文化界救亡协会在《我们关于目前文化运动的意见》中明确指出："文化运动应注意自己民族的历史和特点"，"新文化的民族化（中国化）和大众化，二者实在是不可分开的。忽视民族化而空谈大众化，这是抽象而非现实的"。[2]

其次，新启蒙运动的出现。新启蒙运动，即用马克思主义哲学解决中国的具体问题，主张爱国主义，反对日本侵略，反对文化专制，主张自由民主、理想主义。[3]在这些形式下，"中国化"的马克思主义理论呼之欲出。中国共产党人开始思考如何用马克思主义的观点方法解决中国的现实问题而不是死背条条文本。1938年，毛泽东在中共六届六中全会上指出："马克思、恩格斯、列宁、斯大林的理论，是'放之四海而皆准'的理论。不是把他们的理论当作教条看，而是当作行动的指南。不是学习马克思列宁主义的字母，而是学习他们观察问题与解决问题的立场与方法。只有这个行动指南，只有这个立场与方法，才是革命的科学，才是引导我们认识革命对象与指导革命运动的唯一正确的方针。"[4]1941年，毛泽东还感慨中国的斗争如此伟大丰富，理论家却没有出现。所以，宣传部门要将马列中国化研究中国历史和社会，要有中国具体化的马克思主义思想的诞生来更好地实现对中国的指导，这对当时的教条主义、反马克思主义都是有力的回应。因为当时马克思主义中国化的其他学说也有出现，比如认为学习马克思主义不能牵强，不能用孔子的择中主义来进行辩证法的理解，也不是用中国旧文化来曲解马克思主义，要学习国际经验。所以，要合理地理解中国化，不是说不学马克思主义理论，而是要和中国的实际结合来进行理论运用。毛泽东告诉世人，马克思主义理论是要学的，要学精，学后要用，要结合实践来用，"不能做书面上的马克思主义者"。[5]对马克思主义理论

〔1〕《解放》1937年第23期。

〔2〕《解放》1938年第39期。

〔3〕王明："延安时期马克思主义中国化研究"，陕西师范大学2011年博士学位论文，第31~23页。

〔4〕中央档案馆编：《中共中央文件选集》（第11卷），中共中央党校出版社1991年版，第657页。

〔5〕中共中央文献研究室编：《毛泽东年谱》（中卷），中央文献出版社1993年版，第336页。

如何使用，中国的马克思主义者提出了自己的见解，号召全党理论同实际相联系，批评与自我批评。中央在 1943 年发文称在《解放日报》10 月 9 日发表的毛泽东同志在 1942 年 5 月延安文艺座谈会上的讲话，是中国共产党在思想理论建设的事业上最重要的文献之一，是毛泽东同志用通俗语言所写出的马列主义中国化的教科书，……是马列主义普遍真理的具体化。

2. 理论教育学习的主要内容

在工人运动和知识分子的推动下，中国共产党的主要成员由工人阶级和知识分子组成。其中，工人阶级的文化程度普遍不高，在进行马克思主义理论教育的过程中，针对这一情况，党的马克思主义理论教育内容主要分两大块：一是干部系统的马克思主义理论教育和大众的马克思主义基本理论教育；二是爱国主义和新民主主义内容教育。对广大党员进行的理论教育通常是两者同时进行的。在干部理论教育方面，由于虽然已经有建党时期广大党员干部的马克思主义基本理论知识的部分积累，但是受到围剿的迫害还有新吸纳的中共党员，党员的马克思主义理论有待继续深入学习。对新人要分情况而待，如中央文件选集中关于军队吸收知识分子和教育工农干部的指示中提到新知识分子、半知识分子参军成为新干部要给予教导和率领，对有政治嫌疑的给予实际斗争考验再加以留或去，对农民干部要号召他们"好好学习文化与政治"。毛泽东在 1938 年 10 月 14 日的《论中国共产党在民族战争中的地位》中指出，我们的学习是学马列主义的基本立场和方法，"我们党的马克思列宁主义的修养，现在已较过去有了一些进步，但是还很不普遍，很不深入"。[1] 在当时，中共的任务是领导中国进行空前伟大的斗争，所以"普遍深入地研究马克思列宁主义的理论的任务"是一个大问题。在毛泽东看来，如果党内有一两百个系统、全面地学会了马克思主义理论的同志，党的战斗力会更高。这个侧面也反映出了中国共产党特别是干部在当时对马克思主义理论的全面、系统学习是重要任务，并对学习态度提出要求，学习要认真，学习态度要谦虚，不能自满。各级党委干部教育要由专门的干部教育科来负责管理，提高干部培训班的教学质量，对于地方没有党校的，必须调到中央、局、区办党校学习。

此外，针对财经类干部也要进行马克思主义经济学理论的培养，与实际结合，学习马克思主义通俗经济学，研究延安出版的《抗战中的中国经

---

[1] 《毛泽东选集》（第 2 卷），人民出版社 1991 年版，第 533 页。

济》，〔1〕并将这种学习变成一种运动。

在各级刊物的使用上，1939 年 5 月 17 日，中央做出了关于宣传教育的工作决定。在中国化的马克思主义理论的教育方面，马克思主义理论教育不能是空洞的，要和中国的具体环境相结合，要带有中国的特点，"使马克思主义在中国具体化"。〔2〕关于爱国主义内容的教育，在延安时期，主要是抗日动员，特别是对农民的政治动员；在抗日过程中，为了实现将民族解放，唤起人民群众的抗日觉悟，党大力宣传抗日目的。毛泽东在抗日政治动员中说道，要积极利用各种方式，对党的政策主张、作战成果予以宣传。如口号形式、冬学运动形式，既克服了识字困难又调动了抗日激情。"实行抗战教育政策，是教育为长期战争服务。"〔3〕发文要求学校要大量招收青年职工、青年学生、知识分子、半知识分子万人以上的大学校，不分党派、信仰、男女、只要有抗日积极性，都招收，"来者不拒"。〔4〕

在新民主主义内容的教育上，主要是以马列主义的理论和方法为出发点阐述关于民族民主革命的教育和科学的教育，对国民教育增设"国民教育科"，由专门的机构去领导，由专人负责教科书的编写、审查、发行。各抗日根据地小学教育的中央指示，要求普及新民主主义的国民教育，各个政府机关要把教育事业作为自己的中心工作之一。要在师范学校设讲习班，使之成为小学教师轮流讲习场所。

3. 马克思主义理论教育方法

第一，广泛利用宣传方法。在教育方面，中央对宣传教育多次做过指示，认为宣传部门要正确解释中央和上级党部的指示，及时地说明情况，根据具体情况来作出宣传鼓动的内容和方法的决定。各中央局、分局、区党委和省委应以各种方法建立自己的印刷所，出版报纸、翻印党报、书籍小册子。如《新地区发表布告或宣言传单内容的指示》（1940 年 2 月 12 日）提道，我军每到一个新地区，都要发布告和传单，广泛宣传，打击反共和顽

---

〔1〕　"中央军委关于培养财经人员理论知识和技能的指示（1940 年 2 月 2 日）"，载中央档案馆编：《中共中央文件选集》（第 12 卷），中共中央党校出版社 1991 年版，第 273 页。

〔2〕　《毛泽东选集》（第 2 卷），人民出版社 1991 年版，第 534 页。

〔3〕　陈元晖主编：《老解放区教育简史》，教育科学出版社 1982 年版，第 53 页。

〔4〕　"中央关于开办学校大量招收青年职工和知识分子给中原局的指示（1940 年 12 月 13 日）"，载中央档案馆编：《中共中央文件选集》（第 12 卷），中共中央党校出版社 1991 年版，第 577 页。

固派。教师资源不够还可以用"各班合并上大课的办法"。[1]

第二，颁布纲领制定政策推进理论教育。从上述分析中，我们可以看出，理论教育的过程是有组织、系统化的。中央政令颁布对其进行了相关规定。如 1937 年颁布过《抗日救国十大纲领》里面规定必须进行抗日教育。于 1939 年发出了宣传教育的指示。1940 年发布的关于教育学习文件名的政令至少有 14 个，1941 年颁布的政令有 4 个，1942 年至少有 8 个，1943 年至少有 11 个，可见教育的力度和教育的组织性、系统性。

第三，发挥口碑效应。首先，利用党内同志来进行党的宣传。对教育对象，利用党内同志或同情者，扩大党的理论刊物的影响，争取各文化团体的支持，利用社会教育和职业教育的机会，发布通俗的读物，扩大教育面，如"应力争在社会教育、职业教育中的活动，特别注意乡村小学教师巡回教师中的工作和通俗读物的编辑"。[2]同时，还要密切注意敌对势力的宣传，积极防范，应主动出击获得主动权。其次，对社会大众，采用鼓动。对占中国人口大部分的农民主要是鼓动宣传。利用各种机会宣传抗日，宣传马克思主义理论。在抗日根据地召开大规模的动员大会，宣传党的惠民政策，减少租金利息，打消农民的思想负担，更好地进行抗战教育。正如毛泽东所说："政治动员军民的问题，实在太重要了。"[3]有了思想动员，农民就有了斗争的勇气，将动员和教育结合，农民不再相信天命，相信的是中国共产党，生活的信心倍增。还有通过诉苦说理来进行宣传，通过诉苦"越诉越痛、越诉越伤、越诉越气、越气越火，越起火劲越大，经过诉苦群众的情绪高起来，斗争自然易于掀起"。[4]同时，发动干部教育群众，发挥口碑效应，来获得教育效果的提升。

第四，注重教育大众化、通俗化。中共历来重视马克思主义理论的广泛传播，利用宣传的文艺性来达到教育效果的提升。中央文件多次提及教育的通俗化、大众化。如中央文件说要注意宣传鼓动工作的"通俗化""大众化"[5]，如何实现大众和通俗，将宣传作品进行戏剧化展现，特别是农

---

〔1〕 "中央关于办理党校的指示（1940 年 2 月 15 日）"，载中央档案馆编：《中共中央文件选集》（第 12 卷），中共中央党校出版社 1991 年版，第 304 页。

〔2〕 "中央关于宣传教育工作的指示（1939 年 5 月 17 日）"，载中央档案馆编：《中共中央文件选集》（第 12 卷），中共中央党校出版社 1991 年版，第 71 页。

〔3〕 《毛泽东选集》（第 2 卷），人民出版社 1991 年版，第 513 页。

〔4〕 《中共冀中区党委关于土地改革第一阶段几个问题的经验介绍》1946 年 12 月 1 日。

〔5〕 "中央关于宣传教育工作的指示（1939 年 5 月 17 日）"，载中央档案馆编：《中共中央文件选集》（第 12 卷），中共中央党校出版社 1991 年版，第 72 页。

村教育要对戏剧歌咏"通俗化、大众化、民族化、地方化"〔1〕，以适应农民的文化水平，更好地教育。加强干部教育，干部是标杆，起到带头作用，所以，为了使教育效果更好，先要消除干部的文盲。并且在多个文件里提到此问题，其中在干部教育中说到，要能看普通文件或普通信件识字近一千个，才能被称为消除文盲。此外，抗日区将教育地点又分为学校教育和社会教育，学校教育方面，尽力恢复和重建各地小学，做到村村有小学。"每乡（或每编村）有一个中心小学或模范初级小学"，"建立广泛的小学网"，〔2〕对小学师资要举办教师讲习所和训练班，给予培训，而培养高级知识分子要在中学来做，要正规；还有就是女子学校的成立。

在社会教育方面主要是办各种民众学校，设立"夜学""识字班"（女子可同男子分开，上课应在白天），组织各种识字组、大众黑板、读报、演讲、娱乐体育、壁报、戏剧等〔3〕适合大众需要和口味的活动。所以，教育的形式灵活多样，教育的内容要适合大众的需求，这样教育才会有收效，才会有助于大众化的实现。马克思主义在中国的社会教育需要的不仅仅是大众简单的文字上的识别，更重要的是理解，会使用。除了上述形式的教育外党还通过集会、宣言、发表纪念文章、游行来进行纪念活动，如在1937年进行列宁纪念活动，延安青年游行，使老百姓能直接感受到鼓动。1938年的7月的纪念周增进了人们对马克思主义的认同。为了动员群众参加革命，中国共产党成立了动员宣传团、剧团、青年团进行群众宣传教育。并在大街小巷、工厂码头、农村进行戏剧表演和宣传教育，宣传通俗易懂。群众需要的知识是什么就教什么，根据条件来制定学习计划，没有硬规定，在很多情况下寓教于乐，生产、教育、战争三不误。当时的外国记者斯坦因在《红色中国的挑战》一书中描述道："边区好像一所大的学校，老老少少都热心学习，如果可能的话，还热心于教别人。"〔4〕抗战以来，学校的规模也发展迅速。如小学学校在1937年春季只有320所，但是到1940年秋季就达到了1341所，学生数从当时的5600人，发展到1940年秋季的43 625

〔1〕 "中央关于开展抗日民主地区的国民教育的指示（1940年3月18日）"，载中央档案馆编：《中共中央文件选集》（第12卷），中共中央党校出版社1991年版，第330页。

〔2〕 "中央关于开展抗日民主地区的国民教育的指示（1940年3月18日）"，载中央档案馆编：《中共中央文件选集》（第12卷），中共中央党校出版社1991年版，第328~328页。

〔3〕 "中央关于开展抗日民主地区的国民教育的指示（1940年3月18日）"，载中央档案馆编：《中共中央文件选集》（第12卷），中共中央党校出版社1991年版，第329页。

〔4〕 ［英］斯坦因：《红色中国的挑战》，李凤鸣译，新华出版社1987年版，第153页。

人。[1]冬学学校在 1937 年有 382 所，人数为 10 337 人，到了 1938 年学校和人数分别增加到了 728 所、12 842 人，1939 年分别为 643 所、17 750 人，1940 年为 965 所、21 689 人，1941 年为 655 所、20 919 人。夜校从 1938 年的 599 所、8245 人发展到了 1941 年的 524 所、7905 人。半日校从 1938 年的 236 所、3994 人，发展到了 1941 年的 393 所、5990 人。识字组从 1938 年的 5560 所、39 710 人发展到了 1941 年的 1973 所、12 259 人。[2]

同时，这个时期的马克思主义理论教育与建党初期相比，有了有利的国内环境，那就是中共的势力得到扩大，抗日统一战线达成，所以，马列主义刊物不管是翻译书籍还是刊物都坚持公开宣传，并要求组织"各种社会科学研究会与读书会"。[3]在抗日时期，不管是国民党统治区还是沦陷区都积极出版进步刊物，覆盖了武汉、南京、西安、太原、长沙、兰州、迪化、广州、香港等，通过各类报纸、杂志进行马克思主义介绍。即使在抗战胜利后，在严酷的舆论封锁情况下，一些书店还在顽强战斗，寻找安全地方出版进步刊物，如生活书店迁移到后香港还在出版《马克思传》，读书生活出版社出版了《恩格斯传》，此外上海的民间出版社还出版了《共产主义原理》等。

对课程的原则给予明示，《中央关于干部学习的指示》（1940 年 1 月 3 日）提道："一全党干部都应当学习和研究马克思主义的理论及其在中国的具体运用。二其主要课程，依据由浅入深由中国到外国的原则。"[4]规定了初、中、高级课程：初级课程是中国近代革命史等，中级是联共党史、马列主义，高级是政治经济学、辩证唯物主义、近代世界革命史。部分课程各级党校视情况增减。当时的学校教育课程根据实际需求和环境来设定，虽然不能让所有的学校都能有一个统一的教学效果标准，但是对整个马列主义的学习还算是系统、全面展开的。

在延安时期，马克思主义理论教育取得了一定的成果，如在教育过程上有计划、系统地进行，在教育方法上多种方式综合理利用，在坚持原则的前提下灵活多变。同时不断总结，不断反省，仅在 1939 年至 1940 年 12

---

〔1〕 刘宪曾、刘端棻：《陕甘宁边区教育史》，陕西人民出版社 1994 年版，第 266 页。

〔2〕 刘宪曾、刘端棻：《陕甘宁边区教育史》，陕西人民出版社 1994 年版，第 335 页。

〔3〕 "中央关于宣传教育工作的指示（1939 年 5 月 17 日）"，载中央档案馆编：《中共中央文件选集》（第 12 卷），中共中央党校出版社 1991 年版，第 72 页。

〔4〕 "中央关于干部学习的指示（1940 年 1 月 3 日）"，载中央档案馆编：《中共中央文件选集》（第 12 卷），中共中央党校出版社 1991 年版，第 227 页。

月，中央文件发文对干部理论教育要求决议就有 4 次，而干部理论教育问题提出整改建议 3 次。在 1941 年至 1942 年间，中央干部教育文件达到了 9 个，其中有 1941 年 12 月 1 日的延安在职干部的学习决定和 12 月 17 日延安干部学校建立的文件。而 1942 年的干部理论教育主要是军队中的干部教育，集中在 1942 年 2 月。

在 1939 年至 1940 期间，对干部教育主体多为专任的经过党校培训的教员或学习辅导员，但是教员和学习辅导员等还是不断学习或自我学习的。"各中央局、分区（局）及区委党委须物色这种教育干部，并在自己的党校中设专门的班次来培养这种干部。如有可能，这种干部派出帮助某级在职干部学完一种学科后，仍然调回继续训练，而派出另一批干部去代替他们。各根据地高级党组织必须注意大批地训练和保存这样的干部。"[1]对大众教育主要由学校或宣传部负责。

1940 年 10 月 20 日，在对一年多的延安在职干部教育总结时，中央对理论教育的质量给予了总结："干部中党的认识、理论水平、政治水平和文化水平，都在不同的程度上，比以前提高了一步。"效能也提高了，干部的学习积极性得以增强，但是也有不足，如策略教育内容不够丰富，学习的独立性不强，批评部分干部自己不阅读、不研究，只靠参加报告、研究会，教育干部要养成细心阅读，独立思考习惯。然而，虽然系统的教育在延安是大规模的，但是在其他后方还有待提高。我们在中央文件中可以看到大后方的干部教育在六届六中全会后被提出，但是在延安大规模进行教育后提出的，1940 年 4 月 25 日后还有没"普遍进行，除了个别地外，还少经常的、系统的进行"。[2]其他抗日根据地的理论教育或多或少都有这样那样的问题，主要就是组织不具有系统性，标准不一，延安地区的教育可以推广到其他后方，但是也有一定环境条件限制，主要就是因为"秘密党的环境、不容易进行"、学习的重要性认识不够、文化水平受限、书籍材料匮乏等原因。但是，当时的党中央没有被这些困难打败，还在想尽办法，继续提升教育质量，针对上述问题，制定对策。如对文化低的人，要由文化高的人帮助他们学习，可以由专任的教员或学习辅导员去给予帮助。对秘密问题，

---

〔1〕"中央宣传部关于抗日根据地在职干部教育中几个问题的指示（1940 年 10 月 26 日）"，载中央档案馆编：《中共中央文件选集》（第 12 卷），中共中央党校出版社 1991 年版，第 534 页。

〔2〕"中央宣传部关于大后方党的干部教育的指示（1940 年 10 月 25 日）"，载中央档案馆编：《中共中央文件选集》（第 12 卷），中共中央党校出版社 1991 年版，第 528 页。

要确保党组织的安全，不硬性规定学习时间，具体问题具体分析对待，可以通过小组会的形式学习讨论（不带工作笔记、不带材料），秘密进行的课程，参考材料"选精采用（或利用现成的读本，或编成简要的本子）",[1]在极端困难的条件下可以不带参考资料。而可以公开合法教学的可以提供研究，制定必要的参考材料等。在战争的特殊条件下，党要制定短小精悍的学习计划，以方便进行，读本也是为战争方便而采用教科书，读一本算一本，讲质量。并充分利用党支部的教育，对党支部干部的教育，除了扫除文盲就是进行策略、理论的培育，来壮大党的基础力量。党中央也重视到了基础的作用，对当时各个根据地都要求要有计划地进行此类教育活动。可见，党在这一时期的理论教育不仅重视教育的覆盖面，还相当重视教育质量，及时总结，发现问题及时解决，所以收效甚好。

不仅如此，为了更好提高党的教育效果，争取教育和学术研究的民主自由，推进新民主主义教育，党中央还将全国教育界的小派别考虑进来，如陶行知的生活教育派、黄炎培的中华职业教育派、晏阳初的平民教育促进会、梁漱溟的乡村派，还有不知名的派别如留法派、留美派等，研究他们的教育理论，积极争取这些知名教育人士的支持，批判地接受他们在教育事业中的一些积极做法，来丰富党中央的教育经验。

三、全党整风掀开思想统一新篇章

党性的问题是至关重要的，我党在延安时期，严抓党性建设，从党风政治来着手，只有真正地将理论学精学透，理论才能更好地指导实践，为实践服务，才是当之无愧的理论，才是科学的学习理论。"这段时间的理论教育取得了一定的成果，但是也有一些问题，为什么那些错误的东西在党内能卖得出去呢？居然有人信他们呢？有些人就是不相信他们，也说服不了他们，也拿不出有力的武器与之做斗争。其原因就是我们理论上很弱。"[2]

在延安整风运动中，主要整顿党风、学风、文风。因为当时党内的教条主义、宗派主义、主观主义严重，不仅在党政机关、在军队也有，政治

---

〔1〕"中央宣传部关于大后方党的干部教育的指示（1940年10月25日）"，载中央档案馆编：《中共中央文件选集》（第12卷），中共中央党校出版社1991年版，第531页。

〔2〕中国延安精神研究会编：《延安整风五十周年——纪念延安整风五十周年文集》，党建读物出版社1995年版，第131页。

教育问题在军事教育上也有，政治教育的教条不仅体现在教育内容上，还体现在各方面。中央文件显示："教育的内容既是教条主义的，教授法、学习法、测验法也是教条主义的。""教的人不管被教的人懂不懂，只管教下去，为的是要'完成计划'。"[1]这个问题在文化教育上也要抓紧。从1941年5月到1945年4月，共有三个阶段。

第一阶段是高级干部的整风，在1941年5月毛泽东就我党的缺点做了总结，说我们有缺点，"而且还有很大的缺点。据我看来，如果不纠正这类缺点，就无法使我们的工作更进一步，就无法使我们在将马克思列宁主义的普遍真理和中国革命的具体实践互相结合的伟大事业中更进一步"。[2]他总结了三个主要问题："不注重研究现状，不注重研究历史，不注重马克思列宁主义的应用。"[3]其中，从对马克思主义理论的学习问题可以看出教条主义严重，主要是对待马克思主义的态度问题。这些问题在党内首先从高级干部开始进行纠正。毛泽东提到，我们要懂得自己的历史。如果一点历史都不懂，那是不行的，特别是中国的历史，我们要懂，对外国历史也要懂，要多了解。欧美留学生从国外回来也有这种毛病，这个是"几十年来"都有存在过的，只懂"生吞活剥"。"我们学的是马克思主义，但是我们中的许多人，他们学马克思主义的方法是直接违反马克思主义的。……违背了马克思、恩格斯、列宁、斯大林所谆谆告诫人们的一条基本原则：理论和实际的统一。"[4]所以，毛泽东号召大家，打破教条，打破主观主义，不要为了纯学理论而学理论，要有的放矢，从客观实际事务出发，找到规律。对待马克思列宁主义要认真，因为他也是科学。"科学是老老实实的，任何一点调皮都是不行的。"[5]真正的理论是从客观实际中抽象出来又在客观实际中得到证明的，马克思列宁主义就是这样的理论，马克思主义是"矢"、中国革命实际是"的"，要有的放矢，要用科学解决问题。

第二阶段是全党整风，从1942年4月3日到9月20日。整风运动的主要学习内容是22个文件。整顿学风是针对主观主义的。"所谓学风，不但是学校的学风，而且是全党的学风。学风问题是领导机关、全体干部、全

---

〔1〕 "关于军队政治工作问题（1944年4月21日谭政在西北局高干会上的报告）"，载中央档案馆编：《中共中央文件选集》（第14卷），中共中央党校出版社1992年版，第220页。

〔2〕 《毛泽东选集》（第3卷），人民出版社1991年版，第796页

〔3〕 《毛泽东选集》（第3卷），人民出版社1991年版，第797页

〔4〕 《毛泽东选集》（第3卷），人民出版社1991年版，第798页

〔5〕 《毛泽东选集》（第3卷），人民出版社1991年版，第800页。

体党员的思想方法问题，是我们对待马克思列宁主义的态度问题，是全党同志的工作态度问题。"[1]在这个问题上，党中央要求大家主要学习毛泽东的关于改造学习的报告、农村调查的文件，以及季米特洛夫干部教育政策的部分文章。针对党风（宗派主义），问题主要体现在党内宗派主义残余，只重视局部利益，不顾全局，不懂民主集中制，闹独立，"'我的就是我的，你的还是我的'"。新老干部之间、军队工作和地方，外来干部和本地干部之间，几个地方、几个工作部门之间、几部分军队之间等都要团结，不能主观主义，因为"一切宗派主义思想都是主观主义的"。[2]要求全党学习增强党性文件，反自由主义文件，斯大林论平均主义，列宁、斯大林等论党纪文件等。整顿文风（反对党八股）要求学习毛泽东的反党八股报告等，此外，还有综合研究。1945年5月31日，毛泽东在党的七大中谈到理论学习时说：加强理论学习至少要读5本书，推荐这5本书：《共产党宣言》《社会主义从空想到科学的发展》《在民主革命中社会民主党的两个策略》《共产主义运动中的"左派"幼稚病》《联共（布）党史简明教程》，包含马、恩、列、斯，如果有5000人到1万人读过了，并且有大体的了解，那就很好，很有益处，可以把这5本书装在干粮袋里，打完仗后，就读他一遍或者看他一两句，没有味道就放起来，有味道就多看几句，七看八看就看出味道来了。1年看不通就看2年，如果2年看1遍，10年就可以看5遍，每看一遍都在后面记上日子，某年某月某日看的。这个方法可以在各个地方介绍一下，我们不搞多了，只搞5本试试。在延安整风中，延安共有10 098人参加这次整风学习。

第三阶段从1943年4月开始。1943年4月3日，中央发出关于继续开展整风运动的决定，对1942年决定后的整风运动成绩给予了肯定。"凡整风深入的地方，党内团结空前地增长了，干部中不正确的思想方法与工作作风极大地改造了，脱离群众的官僚主义倾向与军阀主义倾向也逐渐被克服了，而且不清的干部被审查明白了……是22年来我党历史中的一个大的创造事件。"[3]但是，有些地方的干部还没有认识到整风的重要性，没有获得成绩，还有部分机关、学校、部队并没有深入。1943年3月6日，毛泽

---

〔1〕《毛泽东选集》（第3卷），人民出版社1991年版，第813页。

〔2〕《毛泽东选集》（第3卷），人民出版社1991年版，第826页。

〔3〕"中共中央关于继续开展整风运动的决定（1943年4月3日）"，载中央档案馆编：《中共中央文件选集》（第14卷），中共中央党校出版社1992年版，第28页。

东在中央政治局会议上对前期工作进行总结时，提到 1942 年研究成绩最好的是中央研究院和政治研究室，可见理论教育取得进步离不开理论研究的促进，如国际、国内、历史问题的研究。毛泽东同志指出，对干部要开展"业务教育和理论、思想教育"，后一种教育还要继续努力。其中要求中央直属机关干部要进行理论教育、思想教育，要"读马、恩、列、斯的 40 本书。干部各种教育中主要的是整风教育与思想教育"。[1]在教育方法上，重视报纸、电报、党务广播、口头报告教育作用。将中央机关的任务确定为"工作、生产与教育。前方是战争、生产与教育；后方是生产与教育"。[2]在干部教育和国民教育上，干部教育要放在第一位，克服干部教育时间问题、经费问题、课本问题。国民教育也要不断探索，将国民教育与宣传工作结合，加大马列著作的翻译，注重历史的编著。

在 1943 年 4 月 3 日到 1944 年 4 月 3 日继续开展整风。主要地区是西北地区、华中各根据地。已经按计划进行中的地方则根据指示加以修改和完善。[3]整风的主要任务是纠正干部中的非无产阶级思想，包括封建阶级思想、资产阶级思想、小资产阶级思想、反动思想。因为党员数量较建党时期有了大幅增加，党员中受无产阶级科学思想锻炼的程度也不一致，多少有些小资产阶级、封建阶级尾巴，所以要通过整风加以纠正。而马列思想较高的同志，可以利用整风运动继续提高他们的修养。这次整风强调要端正态度，各种整别人不整自己、整上级不整下级的思想都是不对的。这次整风分三个阶段：第一阶段是初学学风、文风阶段；第二阶段是着重发扬正确意见，不伤害每一个可以挽救的同志；第三阶段是党风学习深入阶段，开展批评，除去战争时间，一年内大体结束整风学习。在这一年的整风运动中，中央加大了翻译工作的力度，要求翻译马列主义古典著作改变以前的不能令人满意的状况，对马恩列斯的著作必须重新校阅，以提高高级干部的理论学习。在 1945 年 4 月 20 日，中共六届七中全会通过了《关于若干历史问题的决议》，宣告整风运动胜利完成。

延安整风运动历时 4 年，党利用马克思主义理论教育干部和全党，使全党的面貌焕然一新，对理论的丰富发展也做出了贡献。第一，延安整风过

---

〔1〕《毛泽东文集》（第 3 卷），人民出版社 1996 年版，第 11 页。

〔2〕《毛泽东文集》（第 3 卷），人民出版社 1996 年版，第 11~12 页。

〔3〕"中共中央关于继续开展整风运动的决定（1943 年 4 月 3 日）"，载中央档案馆编：《中共中央文件选集》（第 14 卷），中共中央党校出版社 1992 年版，第 29 页。

程中，教导全党要将马克思主义理论和中国实际结合，运用马克思主义的观点方法解决问题。毛泽东说过，即使读了许多马克思列宁的书籍也不能就说就是理论家了，因为这些理论是经典作家结合实际得来的，是历史和革命实际的抽象结论。"我们如果仅仅读了他们的著作，但是没有进一步根据他们的理论来研究中国的历史实际和革命实际，没有企图在理论上来思考中国的革命实践，我们就不能妄称为马克思主义的理论家。"[1]如果要成为理论家，必须用马克思主义立场、观点、方法正确解释历史和革命中的实际问题，并给予理论上的说明。对延安讨论整顿三风时，增加的学习材料还有斯大林、列宁、季米特洛夫等的部分文章。整风学习高级党领导机关必须成立学习总委员会和部门分会，在学习 22 个文件时要把其他一切学习暂停，专门用于文件的学习。学习的目的在于应用，在于结合中国的实际，进而有自己的见地。

第二，在和实际结合的过程中，要求理论创新。因为"主观主义是共产党的大敌、是工人阶级的大敌、是人民的大敌、是民族的大敌"。[2]主观主义、教条主义会使党的宣传教育工作理论和实践脱离，否认经验，会造成工作中的错误。要进行深入调查，没有调查就没有发言权，毛泽东为此特意发表了《反对本本主义》《改造我们的学习》《整顿党的作风》《反对党八股》等重要文章，将马克思主义理论运用在中国的革命实践活动中，要求中宣部反主观主义、反教条、反宗派、反党八股，要求各级宣传部要注意团结，不要长篇大论、抄袭，要有创新。在 1944 年整风时，党中央要求延安的一般机关和若干个学校要配合审查干部，同时对中国问题基本常识和共产主义基本概念文件 10 余篇进行选印，如毛泽东的新民主主义论、中国革命和中国共产党等，为中国化马克思主义理论的发展做出重要贡献。

马克思主义理论与中国结合的过程中诞生了毛泽东思想，1945 年 6 月 11 日，七大通过的《中国共产党党章》提道："中国共产党，以马克思列宁主义的理论与中国革命的实践之统一的思想——毛泽东思想，作为自己一切工作的指针。"[3]对毛泽东思想在我党的指导地位给予了肯定，同时也是对马克思主义在中国的发展做出的肯定。

---

〔1〕《毛泽东选集》（第 3 卷），人民出版社 1991 年版，第 814 页。

〔2〕《毛泽东选集》（第 3 卷），人民出版社 1991 年版，第 800 页。

〔3〕"中国共产党党章（1945 年 6 月 11 日中国共产党第七次全国代表大会通过）"，载中央档案馆编：《中共中央文件选集》（第 15 卷），中共中央党校出版社 1995 年版，第 115 页。

四、延安时期理论教育自觉性特点

延安时期是一个特殊的时期，我们党既面临建党时期的相同任务，那就是在国内外敌对势力的压制下使党继续发展壮大，使党在规模上和组织上更完备，又有这个时期的特殊性，那就是党在长时间面临敌人的围追堵截之后的损失和成长。在建党时期，党从无到有，而长征途中，党员的数量变化较大，但是留下的基本都是意志坚定，忠于党的事业的精英，党员的数量在延安时期迅猛增加。在进程上，建党时期，中国处于封建末期，思想开化不够，但是一旦有新的思想涌入，接受起来也比较快。而在延安时期，中间势力对国共两党的对持也是持观望态度，从这个角度思考，开展理论教育难度较大，因为教育可能受势力强弱的影响。教育对象数量不同、教育对象的理论层次也有不同。建党时期，党的理论水平提高主要依靠对马克思主义理论的自我学习，实践理论的途径主要是罢工、参加工人、农民、妇女运动等，而在延安时期，理论教育和实践的进度相比，明显不够用。基于此，笔者总结出这个时期理论教育相对于第一个高潮来说具有自觉性特点，表现如下：

第一，延安时期理论教育的内容本土化。在第一次高潮中，马克思主义教育主要是马克思列宁经典文章的学习，对马克思主义思想的认知，同时，苏联范式影响深远。而在第二次高潮中，中共领导人已经根据中国革命的实际，总结了部分经验，对马克思主义理论也有了更深层次的认识，如认识到要将马克思主义和中国实际结合，反对本本，反对教条，明确提出马克思主义中国化相关概念。虽然第一次提出是在 1938 年中共六届六中全会上，但是随后有多人都提到过关于"中国化"的相关概念，如张闻天、王明。将马克思主义中国化已经是党中央的思考内容，是中共进行理论学习并赋予理论教育中国特色的开始，是党经过思考得出的一个结论。

第二，理论教育逐渐走向一定程度的公开化、体系化。在建党时期，迫于当时国内外敌对势力的压迫，加上党是新生的政党，在中国经历了一个从无到有的过程。帝国主义和资产阶级对其都极力讽刺和打压，理论教育主体也处在理论知识汲取阶段，教育基本都是秘密进行。而在延安时期，伴随着建党早期各种理论教育的开展，中共党员人数和军队实力的发展，中共在人民心中的影响力迅速提升，人民主动汲取理论知识，需要党对其进行大规模的理论教育，所以理论教育也逐渐从据点扩展，变成相对公开的理论教育。有了正规的马列学院、多种形式的流动干部培训班、党校、马列研究室等正式对干部队伍进行培训和研究理论教育的组织，同时又有一大批理论宣传家研究和发表理论文章，为理论教育做贡献。理论教育方式从运动、研究会、讲习所，扩大到了党校教育、正规马列学院教育。教育不仅有针对教育对象的理论教育，还有针对教育者的理论教育。整个教育形式有明显的主体性和客体性兼顾的表征。对教育对象分层次、分情况对待，注重教育对象的学情分析，进而提高教育效果。规定学习时间、学制如中级党校是半年至1年，区级的为3个月至6个月，初级的是2个星期至2个月等。所以，从广义教育的角度，这个时期基本建构起了具备教育管理、教育师资培训、教育科研等组成部分的教育体系。

第三，理论教育的直接目的从唤起人民受压迫意识逐渐变成坚定信念。在第一次高潮中，通过材料分析，我们可以看出，理论教育除了干部层面深层次的理论教育，还有对农民和工人教育的考虑，主要是使受教育者认识到社会问题，为人民指引革命方向。各种以运动为代表的大众教育少不了对社会主义制度的宣传，对自身压迫的分析，进而鼓舞人们的斗志。在延安时期，理论教育主要是坚定党员干部的马克思主义信念，防止教育主体和对象的思想涣散、整顿作风。整风运动是第一次教育高潮中所没有的，因为党所处的发展阶段不一样，对马克思主义认识层面也有变化，这既反映了党在当时的确遇到了思想问题，如党内教条主义、本本主义、自由主义、机会主义、宗派主义、经验主义反对小资产阶级的思想等。但是从另一个方面分析，这个问题的反映也是党成长的表现，因为他已经从原来对理论的被动接受变成了明确的理论自我审美，有了自己的理论认识内容，能够及时发现问题并解决问题，这本身就是一种进步。所以，整风运动在党风、学风、文风上获得了重大成就，体现了党深入学习理论、进行理论教育的实效，反映了理论教育水平的提高。

总之，在这个革命战争年代，党能够披荆斩棘，迎难而上，时刻不忘理论教育。既解决了马克思主义和中国实际结合，推动了马克思主义中国化、大众化，又基本完善了理论教育体系。理论教育部门高度贯彻执行党的教育方针，能够及时调整教育方案，做到教育内容中国化、教育方法灵活多样、实用高效，有力地服务于中国革命任务，帮助党和人民抵制各种不良作风，维护统一战线、最大限度地争取抗战时期的民族团结，为党带领中华人民坚定追求中华民族站起来而贡献力量，为以后新中国成立打下了坚实的理论根基。

第三节　社会主义建设时期理论教育的第三次高潮

一、理论教育第三次高潮的背景

在新中国成立后，中国共产党成了国家执政党，党的地位发生了巨大变化，社会主要矛盾也发生了变化，党要在百废待兴的环境中巩固执政地位、带领中华民族稳稳地站起来，实属不易。因为既要做好党和干部队伍的建设，也要从局部的封闭的经济等工作环境走出来，适应规模庞大的经济等各方面建设环境，这既需要理论教育也给理论教育带来了巨大挑战。

（1）巩固党的执政地位，稳固人民政权。新中国刚成立时，国内面临着国民党残余势力的破坏活动，当时还有一百多万国民党在华南西南沿海岛屿，此外还有土匪武装、特务分子等，对中共执政构成严重威胁。而在国际上，帝国主义对新政权进行经济封锁、政治孤立，不承认新政权，虽然中国当时获得了一些国家的支持和认可（如苏联、印度等二十多个国家的承认），但是，美国等国家还在对中国进行经济制裁，贸易上对中国实行禁运，政治上支持敌对势力，试图破坏中国的主权和领土完整。从武装斗争转到经济建设，在这样的背景下，党带领人民走上幸福生活道路任重道远。作为一个执政党，党既要坚持马克思主义的指导方向，又要使人民树立共产主义坚定信念，理论教育要全力以赴，所以，党必须要创造良好的理论教育环境。

（2）党员和干部的队伍迅速扩大，中共党员在新中国成立初有400多万，需要对干部教育抓紧抓好。如在1949年底就有450万，全国有近20万个党支部，"除军队支部外，在16.9万个地方支部中，农村支部占79.8%，大部分集中在老解放区和半老解放区；工厂、矿山、企业党支部只占3.65%"。[1]干部需求量也剧增，新中国成立时，人口从根据地的200多万到发展到2300多万，干部与总人口比"也只占1%"，[2]1950年，党的干部数量为175万。干部理论水平参差不齐，干部中的1/4都来自于旧政权留

---

[1]　蒋天策："1949—1956年建国初期干部队伍建设转型的历史考察——以北京市为例"，中共中央党校2012年博士学位论文，第35页。

[2]　习仲勋："在西北党校开学会上的讲话"，载《人民日报》1950年10月4日。

用，有的压根不了解马克思主义理论。此外，还有不少工农出身的干部，这一类干部文化知识水平低下，工作受到影响。以至于出现"不怕枪，不怕炮，就怕写报告"[1]的恐慌，理论教育成为急需。

1955年，全国干部增加数为46.81万；1956年，增加数为115.31万。[2]需要大量发展干部队伍，在干部队伍中吸收知识分子、选用新干部，党的政权基础变大，干部的成分也变得复杂，有的是党员，有的不是党员。干部中既有工人，也有农民，还有知识分子，以及极少数的破坏分子等成分，有的有坚定的马克思主义信仰，有的对马克思主义理论、毛泽东思想知之甚少。有的思想单纯，有的思想带有功利性、投机性。马克思主义理论教育高潮的到来使党员和干部的理论水平有趋于一致的条件，党才能应对建国初期的国内外政治问题。

同时，在社会变迁中，思想文化领域也出现了多元价值倾向，无产阶级思想、资产阶级思想、封建残余思想共存，新形势下，党员干部要继续发挥艰苦奋斗的作风，合理地使用权力，反对腐败，反对贪图享受，反对官僚主义，和人民同甘共苦，始终代表人民的利益。正如周恩来所述："旧职员虽然有经验，但恐怕会带来旧的官僚主义作风。"[3]刘少奇也说过："中国革命胜利后，一定会有些人腐化、官僚化。"[4]这些都必须要有马克思主义的坚定信仰，高举马克思主义旗帜，马克思主义理论教育水平的提高非常必要。

（3）在新中国成立初期，经济领域比较薄弱，百废待兴，但是当时面临着通货膨胀、物资短缺等一系列问题。从原来局部的、封闭的经济工作环境转向规模庞大的内容复杂的经济管理，对新政权来说也是一个严重的挑战。毛泽东在《论人民民主专政》中指出："严重的经济建设任务摆在我们的面前。我们熟悉的东西有些快要闲起来了，我们不熟悉的东西正在强迫我们去做。"[5]刘少奇于新中国成立前也指出："以前在山头上，事情还简单，下了山，进了城，问题复杂了，我们要管理全中国，事情更难了。

---

[1] 《组织工作》（内发）1951年第34期。

[2] 中共中央组织部等编：《中国共产党组织史资料》，中央党史出版社2000年版，第1327页。

[3] 参见周恩来在第一次扩大政务会议上的报告记录，1949年10月21日。

[4] 刘少奇："对中央马列学院第一班学员的讲话"，载《刘少奇文选》（上），人民出版社1981年版，第413页。

[5] 《毛泽东选集》（第4卷），人民出版社1991年版，第1480页。

我们打倒蒋介石、打倒旧政权后，要领导全国人民组织国家，如果搞不好，别人也会推翻我们。"[1]

二、理论教育第三次高潮的表现

（一）党风教育再次夯实

新中国成立以来，马克思主义理论教育在全党和全国一直没有松懈过。在新中国成立后的 2 年内，党内的马克思主义理论教育是主要任务，随后逐渐扩展成全国范围的理论教育，发展迅速。

1. 党风教育的决定

这一时期，党的整风包括两个阶段：第一个阶段是 1950 年 4 月到 1950 年底。1950 年 5 月 1 日，中央发出了《关于在全党全军进行整风运动的指示》，指出要整顿全党作风。整风的主要方法是学习文件，开展批评与自我批评。学习的文件包括毛泽东的七届三中全会上的报告、刘少奇在七届三中全会上的关于土改的报告等。从 1950 年 6 月，整风运动在全国开展，《人民日报》等报纸刊物发表多篇文章，报道整风的典型事例。1950 年 10 月发布的《中共中央关于在职干部学习问题的通知》针对当时干部教育和学习方面的问题提出了要求，要求不要强迫学习时间，提倡建立机关学校，要由领导来帮助自习政治，多开解答疑难的座谈会等，为新中国成立初的干部理论教育提供了方向。

第二阶段是 1951 年下半年开始，进行了 3 年的系统整风。主要是对党内的思想作风问题、组织问题予以整顿，使党员对党员标准有清晰的认识。颁布的文件有《关于整顿党的基层组织的决议》和《关于发展新党员的决议》。此外，还有 11 月 26 日的《在文学艺术界开展整风学习》。主要是培养党的基本知识，如党员的标准是什么？中国共产党的奋斗目标是什么？教导党员认真学习马克思列宁主义、学习毛泽东思想，同时将三反运动、五反运动紧密结合，肃清党在大规模用人之际混入队伍里的来历不明或有重大历史问题的人员，提升干部队伍的理论素养。

2. 中央理论教育的指示和规定

1951 年，刘少奇在第一次全国宣传工作会议上指出："用马列主义的思想原则，在全国范围内和全体规模上教育人民是我们党的一项最基本的政

---

[1] 《刘少奇选集》（上），人民出版社 1981 年版，第 413 页。

治任务。我们要向社会主义、共产主义前进，首先就要在思想上打底子，用马列主义的立场观点和方法来教育自己和全国人民，这就是今天的新形势、新条件下党的宣传工作的任务。"[1] 1951 年 2 月，中共中央发出的《关于加强党的宣传教育工作的指示》指出："我们现在已有五百几十万党员，对于这些党员特别是干部党员，认真进行共产主义教育，不断提高他们的政治觉悟和思想能力，是一个极大的任务。"[2] 在中央的号召下，全国开始了学习马克思主义、毛泽东思想的高潮。高校也设立了马克思主义理论课，培养青年学生的社会主义意识，增强对资产阶级思想的抵抗力。各界民主人士加强了马克思主义基本理论的学习，主要方法是参加短期的讲习会、座谈会等。

干部学习同步推进，在 1951 年 2 月，中央颁布了《中共中央关于加强理论教育的决定》这一纲领性文件，要求全党将理论学习落实。将理论学习分为第一级的政治常识学习，学习新中国的常识和中国共产党的基本知识，学习时间为 1 年，可以伸缩，使学习者获得基本的政治立场。第二级学习理论常识，主要是中共党史和毛泽东事迹，关于马克思、恩格斯、列宁等的生平常识，通过历史叙述讲授马克思主义理论知识，学习时间为 3 年，必要时可以伸缩。第三级是学习马克思、恩格斯、列宁、斯大林、毛泽东的著作，学过基本理论常识的和有大学文化的党员都要终身努力研究这些原著及相关著作，学习理论精神，学以致用。《中共中央关于加强理论教育的决定》要求实施学年制和考试制，每年学习时间为 8 个月，从每年的 3 月初到 10 月底，每周学习时间至少为 8 个小时，还包括部分时政学习，年终进行考核。高级干部马克思主义理论教育主要是学习马克思、恩格斯、列宁、斯大林、毛泽东著作并要正确地传播这些学说，提高党员和人民群众的思想觉悟。[3]

在 1953 年 3 月，中央又发布了《中国共产党中央委员会关于 1953—1954 年干部理论教育的指示》，要求干部要系统学习社会主义建设的基本规律，通过学习苏联经验为中国建设服务。理论学习时间为每周 4 个小时，主要是阅读，上课和讨论方式，讨论要有领导，参与讨论的人不要太多，建

---

〔1〕《刘少奇选集》（下），人民出版社 1985 年版，第 87 页

〔2〕中央文献研究室编：《建国以来重要文件选编》（第 2 册），中央文献出版社 1992 年版，第 75 页。

〔3〕中央文献研究室编：《建国以来重要文献选编》（第 2 册），中央文献出版社 1992 年版，第 121~129 页。

议 2 周一次，指示里除了要求学习理论还有政策的学习。在 1953 年 10 月，中央召开第二次全国组织工作会议，要求必须在全党进行政治教育，党员干部要学习马列和毛泽东经典著作，学习苏联社会主义建设的经验，党校工作要正规化，训练规模要扩大，教学条件要改善，质量要提高。有条件的厂矿党委要办业余党校或者夜党校，以便进行党员干部的教育。[1]毛泽东指出："我们要作出计划，组成这么一支强大的理论队伍，有几百万人读马克思主义理论基础，即辩证法和唯物论，反对各种唯心论和机械唯物论。我们现在有许多做理论工作的干部，但还没有组成理论队伍，尤其是还没有强大的理论队伍。而没有这支队伍，对我们党的事业，对我国的社会主义工业化、社会主义改造、现代化国防、原子弹的研究是不行的，是不能解决问题的。"[2]1955 年 7 月，中央出台了《关于党的高级干部自修马克思、列宁主义办法的规定》。该规定提到，高级干部在职自修 5 门课程，原则上 1 年学完 1 门，排列次序是 1955 年度学"辩证唯物主义和历史唯物论"，1956 年度学"政治经济学和经济问题"，1958 年度学"中共党史"，1959 年学党建。在学习时除了中央管理的干部送高级党校学习或自修外，中央机关干部可以分批组织学习，学完也要参加严格的考试考核，试题和答案由中央高级党校给定，考核通过颁发证书，不合格的继续学习补考，以前参加过马列学院轮训的，可以补发证书。[3]1955 年 10 月，中组部和中宣部发文《关于执行"中央关于党的高级干部自修马克思、列宁主义办法的规定"中若干问题的通知》，规定了参加党校的干部名额、文化程度要求和自修办法。为了配合广泛学习的需求，1953 年 1 月，中共中央合并了中央俄文编译局和中央宣传部斯大林全集翻译室，成立了马恩列斯著作编译局，系统地出版经典作家著作。全国系统有计划地出版了大量马列著作和毛泽东著作，1953 年 9 月开始出版《斯大林全集》，《列宁选集》从 1955 年开始出版，《马克思恩格斯全集》从 1956 年开始出版，与此同时《共产党宣言》《反杜林论》《列宁主义问题》等单行本陆续出版，1951 年出版《毛

---

〔1〕 中央文献研究室编：《建国以来重要文献选编》（第 2 册），中央文献出版社 1992 年版，第 531 页。

〔2〕《毛泽东文集》（第 6 册），人民出版社 1999 年版，第 395～396 页。

〔3〕 中共中央组织部编：《干部教育工作重要文献选编》，党建读物出版社 1999 年版，第 769～772 页。

泽东选集》（第 1 卷），到 1953 年 4 月第 3 卷出版。[1]此外还有艾思奇的《历史唯物论——社会发展史》、胡绳的《辩证唯物论入门》、许涤新的《广义政治经济学》、于光远的《政治经济学讲座》等。有了丰富的马克思主义理论学习材料，理论教育更容易实施。

3. 文化宣传部门的理论教育推进

为了宣传唯物主义，批判唯心主义，在 1954 年 10 月开始了思想文化领域的唯心主义的批判，针对俞平伯的《红楼梦》研究中的唯心主义问题，发起了古典文学研究、哲学、历史学、教育学、语言学等方面的唯心主义批判。中央先后发文《关于在干部和知识分子中组织宣传唯物主义批判资产阶级唯心主义思想的演讲工作的通知》《关于宣传唯物主义思想批判资产阶级唯心主义思想的指示》，要求广大人民群众和党员在学术和文化等领域坚持唯物主义，历时 2 年多，到 1955 年 3 月，全国省级以上刊物发表批评文章两百多篇。在 1956 年，中央要求在高校开设资本主义国家唯心主义学课程《罗素哲学》《黑格尔哲学》《凯恩斯经济学说的介绍和批判》等，[2]形成了唯物主义知识的对比，在比较中学习，在比较中批判，以便更好地掌握马克思主义哲学，在文化领域特别是知识分子和高校青年进行有效的唯物主义教育，使社会大众了解到唯物主义的本质，有了马克思主义基本理论知识。

此外，在新中国成立初期，报纸和刊物大量发行马克思主义理论相关内容，如《人民日报》《光明日报》《新华月报》《文史哲》等刊登马克思主义理论内容、党的重要文献，如《实践论》《矛盾论》在《人民日报》继续发行，加深马克思主义、毛泽东思想对大众的指导地位。

4. 理论教育的核心内容

在新中国成立初期，马克思主义理论教育的主要内容经过上述分析，可以看出主要有马克思、恩格斯、列宁、斯大林、毛泽东理论著作的学习，学习的内容既有马克思主义基本理论还有中国化了的马克思主义毛泽东思想。基本理论的学习，重点是马克思主义原著，如哲学。针对一些同学不学哲学，对哲学没有兴趣，毛泽东建议从小册子、短篇文章看起，有了兴

---

〔1〕 张雷声、郑吉伟、李玉峰：《新中国思想理论教育史》，高等教育出版社 2005 年版，第 44 页。

〔2〕 张雷声、郑吉伟、李玉峰：《新中国思想理论教育史》，高等教育出版社 2005 年版，第 47 页。

趣后再读大部头，这样才有共同方法。"马克思主义有几门学问：马克思主义的哲学，马克思主义的经济学，马克思主义的社会主义——阶级斗争学说，但基础的东西是马克思主义哲学。……有辩证唯物论的思想，就省得许多事，也少犯许多错误。"〔1〕"应当养成为着解决工作中的疑难和改善工作质量而随时翻阅马克思、恩格斯、列宁、斯大林和毛泽东的著作以求得指导的习惯。"〔2〕因为，当时新中国的社会主义建设只有苏联可以参考，中共也没有建设的经验，对原著的研究可以起到方向和原则的作用。

关于毛泽东思想的学习主要是出版和学习毛泽东选集。在1949年底，毛泽东访苏时就被斯大林建议出版选集，以便世人了解中国革命经验，并请求选派苏联的著名哲学家尤金来中国进行帮助。将原来的已经开始编写的《毛泽东选集》工作更进一步。出版委员主要有"胡乔木（当时任中共中央宣传部副部长、中央人民政府新闻总署署长）、陈伯达（当时任中共中央宣传部副部长、马克思列宁学院副院长）、田家英（当时任毛泽东的秘书）等党内大理论家。毛泽东本人直接主持编辑工作"。〔3〕于1953年完成了第3卷的发行。出版前，中央局发出学习《毛泽东选集》的通知，号召干部学习选集。中共中央东北局于1951年9月24日和10月11日两次发出指示："为了深入宣传马克思列宁主义和毛泽东思想，各地应在《毛泽东选集》发行之日起，即组织党员干部，结合当前干部和群众的思想情况和实际工作状况发表文章（如研究性论文、学习心得等），宣传毛泽东选集出版的重大意义及学习马列主义毛泽东思想的重要性，以及介绍过去对毛泽东思想学习的心得、方法和经验。"华北局也于当年10月发出学习决定，中共中央华东局、中共中央中南局等也发出指示要求学习，〔4〕全国开始了毛泽东思想的学习高潮。河北省高级干部在将近4个月的理论学习过程中，基本已克服了无计划、无制度的自流状态，开始建立起比较正常的学习组织和制度，因而有了一定的收获。〔5〕

---

〔1〕《毛泽东文集》（第6卷），人民出版社1999年版，第396页。

〔2〕中宣部编：《党的宣传工作文件选编》，中央党校出版社1994年版，第78页。

〔3〕刘金田、吴晓梅：《〈毛泽东选集〉出版的前前后后》，中共中央党史出版社1993年版，第106页。

〔4〕刘金田、吴晓梅：《〈毛泽东选集〉出版的前前后后》，中共中央党史出版社1993年版，第119~120页。

〔5〕《人民日报》1952年10月21日。

（二）理论教育学科体系全面建构

1. 高校马列主义教育学科建立的背景

第一，理论教育要与经济发展相适应。宏观层面上，经济基础决定上层建筑。新中国成立后，社会性质发生了变化，理论教育要与之相适应。新中国成立前夕，在1949年9月，中国人民政治协商会议第一次全体会议通过了《中国人民政治协商会议共同纲领》，对文化教育做出规定，中华人民共和国的文化教育为新民主主义的，即民族的、科学的、大众的文化教育。文化教育工作要提高人民文化水平，培养国家建设人才，肃清封建、买办、法西斯主义的思想，文化为人民服务。给青年知识分子和旧知识分子以革命的政治教育，以应革命工作和国家建设工作的广泛需求。在这个纲领的指引下，全国的文化教育得以有效展开。中共教育方针指明了高校马克思主义、毛泽东思想的教育方向，规范了校务委员会的政治教育职责；指明了高校政治课开设的安排；要求教育方法要理论与实际一致。主管部门和各级学校要在教育方针政策的指导下进行理论教育建设工作。1950年7月24日至8月25日，教育部在北京召开了全国高等学校政治课教学讨论会，并于10月4日发出通报，其中提到要欢迎教职工自愿参加政治课学习，学校进行政治教育，逐渐提高学习的思想觉悟，并提出采用自学和集体讨论的方法，配合生产劳动和社会活动，将感性认识和理性认识相印证，提高学习效果。

第二，抵制西方精神侵略。帝国主义在中国的精神侵略在新中国成立后照样存在，新中国成立前西方教会在中国设立了一批大中小学，外国教会开办的教育机构共计有大学13所（1948年数字）。毛泽东1949年8月30日的文章显示："据有人统计，美国教会、'慈善'机关在中国的投资，总额达到4190万美元，……教育费占38.2%。"[1]这足以说明其对教育的重视程度。理论教育要把重任挑起，将教育环境净化，有效地占领自己的思想阵地。

第三，保障工农大众受教育的权利。政务院于1951年10月1日颁布了《关于改革学制的决定》，对工农大众受教育的权利给予保障。原有的学制中有众多不足，"其中最重要的是工人、农民的干部学校、各种补习学校和训练班，在学校系统中没有应有的地位；初等学校修业6年并分为初高两级办法，使广大的劳动人民子女难以受到完全的初等教育，技术学校没有一

---

〔1〕《毛泽东选集》（第4卷），人民出版社1991年版，第1506页。

定的制度，不能适应培养国家建设人才的要求"。通过新的教育学制"以利于广大劳动人民文化水平的提高，工农干部的深造和国家建设事业的促进"。[1]

2. 理论教育学科建设的具体内容

第一，高校系统的理论教育体系建设。高校马克思主义理论教育是培养马克思主义人才的主要渠道，在新中国成立前，中共对高校的理论教育高度重视。1949 年 8 月，中共中央东北局、东北行政委员会在《关于整顿高等教育的决定》中指出："适当加强政治教育。确定高等学校学生必须学习马列主义理论及毛泽东思想，加强国际主义思想教育，政治课占全部授课时间的 10%～15%。"[2]对政治理论课的课时做出硬性规定，确保教学质量。国家在新中国成立后对马克思主义理论课进行了一系列探索，取得了部分成效。

1949 年 10 月 12 日，华北高等教育委员会颁布了《各大学专科学校文法学院各系课程暂行规定》，要求把辩证唯物论与历史唯物论、新民主主义论、政治经济学列为文法学院的公共必修课。在 1950 年废止政治上的反动课程，开设新民主主义的革命政治课程。1953 年 6 月 17 日，教育部决定于 1953 年秋，在高校一年级停开"新民主主义论"，改成"中国革命史"，以应对时事的变化。1954 年，对高校马列课程又做了部分调整。决定从 1954 年到 1955 年开设"社会主义经济建设"，使学生了解我国过渡期的总路线、总任务，以及苏联社会主义工业化、农业合作化建设等的基本规律，提高学生的社会主义觉悟。1956 年 9 月 9 日发出了《关于高等学校政治理论课程的规定（试行方案）》，对马列基础课和辩证唯物主义和历史唯物主义课程的开设门数和学时作出规定，[3]学制 3 年的除了学习"中国革命史"还要根据专科性质开设"马列主义基础""政治经济学""辩证唯物主义与历史唯物主义"。在理论课的学科体系建设中，由于当时认识水平的限制，多少存在一些问题，如对西方理论体系的废除，侧重苏联理论体系的学习，但是总体来说都是针对具体工作环境的课程调整。

这期间，除了对课程体系进行建设外，还对师资队伍进行建设。加强

---

〔1〕《中国教育年鉴》编辑部：《中国教育年鉴 1949—1981 年》，中国大百科全书出版社 1984 年版，第 686 页。

〔2〕 高奇：《新中国教育历程》，河北教育出版社 1996 年版，第 4 页。

〔3〕 张雷声、郑吉伟、李玉峰：《新中国思想理论教育史》，高等教育出版社 2005 年版，第 48～49 页。

学校对马列主义理论课教育的组织领导和教学领导，早在 1950 年，第一次全国高等教育会议通过《高等学校暂行规程》，8 月，政务院正式批准该规程，对新中国高校内部领导体制规定"大学及专门学院采取校（院）长负责制"。[1]此外，还明确规定校长"领导全校（院）教师、学生、职员、工警的政治学习"。[2]1955 年，《关于高等学校的政治思想教育工作》提出为了切实加强学校对马列主义理论教育的领导，校长和副校长必须有一人亲自领导马列主义教研组工作，负责审查教研组的教学工作、科研计划，对政治理论课教师进修给予帮助。[3]1958 年 9 月 9 日的《关于教育工作的指示》对一长制进行了改变，明确指出"在一切高等学校中，应当实行学校党委领导下的校务委员会负责制"，[4]认为一长制容易脱离党委领导，不妥。高校内部领导体制的变化是随着党对理论教育认识的深入而逐渐调整的，对理论教育领导措施的有力实施是对理论教育决心的表现。"此外还适当增加综合大学的文史哲系的招生名额，扩大中国人民大学马列主义研究班规模，选拔优秀教师到中国人民大学马列主义研究或其他有苏联专家的学校进修；举办假期讲习班、组织教学讨论会和教学经验座谈会。"[5]将做得好的大学经验进行交流学习，为其他学校的理论教学提供样板。

第二，进行短期的师资培训。短期培训是对理论教育的师资进行快速充电的有力措施，因为有内容针对性和教育强度优势，这种教育方法一直被重用。

1955 年 7 月，中组部、中宣部颁发了《关于设置和培养专职理论教员办法的通知》。该通知对理论教员的设置和培训作了具体明示：①专职教员名额，由省（市）级党委统一规定。全省的专职教员编制数，应等于该省参加中、初级组学习理论的干部数的 1/500；市可采取讲师团形式，按该市参加中、初级组学习干部的 1/1000 或 1/1500 设置。总名额确定之后，应把各级专职教员的编制数通知所属党委，列入编制内，并督促其在一定时间内配齐。②专职理论教员必须是思想作风正派，具有相当于高中毕业以上

---

[1] 何东昌：《中华人民共和国重要教育文献（1949—1975）》，海南出版社 1998 年版，第 45 页。

[2] 何东昌：《中华人民共和国重要教育文献（1949—1975）》，海南出版社 1998 年版，第 45 页。

[3] 张雷声、郑吉伟、李玉峰：《新中国思想理论教育史》，高等教育出版社 2005 年版，第 50 页。

[4] 何东昌：《中华人民共和国重要教育文献（1949—1975）》，海南出版社 1998 年版，第 858 页。

[5] 张雷声、郑吉伟、李玉峰：《新中国思想理论教育史》，高等教育出版社 2005 年版，第 50 页。

文化水平，有一定实际工作经验和在理论上有培养前途的党员。专职教员的配备和调动应向上一级党委组织部、宣传部备案。应尽量使专职教员稳定下来，因特殊情况需要调动时必须及时补齐。③专职理论教员的工作就是讲课、解答问题和对辅导员必要的帮助。④专职理论教员由当地党委宣传部管理。⑤专职理论教员按党校教员待遇，中级组的教员相当于中级党校教员，初级组专职教员相当于初级组党校教员。[1]

　　新中国成立初期，各地举办了多次短期理论教员培训。短期培训班基本都是2个月至3个月。"如华北局宣传部在1951年冬举办党史教员训练班（26人），1953年2月举办经济建设研究班（48人）；东北局党校在1952年7月举办'社会主义经济建设学习辅导员研究班'（学员中厅局长一级的干部110名，旁听的2000余人）；西安市委宣传部1953年1月举办中级组辅导员训练班（57人）；华东局党校设立了政治经济学讲座；黑龙江省委、陕西省委也举办了理论教员训练班；甘肃举办过辅导员训练班。"[2]在培训中，理论教育侧重于经济知识的丰富。在1955年，全国的专职理论教员有1300多人，多数是初级的，具备初中文化，基本称职。[3]此外，还有兼职理论教员，兼职理论教员多是干部担任，本身也有待理论水平的提高，加上工作较忙，难免影响教学。但是，他们有丰富的工作经验，可以把理论与实际进行结合，这个是长处。在进行理论教育的时候兼职教员可以弥补特殊时期的教育资源不足，对理论教育起到一定的促进作用。

　　（三）榜样树立，搭建大众理论教育样板工程

　　1. 学习雷锋榜样教育活动

　　榜样教育是思想道德教育的方法之一，榜样教育自古以来一直都被人们所推崇。从古代的"三人行必有我师焉"，到"以身作则""上行下效"等都说明了榜样教育的广泛应用。在古代汉语中，"榜"原本指矫正弓弩的工具："榜者，所以矫不正也。""样"则指样式或模式。"榜"和"样"的结合，指的是一种矫枉正曲的样式。[4]《现代汉语词典》对榜样的解释是：

---

〔1〕　中共中央组织部编：《组织工作文件汇编》（内部发行），1955年版，第512~513页。

〔2〕　李跃新："1949—1956年中国共产党干部教育研究"，中共中央党校2004年博士学位论文，第57页。

〔3〕　李跃新："1949—1956年中国共产党干部教育研究"，中共中央党校2004年博士学位论文，第59页。

〔4〕　李述永："榜样教育的心理学分析"，华中师范大学2004年博士学位论文，第1页

"榜样是值得学习的好人或好事。"〔1〕《辞海》的解释是，"榜样是在各个历史时期内产生的同类事物中最突出或最具有代表性的人或事，又称先进典型。"〔2〕所以，榜样教育就是利用这些具有代表性的人或事进行深入人心的教育。榜样具有可效仿性、先进性、高尚性，所以，在进行榜样教育的时候可以发挥方向引导作用，并且榜样来自大众，具有亲和力，榜样教育效果自然是深入人心的。在西方，榜样教育照样受到重视，榜样的作用不可低估。罗·阿谢姆说过："一个榜样胜过书上二十条教诲。"洛克说过，没有什么事情能像榜样这样温和而又深刻地打进人们的心里。既然榜样教育具有深入人心的独特优势，那么理论教育也可以使抽象的课堂教育内容走向生活、走向大众。

在进行马克思主义理论教育的过程中，树立典型，发挥榜样的示范作用即是理论教育走向大众的创新，也为理论教育再添助推力。在社会主义建设时期，20世纪60年代，理论学习的榜样是雷锋。出身贫寒、饱受阶级压迫的雷锋（1940年—1962年）同志是伟大的共产主义战士，他出生于湖南省望城县安庆乡的贫农家庭，1957年雷锋加入共青团，1960年11月加入共产党，曾在沈阳工兵厂任班长，雷锋是一名优秀的战士、少先队优秀辅导员，在平时注重理论学习，不断提高自己的思想觉悟，"身边总是背个挎包，里面装的大部分是毛泽东著作和思想理论书籍，见缝插针，有空就学"。"在学习马列主义、毛泽东思想的过程中，注意理论联系实际，自觉的接受党的教育。"〔3〕在1963年2月8日，《解放军报》以"伟大的战士"为题发表通讯介绍雷锋的模范事迹，次日，总政部发布号召全军开展学习雷锋活动。学习雷锋在全军各部队迅速展开，通过广播宣传、报告会、座谈会、读报、出墙报、黑板报等形式展开，推向全国，在1963年3月5日，毛泽东和中央领导人为雷锋题词，号召全国人民学习雷锋。《人民日报》《解放军报》同时发表了毛泽东"向雷锋同志学习"的题词；周恩来题词"学习雷锋同志爱憎分明的阶级立场，言行一致的革命精神，公而忘私的共产主义风格，奋不顾身的无产阶级斗志"；邓小平题词"谁愿当一个真正的共产主义者，就应该向雷锋同志的品德和风格学习"。全国掀起群众学习雷

---

〔1〕 中国社会科学院语言研究所词典编辑室编：《现代汉语词典》，商务印书馆1990年版，第34页。

〔2〕 《辞海》编辑委员会编：《辞海》，上海辞书出版社2009年版，第999页。

〔3〕 许启贤：《中国共产党思想政治教育史》（第2版），中国人民大学出版社2004年版，第270页。

锋运动，全党、全军、全国人民都把学习雷锋活动当作思想教育的中心任务，各级机关、工厂、学校都纷纷制定计划，发出指示，要求把雷锋的活动更广泛、更深入、更持久地展开。[1]

2. 雷锋榜样教育的特点

每个时代都有自己的特点也有自己的榜样，在 20 世纪 60 年代，雷锋好榜样精神品质体现的是毫不利己、专门利人，为人民服务的共产主义精神，以雷锋为代表的这一时期的榜样人物来自群众，深入群众心中，成了时代的象征。榜样学习的特色被打上了时代烙印。

第一，学习雷锋是时代的呼吁。在雷锋生活的 20 世纪 50 年代、60 年代，特别是 60 年代初，中国面临的建设挑战很是严峻，尽管当时新中国成立了，但是新中国面临着自然灾害，同时又加上大跃进的影响，困难重重，生活在那个年代的人需要鼓舞斗志，战胜困难，不仅要艰苦奋斗，而且奋斗的方向还要明确，战胜困难的方法要找到，所以，生产和理论学习都不能耽误。雷锋刻苦学习、无私奉献的精神正是中国人所需要的。给广大人民群众带来了精神上的动力。"雷锋的身上集中了丰富而朴素的美德。他的脸上挂着阳光般纯洁的笑容，这是经受着 60 年代初自然灾害影响的中国迫切需要的典型。"[2]"人的生命是有限的，可是，为人民服务是无限的，我要把有限的生命，投入到无限的'为人民服务'之中去。"雷锋日记在平凡中透露着高尚。他向老百姓传递的是奉献、是进取。在那个年代，榜样呼之欲出，榜样教育的力量强烈而震撼。

第二，雷锋榜样教育得益于党和政府的大力推动。随着毛主席发出"向雷锋同志学习"的号召，党的中央机关报等重要报纸都刊登了毛主席的题词。在一些文件上、会议贯彻上、组织学习上、标语口号上，党和各级政府都给予了领导和关怀，使学习运动轰轰烈烈，《学习雷锋好榜样》的歌曲直到今天还是大中小学生朗朗上口的歌谣，还有广播、电影等形式的事迹宣传，让宣传的效果影响深远。

3. 理论学习活动的效果

学习雷锋活动取得的成效。从 1963 年 2 月到 3 月中旬，有关雷锋事迹

---

〔1〕 许启贤：《中国共产党思想政治教育史》（第 2 版），中国人民大学出版社 2004 年版，第 269 页。

〔2〕 "百年从屈辱到崛起的 25 个中国文本"，载《三联生活周刊》编辑部编：《三联生活周刊》，生活·读书·新知三联书店 2009 年版，第 12 页。

的报道有 160 多万字，所有报纸、杂志、各级电台都报告了雷锋事迹，还有雷锋展，观众达 100 多万次，使雷锋事迹在平民百姓中深入人心。学习雷锋运动总体上取得了成果，即培养了人们坚定的社会主义信念，也弘扬了中华民族的优良传统，榜样教育的成功与当时宽松的、积极的、健康的社会宏观环境息息相关，但是也受历史条件的限制，有"以阶级斗争为纲"、部分形式主义现象。总之，雷锋榜样的树立，学习雷锋的运动为那个年代的其他榜样学习、典型树立奠定了良好的基础。

（四）工农兵理论学习走向基层

在新中国成立初期，和以前的马克思主义理论教育高潮相比，有一个突出的特色，就是马克思主义理论逐渐从少数人、精英人士走向街头民众，使马克思主义理论教育逐渐走向大众化。这个大众化不仅得益于自上而下的推动，更有大众自己的理论学习需求，所以不是一味地被动灌输，而是教育理论学习主动汲取。老百姓已经有学习的主动性，不流于形式，反而要学以致用。

1. 工农兵理论学习的主要内容

在 1958 年 3 月，马克思列宁主义理论应用被推向实际工作，上海求新造船厂修造车间的 3 位工人，由于在生产和工作中，感到理论指导的必要性，对哲学产生了兴趣，自发组成哲学学习小组，利用业余时间学习。学习的主要内容为毛泽东的《实践论》《矛盾论》等著作，小组活动得到了工厂其他干部的参与，人数增加到 13 人，随后群众性的学哲学用哲学的活动从工厂推广到上海、天津、黑龙江等地。农民学哲学也开始了，在 1958 年 3 月，河南省登封县（今登封市）三官庙乡、湖南湘阴汨罗乡等农村干部开始上哲学课，希望学习马列主义理论，做到又红又专，在这些活动的影响下，人民解放军官兵也展开了学习哲学、用哲学的热潮。

在工农兵学习的过程中，学习内容主要是学习毛泽东哲学著作，学习党的方针政策，特别注意理论联系实际。1963 年 7 月，《哲学研究》发表社论《把哲学交给群众，让群众掌握哲学》，主要向社会强调学哲学的意义，把哲学从课堂中解放出来，变成群众解决问题的工具，使哲学走向通俗化、大众化。

2. 理论教育的方法

第一，自学为主。在理论学习的过程中，由于是自发性质的，所以大众学习的方法主要是哲学小组、学习班、马列主义业余大学、农村红砖大学等。基本没有专门教员，大家自由讨论，互相帮助。

第二，党组织领导。在学习运动达到一定规模后，党组织和领导部门采取相应措施帮助学习运动的深入发展。主要体现在各地党组织组织经验交流会，交流学习心得、为学习组提供师资帮助，选派理论水平较高的积极分子和骨干分子形成讲师团。并组织编写和出版教学辅导材料和通俗读物。

3. 理论学习启示

第一，理论学习自发动力大。在工农兵学哲学的过程中，可以看出，不管是工人、农民还是军人在进行理论学习的时候都是先受到良好活动的影响，然后再去模仿，进而进行自觉的学习。在教育过程中，教育者与受教育者角色不是一成不变的，在一定时候，教育者也是受教育者，在学哲学运动中，开始没有固定教员，是由学习组内理论水平较高的受教育者担起教育者的角色来完成其他受教育者学习的。教育者来自群众、来自干部，教员自己也要自学，不断提升自己的理论水平。所以，在教育过程中，受教育者也是教育者，教育和自我教育相得益彰，不断地发挥教育的主导作用。

第二，理论学习与实践结合、服务实践是理论学习的直接目的，工农兵学哲学的兴起就是由于工人觉得理论和实践的结合可以更好地解决实际问题，为工作服务，所以才举办理论学习组，交流学习心得。在这样的驱动力下，人们自愿学习，发挥主观能动性，进而使受教育者可以继续学习，终身学习，学以致用，在内化自己的同时又外化他人。

第三，党组织要善于发现和引导理论学习。在整个运动中，少不了党组织的领导，党组织给予参考资料、师资培训的援助，在后期的学习中，党组领导的作用不可忽视。这说明，党组织比较善于发现和引导理论学习活动，对理论学习群众自发的活动比较关心，比较用心，激发大众学习哲学积极性。

三、社会主义建设时期理论教育的全局性特点

在新中国刚成立时期，由于中国人民实现了独立和解放，有着对社会主义社会的美好憧憬和激情高扬的工作干劲，在理论学习时自然也显露出了热情。由于理论教育逐渐由服务革命战争转向为社会主义建设树立旗帜，理论教育环境已经从革命时期的以紧张、秘密环境为主变成以宽松、开放

为主。朴实的理论学习来自民间，走向民间。所以，总体上看来，新中国理论教育高潮活动，展示出的最明显的教育特点就是理论教育全局性，是全国范围的系统化、正规化教育的新开始。具体体现在：第一，理论教育通过正规的高校教育体系进行研究和推广。使马克思主义理论教育有了坚实的理论研究基础、教育主体、教育阵地。这个教育体系的形成最直接的教育对象是全国各高校的学生，是广泛的高校师生。第二，自上而下的教育和自下而上的学习相结合体现大众化。因为这一时期，不仅是党中央进行理论教育的正向灌输，而且还有教育对象自发的主动学习需求的拉动。和前一高潮相比，这个时期的理论学习开展较多，开展的主体是教育对象自身，如工农兵自发的学习。这个是具有代表性的，代表的是社会基层对马克思主义理论重要性的认知和认可。第三，理论教育方法体现大众化。因为树立的典型本身就是民众，教育主动性加强。尽管这个时期的理论教育和学习有一定的时代局限性，是重要的建设阶段，但是从历史进程看来，无疑是新中国理论教育走向大众的新的里程碑。

第四节　马克思主义理论教育的第四次高潮

一、理论教育第四次高潮的现实背景

从 1978 年改革开放开始至 1992 年，我们党和国家进入历史发展的重要时期，既要以经济建设为中心，加紧社会主义现代化建设，带领中国人民建设物质文明和精神文明，又要争取祖国统一、反对霸权主义，在世界社会主义运动低潮时坚定地走中国特色社会主义道路，抵制不良思潮的侵袭、维护世界和平。

（一）开放的国际环境使意识形态教育任务更加艰巨

随着中国改革开放的推进，各种社会问题和不良思潮不断出现。我们既要从"文化大革命"中走出来，又要面临更加紧迫的带领中国人民富起来的时代课题。"文化大革命"给中国社会主义建设带来了重创，但是"没有哪一次巨大的历史灾难不是以历史的进步为补偿的"。[1]改革开放以来，中国社会主义建设事业勇往直前，但是置身开放的大环境，我国面临着严峻的意识形态竞争。在改革开放初期，世界已经处于和平发展时代，经济

---

〔1〕《马克思恩格斯全集》（第 39 卷），人民出版社 1977 年版，第 149 页。

全球化冲击着中国，开放、交流、合作步伐加快，在发达资本主义国家的交往和合作中，人民群众对资本主义制度的认识也会有直接机会，不同的价值观、世界观、人生观也涌入中国，对社会主义的优越性的认识会受到部分影响。在信息化的便利环境条件下，西方发达国家利用媒体网络经常给中国冠以专制名词、否定社会主义民主，进行歪曲报道，鼓吹资本主义的优势，还经常以"人权"来干预别国内政，丝毫没有放松对社会主义国家的颠覆活动，宣扬"中国威胁论"等，因此，在开放的国际环境中，我们要趋利避害，加强思想战线的防御。

（二）资本主义经济的持续发展和国际共产主义运动的低潮

资本主义社会经过各种改良，又展现出了发展的活力，资本主义在国际上的垄断、调整产业结构和应对经济危机的能力使世人对资本主义制度的认识发生了新变化。这些新变化既有科技革命的推动，也有当局政府对社会体制改革的调整，还有社会主义的影响以及资本主义国际自身社会主义因素的增长和全球化趋势和国际关系的缓和、资本主义国家的危机转嫁等。[1]特别是从 20 世纪 50 年代起，由于资本主义的结构调整等策略的变化，社会阶级矛盾暂时缓解。而另一方面，整个共产主义运动处于低潮，在 20 世纪 80 年代末 90 年代初，受东欧剧变的影响，社会主义国家在世界上处于弱势地位。为了更好地提高国家的综合国力，原来诞生的社会主义国家都忙于经济建设，以提升世界地位，对意识形态的宣传攻势较难在国际上形成合力，西方国家和平演变暗潮涌动，这种局面置新中国的社会主义理论教育于不利。越是危险的时候，越需要树立制度自信，越需要教育宣传，让全党和全国人民认识到社会主义是什么，社会主义的优越性在哪里，认识到资本主义的发展并不意味着社会主义国家就会走向消亡。我们要善于变不利为有利，坚定对社会主义的信心，高举马克思主义理论旗帜，为社会主义的发展摇旗呐喊。

（三）国内环境

第一，思想上拨乱反正，再出发，营造了理论教育环境。这一时期，社会主义建设是主要任务，党要带领人民实现中华民族从"站起来"到"富起来"的伟大飞跃，经济建设成为中心任务。虽然阶级斗争为纲的局面不复存在，但是马克思主义理论教育就像及时雨，通过理论教育，抵制了

---

〔1〕 关海宽："改革开放以来我国社会主义意识形态建设研究"，兰州大学 2011 年硕士学位论文，第 127 页。

国内各种不良思潮。在改革开放和社会主义建设进程中，由于各种体制有待完善，社会矛盾和问题也不断出现，如分配不公、两极分化、就业医疗等问题，这些问题和老百姓的个人利益息息相关，这些问题的存在是不可回避的，再加上新中国诞生短短几十年，不可能一蹴而就地全部解决，总是需要一个较长的过程。但是，老百姓考虑问题的眼光不会都像管理者那样高瞻远瞩、长久地看问题。另外，各种资产阶级自由化思潮膨胀开来，马克思主义理论教育面临更加复杂的形势。必须让全体人民紧密团结在党中央周围，为开启中华民族富起来的新征程凝心聚力，对此，理论教育迎来了复兴发展机遇。

第二，改革发展，教育优先，重构了理论教育平台。改革推进，党和国家优先发展教育事业，为理论教育复兴发展打下坚实基础。中共中央"七五"计划建议指出："七五期间，必须像重视经济建设那样重视教育事业，并且根据面向现代化、面向世界、面向未来的方针，努力开创我国教育工作新局面。"可见，中共中央对人才培育高度重视。人才培育主要依靠教育，乘着改革的春风，教育改革大刀阔斧。

1977年10月12日，国务院转教育部《关于1977年高等学校招生工作的意见》，高考制度恢复。11月3日，教育部发布《关于1977年招收研究生的通知》，研究生培养工作恢复。1978年，教育部重建中央教育科学研究所，地方和高校也先后恢复和建立了教育研究机构。1978年，教育部修订了《全日制中学暂行工作条例（试行草案）》和《全日制小学暂行工作条例（试行草案）》，10月4日，重新颁布《全国重点高等学校暂行工作条例（试行草案）》，恢复和重建了大、中、下小学各项工作制度，全国大中小学开始使用新教材。1980年2月12日，五届人大常委会第十三次会议审议通过《中华人民共和国学位条例》，标志我国学位制度正式建立。10月7日国务院转批教育部等《关于中等教育结构改革的报告》，12月3日中共中央、国务院发布《关于普及小学教育若干问题的决定》。1981年1月13日，国务院转批教育部《关于高等教育自学考试试行办法的报告》，在北京、上海、天津、辽宁三市一省先行试点，14日转批《关于自费出国留学的请示》，第一次明确提出，自费出国留学是培养人才的一条渠道，客观上为新时期出国学习交流马克思主义理论教育打开了通道。1982年，全国职工教育管理委员会、教育部等发布了《关于切实搞好青壮年职工文化、技术补课工作的联合通知》，为各地企业开展"双补"营造环境。1983年7月11

日，《普通高等学校本、专科人民助学金暂行办法》，形成了助学金和奖学金并存局面，客观优化了学生学习环境，增添了学习动力。1984 年，在小学进行计算机教育试点，客观上促进了信息化教学。

1985 年 7 月 5 日，国务院转发了国家科委、原教育部[1]、中国科学院等《关于试办博士后科研流动站的报告》，11 月，北京大学等 73 个高等院校和科研机构的 102 个博士后科研流动站获得首批试办。1986 年 4 月 12 日，六届人大四次会议上通过《中华人民共和国义务教育法》，7 月 1 日起实施。1987 年 7 月 8 日，国家教委印发《关于社会力量办学的若干暂行规定》，从此社会办学有了国家的鼓励和支持。1988 年 2 月，国务院颁布《扫除文盲工作条件》。1989 年实施"希望工程"。1985 年 5 月 27 日公布《中共中央关于教育体制改革的决定》，在决定中提到党的经济体制改革的决定为我国社会主义物质文明和精神文明提高开辟了广阔的道路，并指出"今后事情成败的一个重要关键在于人才，而要解决人才问题，就必须使教育事业在经济发展的基础上有一个大的发展"。

《中共中央关于教育体制改革的决定》对教育改革的指导思想、改革的目的（如有理想、有道德、有文化、有纪律，热爱社会主义祖国和社会主义事业，具有艰苦奋斗的献身精神、创造精神）、大力发展职业技术教育、改革招生和毕业生分配、发展高等教育、建设合格师资队伍等作出要求，该决定成了新时期教育事业发展的里程碑。1990 年 4 月 12 日至 16 日，中共中央组织部、宣传部、国家教委党组联合在北京召开了第一次全国高等学校党的建设工作会议，江泽民在讲话中要求要对青年学生进行近代史教育、国情教育、形势教育。1991 年 3 月 9 日，江泽民致信国家教委负责人对对青少年儿童进行中国近代史、现代史及国情教育问题作出指示。

教育事业改革十五年。继高考正式恢复之后，大中小学及职业教育、成人教育等教育蓬勃发展，不同类型、不同层次的专门人才迅速增长。体制机制改革马不停蹄，层层推进，恢复和发展了中国教育事业，形成了理论教育在普通学校、成人学校、企业培训等不同层面的教育组织网络，形成了儿童、青少年、企业职工教育培训的全覆盖。探索了社会力量办学的道路，开辟了出国留学的窗口，规范了学历教育和学位教育，试办了博士后流动站，试行了博士后研究制度，为后期马克思主义理论博士后流动站

---

[1]　1985 年 6 月 18 日，第六届人大常委会第十一次会议决定设立国家教育委员会，撤销教育部。1998 年 3 月，国家教育委员会更名为教育部。

的大量设立打下基础。这一时期为马克思主义理论教学、科研、国际交流的进一步发展提供平台，奠定了社会主义改革开放时期理论教育机构基础、机制基础、渠道基础、阵地基础。

二、理论教育第四次高潮的表现

（一）教育方针的正本清源

面对"文革"后的思想禁锢，面对新时期社会主义发展的艰巨任务，该如何真正科学、准确地把握马克思主义、毛泽东思想的精髓，更好地发展社会主义成为党要解决的首要问题。这一时期理论教育高潮的到来以对马克思主义的回归、对真理标准到底是什么的探讨为序幕，实现了理论教育的正本清源。

1976 年 10 月"四人帮"被粉碎后，中共中央揭露了"四人帮"的阴谋和罪行，揭露了"四人帮"反革命路线的实质，篡改马列主义和毛泽东思想的罪行。当时，由于"两个凡是"的错误方针，人们的思想受到了严重的禁锢，广大干部群众的积极性再次受到挫伤。对于"两个凡是"的错误方针，中央开始了真理标准大讨论的活动。

1. "两个凡是"思想禁锢

在粉碎"四人帮"的过程中，中央工作在华国锋的主持下为斗争的胜利做出了贡献，但是在一些问题上也有左的错误。为了维护毛泽东和毛泽东思想的地位，作出"凡是毛主席作出的决策，我们都坚决维护，凡是毛主席的指示，我们都始终不渝地遵循"[1]，这不是科学理解毛泽东思想的举措，在新形势下成了解放思想的障碍。

2. 真理标准大讨论的教育活动

第一，理论上的批判。针对两个凡是，邓小平率先从理论上进行反对，首先，要反对思想僵化。他说马克思、恩格斯、列宁、斯大林、毛泽东都没有说过"凡是"，在 1977 年 4 月，邓小平在给中共中央的信中提到"我们必须世世代代地用准确的、完整的毛泽东思想来指导我们全党、全军和全国人民"[2]。并提出要高举旗帜，要学会用这个思想体系。同年 7 月 21 日，邓小平在给华国锋叶剑英同志的信中说"要用准确的、完整的毛泽东

---

〔1〕《人民日报》《红旗》杂志、《解放军报》社论："学好文件抓住纲"，载《红旗》1977 年 2 月 7 日。

〔2〕《邓小平文选》（第 2 卷），人民出版社 1994 年版，第 39 页。

思想来指导我们全党、全军和全国人民，把我们党的事业、社会主义的事业和国际共产主义运动的事业推向前进"。对于"准确的、完整的"毛泽东思想是什么样的，邓小平同志进行了说明，那就是"要对毛泽东思想有一个完整的准确的认识，要善于学习、掌握和运用毛泽东思想的体系来指导我们各项工作。只有这样，才不至于割裂、歪曲毛泽东思想，损害毛泽东思想"[1]。要看时间、看条件、看问题是否是有区别的，如果在不同时间条件、问题，提法不一定就完全相同。所以，要从"毛泽东思想的整个体系去获得正确的理解"[2]。在进行理论教育工作方面，邓小平同志建议对毛泽东著作进行整理出版，建议理论工作同志花大功夫从各个领域阐明毛泽东思想体系，用毛泽东思想体系教育我们党，引导我们前进。破除思想僵化若不从实际出发，不敢多说一句话、不敢多做一件事，实现现代化就没有希望。

第二，指出实事求是在马列主义体系中的重要地位。邓小平说过："只有解放思想，坚持实事求是，一切从实际出发，理论联系实际，我们的社会主义现代化建设才能顺利进行，我们党的马列主义、毛泽东思想的理论也才能顺利发展。"[3]反复强调实践是检验真理的唯一标准，对实事求是地位给予重视，所以，真理标准讨论是思想路线问题是政治问题，不是小问题，不解放思想实事求是，就不能指定出正确的政治路线。真理标准讨论的意义很重要，因为它的实质在于背后是不是坚持马列主义、毛泽东思想，这个问题关系到社会主义建设的前途，重新确立了实事求是的思想路线。

在《邓小平文选》中我们至少看到了 8 次他关于真理检验标准的讨论，如 1979 年的 7 月 29 日的《思想路线政治路线的实现要靠组织路线来保证》，提到"两个凡是"不是马克思主义、毛泽东思想，这个争论还没完，问题解决不了，我们见不了马克思。社会主义制度优于资本主义制度，马克思主义的思想优于其他思想，理论和实践不统一，不可能把人民的积极性调动起来，不可能搞好现代化。1982 年 9 月 18 日的《一心一意搞建设》一文提道，就是毛主席在世，也不会承认"两个凡是"，因为那不是马克思主

---

〔1〕《邓小平文选》（第 2 卷），人民出版社 1994 年版，第 43 页。
〔2〕《邓小平文选》（第 2 卷），人民出版社 1994 年版，第 43 页。
〔3〕《邓小平文选》（第 2 卷），人民出版社 1994 年版，第 143 页。

义，提出"毛泽东思想的精髓是实事求是"〔1〕。实事求是是无产阶级世界观的基础，是马克思主义的思想基础，任何活动不实事求是，就办不好。对实事求是在马克思主义理论中的地位给予了充分肯定。

3. 意义

第一，真理标准问题的讨论重申了马克思主义真理标准问题的基本结论。马克思主义经典作家说过："人的思维是否具有客观的真理性，这不是一个理论的问题，而是一个实践的问题。人应该在实践中证明自己思维的真理性。"〔2〕在"文化大革命"中人们的精神枷锁越来越深，但经过真理标准讨论，人们的思想解放了，方向坚定了，对什么是马克思主义、毛泽东思想的精髓给予了正确的评价。实事求是是精髓，同时还提出要解放思想，只有思想解放了，才能更好地实事求是，实践是检验真理的唯一标准。第二，真理标准问题讨论为改革开放做了思想准备。在 1978 年 12 月 13 日召开的中央工作会议闭幕式上，邓小平做了《解放思想、实事求是、团结一致向前看》的讲话，并集中讨论了解放思想的问题。他说道，当时很多同志思想上不解放，本本主义和随风倒现象还会存在。不打破思想僵化，四个现代化没有办法实现，通过真理标准讨论，让广大人民群众清晰认识到正确思想的重要性，不要以阶级斗争为纲，而是要抓住中心任务。中国人民也需要改变生活落后的状况，确立将来应该努力的方向。在思想上正本清源，为改革开放的开展消除人们思想上的忧虑、困惑。

（二）理论教育宣传齐发力

首先，媒介大力宣传。邓小平曾经强调，社会上有很多人看报纸，报纸有威信，看报纸可以看到共产党的态度、看到政府的政策，找到自己需要的东西，解决自己的问题，因此要办好报纸。我们党历来重视媒介的教育功能，并充分发挥报纸、广播、电台等的教育宣传作用。

宣传真理标准。在邓小平进行"两个凡是"批判展开之后，1978 年 3 月 26 日，《人民日报》发表了《标准只有一个》并指出实践是检验真理的标准；1978 年 5 月 10 日，中共中央党校《理论动态》第 60 期发文《实践是检验真理的唯一标准》。5 月 11 日，《光明日报》又以特约评论员的名义公开发表，新华社转发了该文。5 月 12 日，《人民日报》《解放军报》同时转载，全国大多数省、市、自治区报纸转载。其中《光明日报》特约评论

---

〔1〕《邓小平文选》（第3卷），人民出版社 1994 年版，第 10 页。

〔2〕《马克思恩格斯选集》（第1卷），人民出版社 2012 年版，第 134 页。

员发表文章后拉开了真理标准讨论的序幕，在 1978 年下半年达到高潮。[1]同年 9 月，邓小平在视察东北重要谈话中再次批判"两个凡是"，促进了实践是检验真理唯一标准的深入人心。

宣传邓小平理论。利用广播、电台、黑板报、宣传栏开展学习党中央会议精神，开展进一步的解放思想、解放生产力思想教育、国情教育，艰苦创业等精神教育。宣传正确思想，组织干部群众认真学习《人民日报》4 月 26 日的社论，保持舆论导向正确，稳定人心。通过录像片揭开事实真相，使民众认清实质。播放历史教育片《开天辟地》进行党的历史教育。

其次，党校教育跟进。各级各类党校举办正规理论教育，发挥理论教育引领，对干部进行邓小平理论培训。以广东怀集县为例，其在 1986 年先后开展学习《马克思主义哲学》《政治经济学》《中国近代史》《建设有中国特色社会主义》等课程活动；开办哲学读书班 10 期，组织干部学习 800 人次，组织参加结业考试 523 人。[2]1987 年开展坚持四项基本原则专题教育，1988 年开展党的基本路线教育等。针对农村，开展社教工作，1991 年 8 月 15 日，该县开展了第一批农村社会主义思想教育运动。从县各机关抽调 400 多名工作人员到乡镇开展社教工作，组织农村干部、群众学习邓小平关于建设有中国特色社会主义的理论，分三批开展，直至 1992 年底结束。[3]在教育形式方面，既有短期培训也有轮训形式。如县直科局的干部培训班、乡镇党政班子培训班，支部书记轮训班、青年干部培训班、理论骨干培训班，党员学习班等，有一年一次的，也有两年一次的，学习时间从 5 天左右增加到 5 天~7 天。还有各种函授学历教育，讲授《中共党史》《马克思主义哲学》《政治经济学》等科目。行政管理专业函授开设《马克思主义基础》《建设有中国特色社会主义》等课程。

最后，教育主体建设。党委应发挥好教育的主导地位。邓小平认为，党组织是理论教育的主导。在 1978 年 3 月全国科学大会开幕式上，邓小平强调："党委的领导，主要是政治上的领导，保证正确的政治方向，保证党的路线、方针、政策的贯彻。"[4]各级党组织要发挥理论教育的主导作用。

---

[1] 李德芳、杨素德：《中国共产党农村思想政治教育史》，中国社会科学出版社 2007 年版，第 196 页。

[2] 数据参见《怀集年鉴》编纂委员会编：《怀集年鉴》(1987—1989 年)，广东人民出版社 1998 年版。

[3] 《怀集年鉴》编纂委员会编：《怀集年鉴》(1987—1989 年)，广东人民出版社 1998 年版。

[4] 《邓小平文选》(第 2 卷)，人民出版社 1994 年版，第 98 页。

同年 4 月 12 日，邓小平在全国教育工作会议上的讲话中指出："各级党委和学校的党组织，应该热情地关心和帮助教师思想政治上的进步，帮助他们认真学习马克思列宁主义、毛泽东思想，使更多的人牢固地树立起无产阶级的共产主义的世界观。"[1]为了更好地提高师资队伍的授课水平，一些地方党校订立了规章制度，作了只有做到调研、互相听课评议、专题理论研讨会、集体备课、试讲后才正式上课等探索，还选派教师到上一级党校进修学校，参加全国各个层面的理论研讨会等，发挥老师的传帮带作用。

学校阵地要占稳。理论教育的主要阵地还有普通学校，学校是培养社会主义建设人才的地方，学校既要培养专才也要培养有正确政治方向的人才。邓小平提出："学校应该永远把坚定正确的政治方向放在第一位，但这并不是说要把大量的课时用于思想政治教育。学生把坚定正确的政治方向放在第一位，这不仅不排斥学习科学文化，相反，政治觉悟越是高，为革命学习科学文化就应该越加自觉，越加刻苦。"[2]他认为，人民大学要办，主要培养的人才有财贸、经济管理干部和马列主义理论工作者。

青年要有共产主义理想。青年要成为忠于马列主义、毛泽东思想的优秀人才。为防止西方资本主义社会的精神侵蚀，青年的理想一定要远大，"要教育我们的下一代下两代，一定要树立共产主义的远大理想"。[3]通过历史教育青年，为社会主义事业努力奋斗，同时，青年也要多学知识，学会多种本领，"政治和业务是对立的统一，应该辩证地看这个问题"。[4]专不等于红，对知识精通后要用于社会主义建设才算是红。红一定要专，要热爱社会主义事业并通过自己的本领为社会主义服务。否则即使有了再专业的水平但为反社会主义服务，再专也没有用。而如果仅仅有红但是空话连篇，没有任何本领瞎指挥会对社会建设造成障碍，也不合理，所以这对关系一定要处理好。

（三）普通教育体系的恢复与发展

1. 理论教育高要求

改革开放前夕，党中央继续把理论教育作为思想统一、搞好建设的重要任务，在教育战线上拨乱反正。让理论教育产生影响，教研一体，以研

---

〔1〕《邓小平文选》（第 2 卷），人民出版社 1994 年版，第 109 页。

〔2〕《邓小平文选》（第 2 卷），人民出版社 1994 年版，第 104 页。

〔3〕《邓小平文选》（第 3 卷），人民出版社 1993 年版，第 111 页。

〔4〕中共中央文献研究室：《邓小平年谱（1975—1992）》（上），中央文献出版社 2004 年版，第 295 页。

究促进理论教育水平的提高和理论的应用。既要善教，也要善研，研究理论本质、研究教学艺术。通过研究深化理论认识，通过研究，把握真理本质，只有这样才能为教育提供更加科学、更有说服力的支撑。邓小平高度重视理论研究，重视用马克思主义观点、方法研究各个相关领域。他曾强调高校文科理论研究，对于经济、历史、政法、哲学、文学等，要运用马克思主义观点加重研究。针对学风问题，强调群众路线和实事求是。针对现代化的竞争，强调要把更多的干部放到学校去训练，增加训练政治干部的学校。改革开放初期，针对一些不满社会现状、丑化社会主义制度的问题，青年思想战线上的问题，应加强引导，强调理想纪律教育。发挥批评与自我批评作用，反对资产阶级自由化，思想理论工作者都要发挥带头作用。

2. 教育机构建设

首先，扩大教育机构规模。在新形势下，教育要以面向现代化、面向世界、面向未来为重要指导思想。我国的教育事业经过 40 年全面改革的努力，初步形成了较为完整的国民教育体系，体系中初、中、高等教育三级协调发展；普通教育和成人教育两条腿走路，盲聋哑教育学校也从 1957 年的 66 所，增长至 446 所。工、农、文、法、医、师、理、财、体、艺学科齐全，即为中国教育实力、教育能力、教育效益提供保障，也为理论教育的系统化开展奠定了基础。

1984 年的高等学校、中专、普通中学、小学已经分别由 1949 年的 205 所、1171 所、4045 所、34.7 万所增加至 902 所、3301 所、93 714 所、85.3 万所，对应教师队伍从 1949 年的 1.6 万、1.6 万、6.7 万、83.6 万增至 1984 年的 31.5 万、16.1 万、255.6 万、537 万人，毕业生从 1949 年的 2.1 万、7.2 万、28 万、65 万增至 1984 年的 28.79 万、37.59 万、1140.2 万、1994.9 万人。[1]到 1988 年，各级学校已有 107.1 万所，高等学校 1075 所，是 1949 年的 5.24 倍；普通中学 91 492 所，是 1949 年的 22.62 倍；全国小学有 346 769 所，是 1949 年的 2.29 倍。[2]大中小学生分别为 1949 年的 17.7 倍、39.2 倍和 5.1 倍。[3]至 1985 年，小学学龄儿童入学率 95.9%，全国 1/3 的县已普及初等教育。1989 年全国普通学校和成人学校教职工达到 93.5 万人，比新中国成立时增加了 10 倍之多。期间，在衡量中学生标准

〔1〕 《中国百科年鉴》。

〔2〕 中国社会调查所：《中国国情报告》，辽宁出版社 1991 年版，第 823 页。

〔3〕 杜荣进、许乃征主编：《新编读报手册》，浙江教育出版社 1990 年版，第 20~21 页。

的规定上，教育部曾发出关于纠正片面追求升学率倾向的十项规定，提出要全面贯彻党的教育方针，为高一级小学校输送合格新生，并注意培养大批优良的劳动后备力量，使学校更好地适应社会主义现代化建设的需要。不能只抓考分，而忽视德育和体育。初中未经县、高中未经地区以上教育部门批准不得随意增加课时，不得提前结束课程。不能为了升学考试，随意砍掉课或挤占某些课程。

其次，在教育制度上，不断调整完善教育结构、管理体制、毕业生分配制度、教育方式、教育目标和课程设置、教材内容等。如由最初的全日制学校、半工半读、半农半读到改革开放之后，普通学校、成人高等学校（自学考试）、成人中等学校、幼儿教育、特殊教育建设。教学方法也意识到了创新的重要性，由开发学生记忆力、逻辑思维向兼顾创造力、想象力开发努力。直接教学、启发教学、学导式教学等逐渐探索，教育媒介出现了电化教育。尊师重教，教师节也于1985年1月21日建立议案，决定将每年9月10日定为教师节。

最后，建设学位制。1981年1月1日，我国开始实施《中华人民共和国学位条例》，学位分为学士、硕士、博士。1982年，有32万多人获得了首批学士学位、硕士学位。考试课程包括马克思主义理论课，三门基础理论课和专业课。1985年，全国共有425个硕士授予单位，授予硕士3800人。博士学位从1982年2月至1985年底，学位单位有196个，导师1888人，授予博士350人。1985年，我国招收博士、硕士研究生达到46 500人，成人教育也取得了有史以来最好的进展。同年，成人高校全国有1216所，在校学生172.51万人，轮训、培训上亿人次。

尽管我们的教育事业在当时存在困难、存在问题，如教育经费的困难、教育师资水平的问题、教育媒介和方法问题。但是整体而言，教育事业得到了发展，城市基本普及了初等教育，县初等教育普及率也超过了60%，初中升学率已达到70%以上，极大地提高了全民族的科学文化水平，在很大程度上降低了教育对象接受马克思主义知识内容的难度，增加了理论教育的大众化便利，同时也推动了理论教育向高水平发展。

（四）理论教育主要内容

1. 党内的理论教育内容

这一时期，面对不同的发展任务，党有针对性地调整了理论教育内容。首先，党内真理标准教育。主要是纠正"文化大革命"的错误理论和实践，扭转严重局面，统一思想上的混乱。针对"两个凡是"违背了马克思主义基本原理，邓小平在给党中央的信中曾提到"我们必须世世代代地用准确的完整的毛泽东思想来指导我们全党、全军和全国人民"。[1]1978 年，在全军政治工作会议上，邓小平着重阐释了毛泽东关于实事求是的观点，号召一定要打破精神枷锁，解放思想。只有思想解放了，才能更加准确地理解马克思主义。在真理标准大讨论中，邓小平等老一辈革命家大力支持，并以不同方式参与讨论，发表讲话，理论界、学术界、新闻界广泛参与，为党重新确立马克思主义的思想路线奠定了基础。

其次，毛泽东思想的教育。针对党内外一些人借机攻击马列主义、攻击毛泽东思想，鼓吹资本主义等错误思潮，党的十一届三中全会郑重指出："党中央在理论战线上的崇高任务，就是领导、教育全党和全国人民历史地、科学地认识毛泽东同志的伟大功绩，完整地、准确地掌握毛泽东思想科学体系，把马列主义、毛泽东思想的普遍原理同社会主义现代化建设的具体实践结合起来，并在新的历史条件下加以发展。"[2]全党认真学习《关于建国以来党的若干历史问题的决议》，正确评价毛泽东晚年的错误和他的正确思想，在认识和分析问题时实事求是。绝不允许一些人对马列主义和毛泽东思想进行攻击。客观上看，全党和全国人民深刻地认识了毛泽东思想和他本人晚年的错误，全党对马克思主义中国化的第一次理论飞跃成果有了更加深刻的学习和认识。

最后，四项基本原则、党建学说、中共党史的教育。每遇发展变革的关键时期，我们党便会展现出高度理论自觉，及时审时度势。面对改革开放后改革开放理论研究和宣传教育薄弱的问题，党中央号召认真学习和掌握马克思主义理论，"向全党提出在实践中学习和丰富马克思列宁主义、毛泽东思想的任务，并且建设一支包括大批新生力量的富有创造精神的马克思主义理论队伍"。[3]针对极少数人利用党和政府工作的事务和社会发展问题如腐败问题、物价问题煽动反共产党领导反社会主义活动，党中央旗帜鲜明地反对动乱，并且强调不能因为动乱就否定中国发展的方向、否定党的基本路线、否定四项基本原则。邓小平指出，如果说有错，就是四项基本

---

〔1〕　中共中央文献研究室：《邓小平年谱（1975—1992）》（上），中央文献出版社 2004 年版，第 157 页。

〔2〕　中共中央文献研究室：《三中全会以来重要文献选编》（上），中央文献出版社 2011 年版，第 11 页。

〔3〕　《沿着中国特色社会主义道路前进报告》（1987 年 10 月 25 日）。

原则坚持不够，没有把它作为基本实现来教育人民、学生、全体干部和共产党员。所以，党的十三届四中全会后，新的中央领导集体坚决、全面贯彻党的基本路线，治理、改革、党建、精神文明、理论教育全面展开。1990年全党进行了一次做合格共产党员的教育，并在中央和地方370多万党员中进行了重新登记工作，帮助县处级以上党政干部着重进行马列主义、毛泽东思想基本理论教育。随后，凡是进入领导班子的成员，都要经过相应党校学习，其他领导成员也要定期接受党校轮训。1990年至1991年，全党在广大干部中进行了马克思主义党建学说教育、中共党史教育，在广大人民群众中开展了社会主义教育。

2. 普通学校的理论教育相关内容

邓小平认为，坚持社会主义办学方向，培育四有新人，是我国教育发展和改革的根本目的。教育必须为社会主义建设服务，社会主义建设必须依靠教育。"学校应该永远把坚定正确的政治方向放在第一位"，建设社会主义现代化强国最重要的就是"培养有理想、有道德、有文化、有纪律的社会主义新人"。在这样的指导思想下，我国马克思主义理论教育内容主要围绕以下两个方面展开：

其一，"两课"的教育。"两课"是指马克思主义理论课和思想政治理论课。随着中国建设的步伐，"两课"也在不断改革、调整完善中。1978年以后，党中央高度重视高校的马克思主义理论课教育，直接指导课程改革。1985年，中共中央发布《关于改革学校思想品德和政治理论课的通知》，指出改革马克思主义理论课教学关键是坚决贯彻理论联系实际方针。中央决定成立全国马克思主义思想理论课教材编审委员会，统筹规划课程设置、教材编辑及审定和其他组织工作。明确马克思主义理论课是中专、中师学校一切思想政治教育的基础，也是我国学校教育社会主义性质的重要标志，课程设置主要有《马克思主义基础》《中国革命和建设基本问题》《共产主义道德概论》。而《政治经济学》《辩证唯物主义和历史唯物主义》两门课程，是根据财经、政法等文科类专业教育的需要来设置的，是这类学校的专业基础课也是公共政治课。高校开展了邓小平理论"进教材""进课堂""进学生头脑"的活动。

其二，社会主义精神文明教育。精神文明教育是马克思主义理论教育的宏观关切，马克思主义理论在社会主义精神文明建设中具有主导地位，"是社会主义精神文明建设最重要的组成部分和核心内容"，与社会主义文化建设、理想建设、道德建设、民主法治建设有着紧密的关系[1]，开展社会主义精神文明教育也是对马克思主义理论教育的进一步发展。1983 年 4 月 29 日的"建设社会主义物质文明和精神文明"讲话提到，真正的马克思主义执政党执政后，一定要致力于发展生产力，提高人们的生活水平。过去很长一段时间我们忽视了生产力的建设，所以现在要特别注意物质文明建设，同时也要抓精神文明建设，"最根本的是要使广大人民有共产主义的理想，有道德，有文化，守纪律。国际主义、爱国主义都属于精神文明的范畴"。[2]

开展"五讲四美三热爱"活动。1981 年，全国总工会、共青团中央、全国妇联等 9 个单位发出了《关于开展文明礼貌活动的倡议》，向全国人民特别是青少年提出开展讲文明、讲礼貌、讲卫生、讲秩序、讲道德，心灵美、语言美、行为美、环境美活动。后来增加了"热爱祖国、热爱社会主义、热爱中国共产党"。1982 年 2 月，中宣部、教育部、文化部、卫生部、公安部联合发出《关于开展文明礼貌活动的通知》。1983 年 2 月，党中央、国务院决定设立中央、各省、自治区、直辖市，成立"五讲四美三热爱"委员会，并成立办事机构，指导、协调、监督全国活动的开展。

其三，社会主义教育。党高度重视加强青年学生的思想政治工作，青年学生的思想活跃，但是也容易受到外界新鲜事物的影响。所以，1989 年 7 月全国高等学校工作会议提出高校要培养无产阶级革命事业接班人，培育青年的社会主义思想，爱国主义、集体主义、独立自主、遵纪守法等教育应予以加强。面对资产阶级文化，用马克思主义进行分析、批判，不盲从，自觉抵制诋毁社会主义、共产主义事业和共产党领导的不良情绪，杜绝精神污染。此外，还开展了模范共产党员的事迹报道和教育活动，如学习先进人物蒋筑英、罗健夫、朱伯儒、张海迪等，促进社会风气的好转。

（五）教育途径

1. 整党运动的开展

1983 年 10 月 10 日，中共十二届二中全会提出了《中共中央关于整党的决定》。这次整党的任务是统一思想、整顿作风、加强纪律、纯洁组织。进而实现全党思想上、政治上的高度统一，纠正违反十一届三中全会以来

---

〔1〕　郑志全："马克思主义在社会主义精神文明建设中的地位"，载《理论学习月刊》1990 年第 8 期。

〔2〕　《邓小平文选》（第 3 卷），人民出版社 1994 年版，第 28 页。

党的路线的"左"的和右的错误倾向，发挥全心全意为人民服务的革命精神。整党过程，对大多数党员来说，切实通过思想教育增强了党性，而不是走过场。

2. 拓展教育领域

针对基层群众理论教育，注重开展深入基层的调查研究、个人专访、座谈会，摸清各阶级的思想动态，有针对地进行教育，提前遏制错误思想，维护稳定。

针对理论和学术界相关教育问题，做好教育指导。虽然这个时期理论和学术界做出了大量贡献，在小说、报告文学、电影、电视剧、话剧、戏曲、诗歌、音乐、美术、舞蹈、曲艺等领域取得了丰硕成绩，但也存在某些问题，如在思想战线上，有些错误或模糊的认识。针对资产阶级或其他剥削阶级的腐朽没落思想，邓小平同志强调："作为灵魂工程师，应当高举马克思主义的、社会主义的旗帜，用自己的文章、作品、教学、讲演、表演、教育和引导人们正确地对待历史，认识现实，坚信社会和党的领导。"[1]对学术界，要求其研究重大理论问题，要调查研究。此外，对研究内容有失偏颇的应予以引导，如针对部分理论工作者过度谈论人道主义和异化论，不具体问题具体分析，有失马克思主义态度，容易把青年引入歧途，特别是不进行马克思主义分析、宣传等问题，进而要求理论工作者要帮助人们正确地认识并解决当时社会出现的各种问题，帮助人们树立社会主义建设的信心。针对文艺工作者忽视学习马克思主义，忽视群众新生活建设的斗争，鼓吹"现代派"，要求对其采取批评和抵制。

3. 文化事业的基础建设

由于文化事业从属于党的意识形态工作，发挥着教育功能，所以我们在叙述时也应予以结合。其一，广电事业发挥教育媒介功能。广播是党的方针政策传递的重要直接手段，能让教育对象直接感受到政策动向，因此始终受党和政府的高度重视。自1952年中央广播事业局召开第一次全国广播工作会议以来，巩固收音网，发展有线广播迈开步伐，至"文革"期间一度停办地方电台。1977年至1988年，按照"广播电视是教育、鼓舞全党、全军和全国各族人民建设社会主义物质文明、精神文明最强大的现代化工具，也是党和政府联系群众的最有效的工具之一"[2]的指导思想，坚

---

〔1〕《邓小平文选》（第3卷），人民出版社1993年版，第40页。

〔2〕中共中央批转广播电视部：《关于广播电视工作的汇报提纲》（1983年）。

持广播事业"四级办广播""四级办电视""四级混合覆盖"的方向发展。以电视为例,"文革"期间,除上海和广州外,其他地方均停播,1971年得以恢复和发展。到80年代末,全国电台超过420座。电视片生产数量由1979年的14部,发展到1985年的1000多部(集)。电视节目的演变过程也体现出了对现实政治的关注度,反映了政治形势、社会思潮和经济生活。

其二,报刊、出版、影视丰富教育素材。报刊、书籍、影视在理论教育中扮演着重要的角色。在此期间,报刊类型大大增加,从1952年的296种增至1988年的829种,每期平均印数从737.2万份增至15 170.2万份。图书出版方面,新中国成立后国营出版社编辑机构和审校制度、统一稿酬制度等陆续完善,开始大量出版马恩列斯著作和毛泽东思想相关著作。至80年代,马列主义、毛泽东思想类型的图书94种,印数170万册印张。[1]给那些想研究和学习马克思主义相关思想的人提供了资源,为广大理论教育工作者提供了更加丰富的素材。影视方面,电影深受群众欢迎。我党一直重视革命文艺对人民群众的教育感化作用,早在20世纪30年代,就指示积极支持一批进步党员和进步的艺术工作者加入电影行业,新中国成立后短短一年就先后建立了3家制片厂:东北电影制片厂、上海电影制片厂、北京电影制片厂,到"文革"前,已经完成故事片603部,科学教育片1980部,新闻纪录片8344部。放映单位由646个发展到20 363个,其中,农村放映队9835个,放音次数600多万次,人均年观看次数6.5个。电影教育取得了较大发展。

其三,新闻通讯社传递教育讯息。如由红色中华通讯社演变而来的国家通讯社——新华通讯社,是国家集中统一的发布机关,根据党和国家授权,发布重要文件、公告、新闻。在世界范围内收集信息资料并发布,服务人民。出版《参考消息》《新华社新闻稿》《新闻照片》《瞭望》《内参选编》《经济消息》《半月谈》等。另一个则是中国新闻社,服务海外华侨、港澳同胞、外籍华人,经过40年的发展,业务部门也日益完善。每天发出1万字的新闻电讯,通过卫星专线向香港传递并转发至其他国家,此外还公开发行在北京和香港出版的《中国新闻》。[2]在这些传媒的影响下,理论教育宏观环境得以提升。

其四,馆、站拓展理论教育平台。"馆"主要指图书馆、博物馆,"站"

---

〔1〕　统计局:《中国统计年鉴(1989年)》,中国统计出版社1989年版,第873~879页。

〔2〕　中国社会调查所编:《中国国情报告》,辽宁人民出版社1990年版,第863页。

指文化站、文化宫等。改革开放后，图书馆、博物馆、群众文化等社会文化事业发展迅猛发展。公共图书馆由原来的 55 个增加到了 1989 年的 2485个。博物馆 600 多个，而旧中国只有 21 个，博物馆于新中国成立后，逐渐发展，形成了中国历史博物馆、地方历史博物馆、史迹博物馆、人物事件的纪念博物馆等反映中国古代历史的博物馆；中国革命博物馆、中国人民革命军事博物馆等革命类博物馆；自然历史专门博物馆。1988 年博物馆共计 903 个。文化馆 3000 所之多。1985 年，文化站 5 万个，城镇和工矿工人文化宫、俱乐部 24 604 个，小城镇文化中心 8934 个。至 1988 年群众艺术馆、文化馆单位共 9023 个，举办讲座、报告会 1 万多次，举办训练班 36 982 次，结业人数 133.8 万人。[1]文化普及工作体系初步形成，为理论教育铺设平台。

其五，管理体制机制建设取得丰富经验。文化事业是党意识形态工作和宣传教育工作的重要组成部分，也是思想政治工作马克思主义理论教育的重要阵地和工作手段。长期以来，这些部门贯彻党的领导原则，实行党政双重设置，党领导政府。在中央一级，属于党领导和管理的机构是中共中央宣传部，"内部包括：新闻局、出版局、宣传局、文艺局、理论局、外宣局、教育局、干部局、研究室、办公厅和干部培训中心"，之上是最高决策机构，此外还由《求是》杂志、《人民日报》、新华社、中共中央党校负责日常时政宣传。在中共中央宣传（教育、文化）工作领导小组的领导下、经中宣部、省委宣传部、地（市）委宣传部、乡党委宣传部、村党支部宣传委员层层管理，负责思想文化工作。省一级与中宣部对口的部门是省委宣传部。宣传部的处、室与中宣部的局直接对口。此外，省一级还有隶属于省委宣传部的讲师团，对干部进行系统的马克思列宁主义理论教育和时事政治、党的方针政策的讲解。而部分市（地）级也有讲师团，县以下乡、村支部有一人担当宣传委员。这些机构人员的配备对干部日常的马克思主义理论教育起着重要作用。

截至 1991 年，中国经济从复苏走向正常发展，国有企业转换机制正式启动，机构改革取得进展，市场建设出现了新热潮，全方位对外开放新格局形成。外贸、价格、企业、住房等改革成效显著，体育事业发展迅速，国际影响不断扩大，改革开放进入新阶段。

---

〔1〕 国家统计局社会统计司：《中国社会统计资料》，中国统计出版社 1988 年版，第 876 页。

三、改革开放时期理论教育建设性向完备性转变特点

从上述马克思主义理论教育高潮活动可以看出，这个时期马克思主义理论教育与以往数次高潮相比体现出了明显的完备性特征。

第一，注重对马克思主义理论本质的挖掘。为什么会开展真理标准讨论？为什么要抓住理论本质？就是要更好地将理论和实践结合，用马克思主义理论指导社会主义建设实践。在理论教育的高潮中，对理论本质的教育，对理论精髓的学习和讨论，说明了党的领导集体对党指导思想的钻研，说明了理论教育主体对教育内容的严谨态度。面对改革初期，为什么会出现资产阶级自由化思潮、为什么会产生社会发展不稳定因素？社会主义到底是什么、该如何建设？这些疑问的存在主要是由于我们对理论本质没有清晰的认识。所以，要进行理论探讨，大力推进理论教育。在维护安定团结的政治局面过程中，反对资产阶级自由化斗争健康发展，人们的觉悟获得了提高，也"进一步积累了不搞政治运动而用正面教育和正确批评来反对错误思想的经验"[1]。理论教育和中国当时的发展任务紧密配合，实现改革新时期理论教育内容的中国化。特别是党的各级组织和党校全面宣传党的基本路线、围绕一个中心、两个基本点，紧密联系社会主义初级阶段实际，经常深入地向党员进行教育，以党的基本路线统一全党思想和行动。在以往的理论教育高潮中，我们可以看到经典理论文章的大量刊登，看到马克思主义各个领域文章的传播，而在这个时期，理论教育就是直接告诉大众，理论的本质是什么？理论的精髓如何把握？如何成为完成党的任务的先锋战士？这是理论教育的新飞跃。

第二，教育内容创新进程加快。中国共产党将马克思主义理论结合中国的实际来进行创新的步伐坚定而有力，这种创新是时代的需求，是解决实际问题的新探索。自十一届三中全会以来，伟大的实践为理论的创新提供了不竭的源泉。我们党在哲学、政治经济学、科学社会主义等方面得以进一步发展。如解放思想、实事求是；真理标准问题；社会主义建设从自己国情出发，走自己的路；社会主义初级阶段；社会主义经济是有计划的商品经济；改革是社会主义发展的重要动力；社会主义民主政治和精神文明建设；四项基本原则、和平和发展是世界主题等，构建了中国特色社会

---

〔1〕 赵紫阳："沿着有中国特色社会的社会主义道路前进——在中国共产党第十三次全国代表大会上的报告"，1987年10月25日。

主义理论体系轮廓，成了马克思主义理论教育的主要内容。在和平发展而又危险四伏的年代中我们党的理论教育环境营造的积极作为，实践着各个具体理论内容的教育与传播、实践与反思。这也是我们党理论教育的优良传统，是我们党领导马克思主义理论教育能力提升的重要体现。

第三，教育系统的全面完善。理论教育的高要求、教育事业和文化事业的恢复和发展，既健全了理论教育的机构组织，又完善了体制机制，为理论教育的开展搭建了平台、铺设了道路、提供了教育方法和教育评价参考，是新时期理论教育的新起点。中国的社会主义建设不是一路坦途，受国际东欧剧变的冲击，国内在进行社会主义改革的过程中有来自敌对势力的阻力，作为社会主义大国进行社会主义建设探索的任务紧迫，迫使党不得不更加坚定方向，加强理论教育，迎接挑战，努力使全国人民在党的带领下稳步前进。我们党能在严峻形势下，牢牢高擎旗帜、坚定道路自信、及时与执着理论学习与创新，使中国特色社会主义建设扬帆起航，相当不易。我们党始终抓住理论教育是为了培养有理想信念的社会主义接班人，文学艺术电影要给大众以精神鼓舞，报纸、广播传递党的声音，博物馆、群众艺术馆是精神文明建设的重要阵地的思想信念，将其打造为理论教育素材收集和展示的平台。这些体现着新时期党对马克思主义理论教育政治方向的牢牢把控、对马克思主义理论教育中国化的高度重视、对马克思主义理论教育生活化、形象化的积极努力，是我们党领导各级各类马克思主义理论教育与宣传系统不断走向成熟的又一里程碑。

第五节　马克思主义理论教育的第五次高潮

一、理论教育第五次高潮的现实背景

随着社会主义现代化建设的推进，物质文明和精神文明建设的发展，中国特色社会主义建设取得全面发展。党的十四大以来，爱国主义被作为加强社会主义精神文明建设的基础工程来抓，学校德育工作以马克思列宁主义、毛泽东思想和邓小平理论为指导，思想政治教育取得了积极进展，意识形态建设取得了明显成效，实现了社会改革、发展、稳定的良好互动。韬光养晦、铆足劲地发展，解决了温饱，奔向了小康，拥有十几亿人口的中国富裕起来，2010 年我国成了仅次于美国的世界第二大经济体。党的十八大以来，我党带领中国人民高举中国特色社会主义伟大旗帜，坚定不移地

沿着中国特色社会主义道路高歌猛进，牢记为中华民族谋复兴、为人民谋幸福的历史使命，开启了实现中华民族由"富起来"到"强起来"的伟大飞跃新征程，迈步走进了新时代。这个新时代是"我国日益走近世界舞台中央、不断为人类作出更大贡献的时代"。新时代、新方位、新征程，不变的使命，推动理论教育高潮再起。

其一，新时代，实现伟大梦想，需要理论教育防范风险。通过理论教育，未雨绸缪，防范风险，一直是我们党治党、治国的重要法宝。在十九大报告中习近平总书记指出："今天，我们比历史上任何时期都更接近、更有信心和能力实现中华民族伟大复兴的目标。"习总书记强调，越是取得成绩的时候，越是要有居安思危的忧患。我们要增强忧患意识，增强防范化解各种风险的能力。1944 年，在路线学习情况上，针对党内错误思想的斗争，[1] 要求防范思想上的错误，做到彻底性。通过理论教育做到思想上的清晰认识，要认真研究理论和历史，如中央指定读五本理论书，学习世界经验。这五本书是马克思、恩格斯的《共产党宣言》，恩格斯的《社会主义从空想到科学的发展》，列宁的《在民主革命中社会民主党的两个策略》《共产主义运动中的"左派"幼稚病》《联共（布）党史简明教程》。通过理论著作的学习、党史教育、时事教育等理论教育，以史为鉴、以他国经验为鉴、防微杜渐。

1945 年，毛泽东同志深刻洞察，前瞻思考，在中共七大上，列举了十多种革命可能遇到的风险，要求全党要做好准备，防范风险，做好理论教育和宣传工作，提前整顿各种不良作风，在思想上统一认识。理论工作者要广泛研究军事、著作、文化、经济等内部联系，总结经验，使之系统化，变成各个理论，翻译工作者要翻译马、恩、列、斯的著作，注重翻译苏联先进的东西、翻译各国马克思主义的内容和各种带有进步意义的内容。[2]

新中国成立后，文艺界、新闻出版界、知识分了、普通教育工作者都对马克思主义理论教育积极响应。文艺界、新闻出版界、音乐界均发挥着理论教育作用。这些工作者本身要先自己接受教育，毛泽东强调知识分子"在社会制度大变动的时期，尤其要先接受教育"[3]，对马克思主义理论的教育也要先人一步，做好教育主体的培育。宣传同志也有宣传马克思主义

---

〔1〕　指张国焘、陈独秀、李立三等的错误路线。
〔2〕　《毛泽东文集》（第 3 卷），人民出版社 1999 年版，第 324 页。
〔3〕　《毛泽东文集》（第 7 卷），人民出版社 1999 年版，第 271 页。

的任务，要说服接受，不能强迫人。[1]

整风运动分别在抗日战争时期、解放战争时期、新中国成立初期、社会主义制度确立后应时而起。正如毛泽东同志所述，整风运动是一个"普遍的马克思主义的教育运动"，[2]通过教育运动，教育对象可以学到更多的马克思主义。到了20世纪60年代，为防止共产风、浮夸风、命令风，我党采取以教育为主，惩办为辅的举措。党中央及时认识到时代发展凸显的问题，如随着岁月的流逝，党员的更替，当时党内干部1700多万，其中80%都是新中国成立后入党的，而20世纪20年代至30年代入党的人不足千人，无论是老党员还是新党员，都有一些品质不纯、作风不纯的人，个人主义、官僚主义、主观主义被党中央高度重视，防范为先。

改革开放初期，为了防患为先，党致力于加强教育，铺平思想统一道路；防患各种风险，增强党的领导，反对派性；加强教育，防止"左"或"右"的错误；健全教育部机构，对重点大学、重点中学、重点小学进行调查研究，及时反馈，做好教学检查；对知识分子不断改造，对教育工作者加紧培养；军队严防"散""骄""奢""惰"；教育战线拨乱反正，狠抓学校的思想政治教育，预防腐朽思想对学生的侵蚀，要求树立革命理想和共产主义品德。

新时代，实现中华民族伟大复兴，建设社会主义现代化强国，前途光明、道路艰辛、压力巨大。"忧劳可以兴国、逸豫可以亡身。"习近平总书记强调："增强忧患意识、防范风险挑战一以贯之。""实现伟大梦想，必须进行伟大斗争。社会是在矛盾运动中前进的，有矛盾就会有斗争。我们党要团结带领人民有效应对重大挑战、抵御重大风险、克服重大阻力、解决重大矛盾，必须进行具有许多新的历史特点的伟大斗争，任何贪图享受、消极懈怠、回避矛盾的思想和行为都是错误的。全党要更加自觉地坚持党的领导和我国社会主义制度，坚决反对一切削弱、歪曲、否定党的领导和我国社会主义制度的言行；更加自觉地维护人民利益，坚决反对一切损害人民利益、脱离群众的行为；更加自觉地投身改革创新时代潮流，坚决破除一切顽瘴痼疾；更加自觉地维护我国主权、安全、发展利益，坚决反对一切分裂祖国、破坏民族团结和社会和谐稳定的行为；更加自觉地防范各种风险，坚决战胜一切在政治、经济、文化、社会等领域和自然界出现的

---

[1]《毛泽东文集》（第7卷），人民出版社1999年版，第270页。
[2]《毛泽东选集》（第3卷），人民出版社1991年版，第1108页。

困难和挑战。全党要充分认识这场伟大斗争的长期性、复杂性、艰巨性，发扬斗争精神，提高斗争本领，不断夺取伟大斗争新胜利。"这些必将推动理论教育乘风破浪，实现新作为。

其二，新时代，新方位，推动理论教育，夯实"四个自信"。中国站在新的历史方位，这个方位，更加需要中华儿女和全党一起自觉地增强道路自信、理论自信、制度自信、文化自信。紧密团结，既不走封闭、僵化的老路，也不走改旗易帜的邪路，保持政治定力，坚持实干兴邦，始终坚持和发展中国特色社会主义。习近平总书记表示，中华民族伟大复兴，绝不是轻轻松松、敲锣打鼓就能实现的。全党必须准备付出更为艰巨、更为艰苦的努力。这迫切需要理论教育继续摇旗呐喊、答疑释惑、形成共识。我们党是具有自我革命精神的政党，我们的理论教育是不断与时俱进，勇于创新的教育。

通过理论教育，让全党和全国人民了解我们的道路、制度、理论、文化是什么。让人民知道为什么实现社会主义现代化的必由之路就是中国特色社会主义之路；让人民了解马克思主义基本理论是什么，让人民认识到中国特色社会主义理论体系是什么；让人民能够认识到中国特色社会主义制度是保证中国各项事业顺利开展的保证；认识到中华优秀文化传统、社会主义核心价值观的重要意义。在党走过的 97 年的岁月中，中国共产党尽管历经磨难，也曾犯过错误，但最终在批评与自我批评、教育与自我教育、学习与自我学习中认清错误，走出困境，实现从胜利走向胜利。为什么？原因之一就是党能带领全国人民实现对马克思主义的坚守，对不同时期道路的自信、制度自信、理论自信。这种自信来自哪里？来自于对理论的彻底掌握，来自对信仰的清醒认识，来自于党对理论学习与教育的执着。

习近平总书记强调，时代是思想之母、实践是理论之源，理论上不彻底，就难以服人。"我们要坚持问题导向，坚持以我们正在做的事情为中心，聆听时代声音，更加深入地推动马克思主义同当代中国发展的具体实际相结合，不断开辟 21 世纪马克思主义发展新境界，让当代中国马克思主义放射出更加灿烂的真理光芒。"[1]通过理论教育使全党和全国人民以发展的眼光、动态地认识、认可、认同 21 世纪的马克思主义，感受真理的力量。

通过各种形式的教育，坚定自信。我们党是否强大，是否有力，既要

---

[1]　习近平：《习近平谈治国理政》（第 2 卷），外文出版社 2017 年版，第 34 页。

看全党的理想信念是否坚定，也要看党员理论过不过硬。习总书记说过："理想之光不灭，信念之光不灭。"而只有理论上清晰，政治上才能坚定。"必须建立在对马克思主义的深刻理解之上，建立在对历史规律的深刻把握之上。"理论教育直接促进对理论的深刻认识，需要"全党要深入学习马克思列宁主义、毛泽东思想、邓小平理论、'三个代表'重要思想、科学发展观，深入学习十八大以来党中央治国理政新理念新思想新战略，不断提高马克思主义思想觉悟和理论水平"，[1]把"理想信念教育作为思想建设的战略任务"。要教育全党和全国人民把学习成果转化为提升思想境界的精神给养，教育党员、干部、学生等真学、真懂、真信、真用，坚定"四个自信"。

其三，引领新时代，坚守主阵地，助推理论教育阔步前进。时代在变化，世界格局加快推进。中国走向世界，需要真理的引领，需要理论教育创造生产力。马克思主义就是科学、就是真理，马克思主义是我们党和人民事业不断发展的源泉，任何时候都不能动摇。推动马克思主义时代化，用"马克思主义观察时代、解读时代、引领时代"需要理论教育来推进。2020年是全面建成小康社会之年，这是我们党对人民、对历史做出的庄严承诺。我们党牢牢扭住这个目标，一棒接过一棒，理论教育丝毫不敢松懈，因为它关乎党和人民事业能否建设好，关乎我们的伟大旗帜能否在群众心中高高飘扬。而只有把理论弄明白、把理论讲清楚，话语通俗易懂，教育对象爱听、愿听、有认同，理论教育才能做好，一个国家、一个民族才能同心同德、步调一致，发挥出生产的最大效力，所以，理论教育也是生产力。如何把理论弄明白，最便捷的方法就是通过学习、加强理论教育。如何讲清楚，最直接的路径也是通过理论教育，理论教育在引领真理的过程中发挥着不可替代的作用。

在新时代，社会思想观念和价值取向纵横激荡、主流和非主流同在、先进与落后并存。引领新时代，要牢牢掌握主流意识形态话语权。通过理论教育守住阵地、牢固掌握意识形态话语权，"站在时代前沿，引领风气之先"。在2015年全国党校工作会议上，习近平总书记指出，思想舆论领域分为"红色、黑色、灰色'三个地带'"，红色是我们的主阵地、黑色是负面的，灰色的是可以争取的。要守住红色地带，扩大领地，将黑色、灰色

---

〔1〕 习近平：《习近平谈治国理政》（第2卷），外文出版社2017年版，第35页。

地带压缩和转化，必须大张旗鼓地宣传和教育。[1]要用马克思主义占据真理和道义的制高点。应对国际国内的重大风险，在意识形态、社会、政治、军事等各方面牢牢占领阵地，在网上、网下营造风清气爽的发展环境。互联网是把"双刃剑"，信息共享、沟通便利，但也活跃了思想、泥沙俱下。为此，理论教育方法、教育渠道、教育载体、教育话语等面临新的挑战和机遇，在海陆空之外的第四空间，提醒我们加强理论教育的阵地意识。在一些学科中不"失语"、在论坛上不"失声"、在教材上不"失踪"，建设以马克思主义为指导的学科体系、学术体系、话语体系，守好理论教育的责任田。必将推动理论教育迈向"勇改革""善创新""创实效"的新高潮。

二、理论教育第五次高潮的表现

（一）教育方针政策推陈出新、步步跟进

党的十四大报告指出，我们党所处的环境和肩负的任务有了很大的变化，党的建设也面临很多新问题，为了使我们党能够成为久经考验的马克思主义的党，必须从严治党，要求全党认真学习建设有中国特色社会主义的理论，增强贯彻基本路线的自觉性。1994 年，党的十四届四中全会作出《关于加强党的建设的几个重大问题决定》，把党的建设提到了"新的伟大工程"的高度。党的十五大对党的建设的总目标和总任务作出了新概括，强调"要把党建设成为用邓小平理论武装起来、全心全意为人民服务、思想上、政治上组织上完全巩固、能够经受住各种考验、始终走在时代前列、领导全国人民建设有中国特色社会主义的马克思主义政党"。[2]

江泽民同志要求全党认真学习邓小平理论。1997 年 2 月，中央在悼念邓小平文献中指出："在这两次伟大革命的进程中实现了马克思主义与中国实际相结合的两次历史性飞跃，宣传了两大理论成果，这就是毛泽东思想和邓小平建设有中国特色社会主义理论。"[3]邓小平理论是马克思主义基本原理和中国实际结合的产物，是对毛泽东思想的继承和发展。同年 5 月 29 日，江泽民在中央党校的重要讲话对邓小平理论的历史地位给予了进一步

---

〔1〕　习近平：《习近平谈治国理政》（第2卷），外文出版社2017年版，第328页。

〔2〕　江泽民："高举邓小平理论伟大旗帜，把建设有中国特色社会主义事业全面推向21世纪（1997年9月12日）"，载《江泽民文选》（第2卷），人民出版社2006年版，第43页。

〔3〕　中国共产党中央委员会等编：《敬爱的邓小平同志永远活在我们心中》，人民出版社1997年版，第15页。

的评价，说邓小平理论是马克思主义在中国发展的新阶段。

党的十五大明确了理论学习的中心内容是建设有中国特色社会主义理论。党的十五大明确指出："中国共产党以马列主义、毛泽东思想、邓小平理论作为自己的行动指南。这是我们党经过近 20 年改革开放和社会主义现代化建设的成功实践作出的历史性决策。""学习马克思列宁主义、毛泽东思想，中心内容是学习建设有中国特色社会主义理论。""坚持邓小平理论，就是真正坚持马克思列宁主义、毛泽东思想；高举邓小平理论的旗帜，就是真正高举马克思列宁主义、毛泽东思想的旗帜。"1998 年 1 月 20 日的《实事求是、脚踏实地地前进》提出："面对新形势新任务，加强学习尤其具有紧迫的重要性……我一直强调，我们的省委书记、省长、部长要多读点书，多学习，不学习，很多问题就搞不清楚。自己都搞不清楚，如何做领导呢？马克思主义的书要坚持读，各方面知识都要不断学。"[1]

为了推进党风廉政建设，2001 年 9 月，党的十五届六中全会通过了《关于加强和改进党的作风建设的决定》，要求各党委、纪委组织党员干部深入学习党内法规和廉政法律法规。"运用报刊、广播、电视、电影等宣传反腐败斗争的重大成就，利用一些重大典型案例进行警示教育"，[2]以便解决领导干部的思想作风、工作作风、学风问题。我们党科学分析国内外形势，认清自己的历史地位，面对新情况、新问题，创立了"三个代表"重要思想，丰富和发展了中国特色社会主义理论体系。

党的十六大以后，我党建立了理论学习的集中学习制度。党的十六大表明我们党高举的旗帜就是马克思列宁主义、毛泽东思想和邓小平理论，就是"三个代表"重要思想，中国共产党要走的路就是中国特色社会主义道路，我党带领人民在 21 世纪中叶要实现的目标是全面建成小康社会进而实现现代化。党的十六大后，党中央为了推动高级干部带头学习理论，建立了集中学习制度。2002 年，中央政治局举行了第一次集体学习。2003 年，中央举办了新进中央委员会的委员、候补委员学习"三个代表"重要思想和贯彻党的十六大精神研讨班，率先进行理论学习和研究。同年 4 月 28 日，党召开政治局会议，部署全党兴起学习贯彻"三个代表"重要思想新高潮工作。6 月 15 日，党中央发出《关于在全党兴起学习贯彻"三个代表"

---

〔1〕《江泽民文选》（第 2 卷），人民出版社 2006 年版，第 98 页。

〔2〕中共中央党史研究室编：《中国共产党的 90 年　改革开放和社会主义现代化建设新时期》，党建读物出版社、中共党史出版社 2016 年版，第 880 页。

重要思想新高潮的通知》，6 月，中宣部编写的《"三个代表"重要思想学习纲要》完成了出版和发行。中央组织了宣讲团，开展宣讲活动，推动各地各部门学习贯彻"三个代表"重要思想高潮不断深入。新世纪、新阶段，我国面临的机遇和挑战前所未有，世界多极化和经济全球化趋势深入发展，我国仍然处于多领域话语弱势。加上"非典"的爆发，引起了党和政府对影响经济社会发展突出矛盾的深入思考，强调必须树立并巩固核心发展观。

2004 年 1 月，中共中央印发《关于进一步繁荣发展哲学社会科学的意见》，提出马克思主义理论研究和建设工程要求。中央办公厅《中央宣传思想工作领导小组关于实施马克思主义理论研究和建设工程的意见》也予以发布。随之而来的是全国范围的实施，不断推出马克思主义经典著作、党的创新理论成果和重点教材、国家优秀理论刊物。中央为了使党高级干部更好地学习和贯彻科学发展观，2004 年 2 月在中央党校举办了省部级主要领导干部树立和落实科学发展观专题研究班。2000 年，中央组织部开展了对 30 万党员思想状况的摸底。中央政治局常委会等先后作了专题研究，为党永葆先进性做出了重大战略决策。2004 年 11 月，中共中央印发了《关于在全党开展以实践"三个代表"重要思想为主要内容的保持共产党员先进性教育活动的意见》，部署了先进性教育活动。

2006 年 3 月，教育部办公厅印发《2006 年教育干部培训工作要点》通知。着手制订《全国教育干部培训"十一五"规划》，进一步落实干部调训，开展对中央直属高校书记、校长、部机关和直属单位司局级领导干部和中青年干部参加中央党校、中国浦东干部学院、中国井冈山干部学院、中国延安干部学院、国家行政学院培训的活动。此外还举办教育厅长、高级研究班、地市教育局长教委主任研修班、培训班，并积累高校干部海外培训项目经验。中小学校长培训工作大力推进，职业技术学校骨干校长高级研修计划继续实施，[1]使理论教育全面覆盖。2006 年至 2007 年，中央党校等干部院校举办了 50 多期培训班，对 5474 名县委书记和县长进行了社会主义新农村专题培训，[2]促进了科学发展观的落实。党的十六大作出了开展共产党员保持先进性教育活动的决定。

〔1〕《教育部办公厅关于印发〈2006 年教育干部培训工作要点〉的通知》。
〔2〕中共中央党史研究室编：《中国共产党的 90 年 改革开放和社会主义现代化建设新时期》，党建读物出版社、中共党史出版社 2016 年版，第 910 页。

党的十七大对马克思主义中国化第二次飞跃的理论成果——中国特色社会主义理论体系做了概括，把邓小平理论、"三个代表"重要思想、科学发展观等重大战略思想统一于中国特色社会主义理论体系，并将科学发展观写入党章；对"优先发展教育，建设人力资源强国"进行战略部署，同年将社会主义核心价值体系融入国民教育全过程。为深入贯彻落实中央16号文件精神，在理论教育方面，要大力推进高校思想政治理论课的新课程方案、教材建设、师资培训、教育评价、督导工作。复旦大学于2007年新设社会学、法学、马克思主义理论、环境科学与工程等4个博士后流动站。华南师范大学于2006年获得马克思主义理论一级学科博士学位授予权，2007年经审批建立了马克思主义理论一级学科博士后流动站等促进了理论教育的专业化发展。此外，党深入推进马克思主义为指导的中国特色、中国风格、中国气派的哲学社会科学体系、教材体系建设，并对教材建设总体规划作出要求，对重点研究基地建设予以跟进，举办哲学社会科学、教学科研骨干研修班，使高校哲学社会科学研究的管理和评价体系进一步完善，推进高校哲学社会科学走向繁荣。

2009年，党以深入学习实践科学发展观活动为主线，推进中国特色社会主义理论体系进教材、进课堂、进大学生头脑。全面推进理论课建设、着重加强师资队伍建设、马克思主义理论学科建设，研究生思想政治教育。将理论教育和国情、社情、世情结合开展，提高教育实效。2009年，中央办公厅印发《2009—2013年全国党员教育培训工作规划》，实施培训工程。2010年，为推进反腐倡廉教育，中央办公厅印发《2010—2020年干部教育培训改革纲要》，将党性党风党纪教育纳入干部教育培训整体规划，并作为各级党校、行政学院和干部培训院校课程。2010年，为提高党的建设科学化水平，建设学习型政党，用科学理论武装党员干部、师生、大众，要求各位党员积极参与马克思主义理论研究和建设过程，编写哲学社会科学重点教材，做好出版和使用工作，进一步推进中国特色社会主义理论"三进"工作。

党的十八大以来，面对新时代、新征程，理论教育在党和国家的高度重视下，迎来了高潮。全国教育系统，高举中国特色社会主义伟大旗帜，掀起了学习、宣传、贯彻党的十八大精神的热潮，开展了"中国梦"教育。专家学者们有组织地开展了深入研究党的十八大精神专题活动，推进了马克思主义中国化时代化大众化的历史进程。在热潮中，马克思主义理论教育也在理论研究和建设工程的推进下，拥有了更加丰富的教材。高校思想政治教育和哲学社会科学紧紧围绕党的十八大精神进教材、进课堂、进头脑开展工作。全国规模的教育干部培训五年规划予以实施，高校党建工作培训基地得以设立。针对全国大学生群体，开展新党员培训示范班，切实提高了学生党员的质量。广大师生员工在党中央的号召下，开展了生动的理论学习，也发挥了教育宣传、服务等功能。舆论界、各种学会、协会、国际传播共同营造良好的教育氛围。

十八届三中全会后，为把广大干部师生的思想和行动统一到三中全会的决策部署上来，教育系统组织并开展了学习宣传党的十八届三中全会精神系列活动，推动中国特色社会主义理论体系进教材进课堂进头脑，深化中国特色社会主义、中国梦教育。此外还设立了"党的十八届三中全会精神研究"专项课题，落实马克思主义理论研究和建设工程重点教材编写、推广使用。开展一系列繁荣高校哲学社会科学活动，如启动实施《高等学校哲学社会科学繁荣计划（2011—2020年）》《高等学校人文社会科学重点研究基地建设计划》。2013年"深入实施新一轮高校哲学社会科学繁荣计划，加快推进高校哲学社会科学创新体系建设。启动实施哲学社会科学'走出去'计划、基础研究中长期重大专项、普及读物项目、专题数据库建设计划等"。[1]

在学科和课程建设上，在传承中创新丰富并发展。近年来，实施《马克思主义理论学科发展规划（2016—2020年）》。2016年，全面实施高校思政课建设体系创新计划、思政课教学方法改革择优推广计划、教学科研团队择优支持计划。2017年，研究制订高校马克思主义学院建设标准。2018年，教育部支持高校在马克思主义理论、教育学等一级学科中设立习近平教育思想研究方向，招收相关方向研究生，为新时代马克思主义理论教育创新增添新动力。深化中国特色社会主义和中国梦宣传教育，推动社会主义核心价值观进教材、进课堂、进头脑，融入教学全过程，启动建设基础教育课程实施监测机制，印发新修订的中职公共基础课程标准等一系列举措落地实施。继续巩固、深化"三严三实"专题教育成果，要求做到制度化、常态化、长效化，进而推动理论教育从学科、课程到课标、机制的全面发展。

在教育过程上，2016年，中共教育部党组印发《关于做好高等学校

---

　〔1〕　参见教育部2013年工作要点。

"学党章党规、学系列讲话，做合格党员"学习教育有关工作的通知》（教党［2016］11号），对高等学校开展"两学一做"学习教育作出安排。推动党内教育从"关键少数"走向广大党员、从集中性教育拓展到经常性教育。2018年实现学习计划、示范课堂、全员覆盖、党团活动全线覆盖。比如，实施习近平新时代中国特色社会主义思想大学习领航计划；召开全国大学生学习习近平新时代中国特色社会主义思想成果展示交流大会；建设学习贯彻党的十九大精神"万个示范课堂"；深入开展宣讲对谈活动，要求教育系统班班讲、人人懂，实现师生全覆盖。此外，组织"习近平教育思想学悟行""学习进行时""行动进行时"系列宣传。党、团日活动以"牢记时代使命，书写人生华章"为主题；社会实践以"重走改革开放路，砥砺爱国奋斗情"为主题。

教育内容与理论发展步步跟进，从2015年开始，全国掀起了学习、宣传、贯彻习近平总书记系列重要讲话精神的热潮。深入学习宣传习总书记讲话精神，领会精神实质，切实做到内化于心、外化于行，并纳为干部培训教学计划，成为党委（党组）中心组学习的重要内容。分专题、分领域举办习近平总书记系列重要讲话精神学习培训班。2016年，深入学习贯彻习近平总书记系列重要讲话精神。组织高校开展习近平总书记系列重要讲话精神和十八届三中、四中、五中、六中全会精神的重大理论和实践问题专题研究。2017年，教育部门指导各地各高校开展习近平总书记系列重要讲话精神和治国理政新理念新思想新战略重大主题宣传，推动其进教材、进课堂、进头脑。要求有计划地举办学习习近平总书记系列重要讲话精神研讨班，开展高校领导班子和院系负责同志全面培训。2018年，深入学习贯彻习近平新时代中国特色社会主义思想和党的十九大精神，坚决维护党中央权威和集中统一领导。

此外，针对普通教育，改革创新紧密开展，推进了理论教育的新发展。首先，构建中国特色社会主义教育体系。2004年国务院正式批转了《2003—2007年教育振兴行动计划》，重点推进农村教育，做出建设世界一流大学、高水平大学建设的重大决策；增强高校思想政治教育覆盖面，强化教学创新和实效，如"推进思想政治工作进公寓、进社团、进网络"，加快建设教育信息化基础设施；修订了《教育法》《高等教育法》《学位条例》等，进一步规范和完善了中国特色社会主义教育，并根据全面建设小康社会的目标，着手研制《2020年中国教育发展纲要》。2010年7月，国家发布了

《国家中长期教育改革和发展规划纲要（2010—2020 年）》提出"优先发展、育人为本、改革创新、促进公平、提高质量"等方针，着眼于我国未来全面建设小康社会和现代化建设布局、构建宏伟蓝图是我国教育改革发展的新的里程碑。2018 年，提出要深化政治巡视，并对其进行规划，制订教育部巡视工作规划（2018—2022 年）。可见，新时代中国特色社会主义教育的发展在规划中步步跟进，不断完善，促进了理论教育环境的优化，体制机制的改进。

　　层层推进高校理论课建设走向深入。1998 年出台中共中央关于高校马克思主义理论课和思想品德课设置方案，邓小平理论作为"两课"内容进入课堂。2003 年，教育部关于进一步深化"三个代表"重要思想"三进"工作的通知，将《邓小平理论概论》课调整为《邓小平理论和"三个代表"重要思想概论》课。各高校从 2003 年秋季学期开始，应普遍开设《邓小平理论和"三个代表"重要思想概论》课。有条件的高校可在 2003 年春季学期开始实行。此外，发布《〈邓小平理论和"三个代表"重要思想概论〉教学基本要求》，作为本门课教学与教材编写的基本规范。2004 年，教育部启动实施"高校'两课'建设计划"后，开启了"推进""进一步深化"邓小平理论和"三个代表"重要思想进教材、进课堂、进学生头脑。推进高校"两课"课程体系、教学内容和教学方法的改革。全面贯彻落实中央 16号文件精神，进一步加强和改进大学生思想政治教育。全面实施高校思想政治理论课新课程方案，高质量地完成思想政治理论课新教材的编写工作，抓好相关课程的教师轮训工作。加快推进研究生思想政治理论课改革，制订《高等学校形势与政策教育教学要点》，加强形势与政策教育。深入推进思想政治教育进网络、进公寓、进社团，建立和完善网络思想政治教育工作体系，继续拓展思想政治教育的有效途径。贯彻落实《普通高等学校学生管理规定》，规范管理，服务学生。加强辅导员队伍建设，做好发展大学生党员工作，加强大学生党支部建设。做好师生思想动态分析，切实维护教育系统的稳定。[1]2008 年，高校思想政治理论课"毛泽东思想、邓小平理论和'三个代表'重要思想概论"课程被调整为"毛泽东思想和中国特色社会主义理论体系概论"。大批高等院校高度重视理论教育，开设本科和研究生理论教育相关专业，如 2019 年全国有 302 个本科院校设置思想政治教育专业，此外，为研究生开设马克思主义基本原理、马克思主义理论、

---

〔1〕 参见教育部 2006 年工作要点。

马克思主义发展史、马克思主义中国化、国外马克思主义研究等专业方向并实施招生，为培育理论教育专业人才贡献力量。详见下表：

表 1　2019 年本科马克思主义理论专业设置情况

本科招生专业	学校数量（个）
思想政治教育	302
马克思主义理论	2

（数据来源：2019 年中国高考志愿填报系统汇总统计）

表 2　2019 年高校马克思主义理论相关专业硕士点情况

硕士招生专业	学校数量（个）
思想政治教育	179
马克思主义基本原理	158
马克思主义发展史	46
马克思主义理论	177
马克思主义中国化	152
国外马克思主义研究	30

（数据来源：2019 年硕士专业目录查询系统汇总统计）

（二）教育主体

党作为马克思主义理论教育的引路人，更是教育的主要主体，教育主体能从自身的完善上寻求发展，同时，也是一种教育完善的主体进化。这种进化得益于党性教育，教育所有党员认清作为一名中国共产党党员的本职工作。近年来，在理论教育经验的长期积累下，我们党理论教育主体自我提升意识凸显，理论研究和教育水平不断提高，理论素养得以发展。强调不仅有过硬的理论研究能力，还要有理论阐释、转化能力。不仅要有党校干部理论教育主体的高标准，还要有普通学校理论教育主体的监管和培养。

1. 师资队伍建设

理论教育师队伍建设日趋规范，研究和教学齐头并进。

首先，发挥宣讲团作用。在理论教育的过程中，政府的高度关注和支持是巨大的学习助推剂，为理论教育提供制度安排和师资力量，已形成中央到地方多个系统的理论宣讲讲师团、中央宣讲团、海外宣讲团，宣讲团发挥着马克思主义理论教育的先锋作用。宣讲团在认真学习、深入研究、集体备课、精心准备后奔赴各教育前线，将马克思主义最新发展成果和党的会议精神及时准确传递，党课、板报、讲座、辅导等得以传承运用。经过长期发展，宣讲团积累了大量经验，为马克思主义理论走向大众做好基础奠定。

其次，党校发挥教育主体长期培养功能，促进主体教育水平平稳前进。干部是党开展理论教育的首要对象，没有优秀的领导干部，就没有各个层面可靠的掌舵者。在理论教育的发展过程中，党把干部理论教育始终放在首位，高标准、严要求，着力培育出高质量教育主体。长期以来，我们党坚持党校姓党，从严治校，使干部教育培训取得了显著成效。

2003 年，为推动领导干部对"三个代表"重要思想的学习，中央在中央党校、国家行政学院连续举办 10 期省部级领导干部学习"三个代表"重要思想专题研讨班，对 1500 名省部级领导干部开展集体培训。从 2008 年 9 月开始全党分批进行科学发展观教育，学习实践自上而下，涵盖 370 多万党组织、7500 多万党员。党的十八大以来，国家干部教育培训机构每年培训 1500 多名骨干教师，省级党校（行政学院）还开展对市县党校骨干教师的培训，除此之外，教师基层锻炼力度加大，成为教师成长的又一渠道。新时代，面对复杂多变的国内外形势，面对中国强起来的种种阻力，干部教育紧锣密鼓地开展。2015 年 5 月，中央党校校长刘云山在加强和改进党校工作调研座谈会上指出："重视党校工作就是重视党的执政资源，发挥党校作用就是发挥党的执政优势，新形势下党校工作只能加强不能削弱。"他还强调："要坚持党校姓党，突出抓好理论教育和党性教育，准确把握党校的办学方向和主业，进一步凸显党校办学特色和优势。"

最后，高校师资力量建设。在建设中，形成教师走出去培训、兼职教师请进来，领导干部可授课、专家学者齐上阵的新格局。早在 1991 年，国家教委便要求高校切实加强党对马克思主义理论教学研究工作的指导，加强高校思想政治工作的理论研究，加强马克思主义理论队伍的建设。在中央的大力支持下，1999 年 12 月 3 日，国家教委颁发了两课教师在职攻读硕士学位工作的通知，对两课教师进修提供在职培训，提高教师的综合素质和教学水平。1999 年到 2004 年，该政策使 3500 多名教师通过在职学习获得硕士学位，中国人民大学、清华大学、武汉大学、中山大学等 14 所高校大力推行。十八大以来，理论课讲课比赛、精品课评选、现场教学观摩、远程教学百花齐放；领导干部授课，垂身示范上讲台成为教育者成为常态；理论水平较高的专家学者、模范人物走进课堂兼为人师展现风采。

此外，发挥基地作用。21世纪初，一大批人文社科重点研究基地、理论研究中心相继成立，如北京大学的邓小平理论研究中心、中国人民大学的"三个代表"重要思想研究中心、山东大学的当代社会主义研究所、湘潭大学的毛泽东思想研究中心、安徽大学的科学发展观研究中心、上海财经的马克思主义理论研究中心、齐齐哈尔的马克思主义中国化研究中心、浙江省高职院校的马克思主义中国化研究中心等等，涉及高校数量众多，为理论教育主体研究能力的提升提供了平台。2018年，教育部门要求教育系统相关部门设立专题研究项目，注重推进理论教育内容系统化、学理化、学科化阐释，并着手建设习近平新时代中国特色社会主义思想研究中心（院）。这些研究中心的成立，为理论研究主体的发展提供了平台，在学术交流和研究的过程中，客观上促进了教育主体理论水平的提高。

2. 高校阵地占领

针对高校学生，应将理论教育作为思想政治教育的首要工作，培育学生用马克思主义立场、观点、方法分析并解决现实问题。2008年，为深入贯彻落实党的十七大精神，落实《中共中央国务院关于进一步加强和改进大学生思想政治教育的意见》，中宣部教育部发布了关于进一步加强高等学校思想政治理论课教师队伍建设的意见，要求充分发挥思想政治理论课作为大学生思想政治教育主渠道的作用，进一步推动中国特色社会主义理论体系进教材、进课堂、进学生头脑等工作。思想政治理论课教师要不断提高为思想政治理论教育事业服务的责任感和使命感；努力学习、刻苦钻研，不断增强马克思主义理论素养和人文社会科学知识基础，要求建立健全教学科研组织机构，各高等学校应当建立独立的、直属学校领导的思想政治理论课教学科研二级机构。该机构既是思想政治理论课教学部门和马克思主义理论的研究机构，又是马克思主义理论学科点的依托单位。

2011年，教育部研制了《高等学校思想政治理论课建设标准（暂行）》。2015年教育部关于印发《高等学校思想政治理论课建设标准》的通知，进一步加强高校思想政治理论课的宏观指导，规范组织管理、教学管理、队伍管理和学科建设。2016年5月，习近平总书记在全国哲学社会科学工作座谈会上的讲话指出："当代中国哲学社会科学是以马克思主义进入我国为起点的，是在马克思主义指导下逐步发展起来的。"

2016 年 12 月 7 日至 8 日，全国高校思想政治工作会议在北京召开，习近平再次强调，我们的高校是党领导下的高校，是中国特色社会主义高校。办好我们的高校，必须坚持以马克思主义为指导，全面贯彻党的教育方针。要坚持不懈地传播马克思主义科学理论，抓好马克思主义理论教育，为学生一生成长奠定科学的思想基础。2017 年 2 月，中共中央、国务院印发了《关于加强和改进新形势下高校思想政治工作的意见》（以下简称《意见》）。《意见》指出："要强化思想理论教育和价值引领。把理想信念教育放在首位，切实抓好马克思列宁主义、毛泽东思想学习教育，广泛开展中国特色社会主义理论体系学习教育，深入学习习近平总书记系列重要讲话精神，引导师生深刻领会党中央治国理政新理念新思想新战略，坚定中国特色社会主义道路自信、理论自信、制度自信、文化自信。"

2018 年 5 月，习近平总书记在北京大学师生座谈会上强调：要抓好马克思主义理论教育，深化学生对马克思主义历史必然性和科学真理性、理论意义和现实意义的认识，教育他们学会运用马克思主义立场观点方法观察世界、分析世界，真正搞懂面临的时代课题，深刻把握世界的发展走向，认清中国和世界发展大势，让学生深刻感悟马克思主义真理的力量，为学生成长、成才打下科学思想基础。2018 年，落实组织 2 万名高校教师党支部书记和 2 万名大学生党员参加十九大精神专题网络培训，对辅导员、青年学生、思政骨干开展网络示范培训、国家示范培训。

理论教育坚持与时俱进，近年来，紧密围绕时代任务，整合资源，发挥优势、精准化开展理论教育专题培训。如利用北京大学、清华大学等高校基地资源，举办中央和国家干部专题研修班，提升理论水平和工作能力水平。贯彻落实全国党校工作会议精神，做好主阵地建设。坚持党校姓党，深化教学改革，在浦东、井冈山、延安干部学院开展办学质量年"管理年"活动，稳步推进市、县级党校办学体制改革，在体制机制完善上，取得显著成效。

（三）教育内容

自党的十四大以来，理论教育的内容与中国特色社会主义理论体系的发展同步，上自领导干部，下自基层群众，他们通过各种形式接受马克思主义理论教育。在这次理论教育传播中，教育内容既传承了马克思主义基本理论，也涵盖了更加丰富的中国特色社会主义理论体系。

1. 邓小平理论

第一，党员干部理论教育走前列。按照党的十四大提出的用邓小平同志建设有中国特色社会主义理论武装全党的要求，全党组织开展了一系列学习活动。怎么学？强调领导干部要起带头作用，以县级以上干部学习为重点，健全学习制度。完善脱产进修、自学制度，学完还要考核，作为干部录用的依据。党的十五大后，中央委员分批去中央党校学习邓小平理论。除了加强理论学习，还要加强党史、中国历史的学习。中共中央在1998年6月24日发出了《关于在全党深入学习邓小平理论的通知》，进一步动员全党学习理论。首先是告诉学员为什么要学，强调中国处于社会发展的关键时期，机遇与挑战并存，要将邓小平理论作为观察世界、发展自己的强大思想武器，作为统领全局、贯穿各项工作的重要核心，提高党的马克思主义理论水平。要求学习邓小平理论要有自觉性和紧迫感。

按照中央要求，"全面、正确、积极地执行党的基本路线开展理论教育，主要采取党校培训、党委（党组）中心组学习、讲师团辅导、举办理论研讨班等有效形式"。[1]"据不完全统计，1993—1996年底，全国参加各种形式的脱产学习干部2100万人次，其中包括县处级以上干部约39万人次，省部级干部约1200人次。"

而地方是如何开展理论教育的呢？《怀集年鉴》资料显示，1994年县委党校根据县委要求举办了各种形式的短期培训，"举办县直和镇（乡）干部《邓小平文选》第3卷学习班、市场经济理论骨干学习班"、县直机关、直科局级干部学习班、"县直机关党委预备党员学习班、镇（乡）党员干部学习班和全县青年干部学习班等短期培训"8期，参加学习的人数为1053人。1995年，全县党员培训班有265期，其中举办的政治理论班有106期，轮训党员19 412人，1996年党员干部学习班35期。学习内容有《邓小平文选》（第3卷），市场经济理论和党的十四届三中、四中全会精神等23个专题课程。[2]1997年，学习培训专题，设有《社会主义精神文明建设的指导思想和奋斗目标》《依法治国，建设社会主义法制国家》《提高自身素质，做一个德才兼备的领导干部》《高举邓小平旗帜不动摇》。该县不仅进行理论教育，还紧抓党校理论研究，理论教育资源开发，为马克思主义理论的

---

〔1〕 中共中央党史研究室：《中国共产党的90年改革开放和社会主义现代化建设新时期》，中共党史出版社、党建读物出版社2016年版，第870页。

〔2〕《怀集年鉴》编纂委员会编：《怀集年鉴》（1995—1996年），广东人民出版社1998年版。

教育提供科研素材，如参与编写《把党建设成为领导有中国特色社会主义事业的坚强核心》《建设有中国特色的社会主义理论》等。此外，党校教育走出校门，协助县直各系统和单位举办党员干部学习班。可见，在广大基层，也有我们党进行理论教育的忙碌身影，留下了理论教育的宝贵地方经验。

在全国上下进行邓小平理论教育的新高潮中，广大党员认真学习，对马克思主义基本理论的认识更加深入，对社会主义市场经济知识、现代科技知识等方面有所见地，能力素质有所提高，为21世纪中国特色社会主义事业发展积蓄了理论力量，为坚定中国特色社会主义的道路自信夯实了基础。

第二，出版事业贡献力量。教育读物上，理论专著增添新教材。1993年《邓小平文选》第3卷出版发行，1994年《邓小平文选》第1卷、第2卷修订完毕出版，与1993年出版的《邓小平文选》第3卷形成了一个科学体系，为贯彻建设有中国特色社会主义的理论提供了最好的教材和有力武器。如学习1993年10月出版的《邓小平文选》第3卷，要求县处一级的领导干部带头学习。学习1994年《邓小平文选》第1卷、第2卷增订版、1995年中宣部编写出版的《邓小平同志建设有中国特色社会主义理论学习纲要》等，全国范围内的理论学习热潮再起。

第三，要求宣传部门做好教育工作。江泽民在《大力弘扬不懈奋斗的精神》一文中讲到了宣传教育工作要注意的问题："一是必须努力把马克思主义理论、建设有中国特色社会主义思想道德的宣传教育的一致性，与社会不同群体的特点和要求的多样性统一起来；二是必须努力把理想信念和思想道德的宣传教育的理论性，与人民群众日常工作生活的实践性统一起来。也就是说，理论武装也好，思想政治工作也好，道德教育也好，都不能脱离我国经济社会发展的现实。"[1]宣传教育要和生活结合、要和现实结合，理论和实践务必统一。中宣部组织编写了邓小平理论学习纲要、《画说邓小平理论》，有关部门还通过大型纪录片来进行理论教育，宣传邓小平理论产生发展的过程。这些活动对推进马克思主义理论教育特别是邓小平理论的教育起了重要作用。

2."三讲"教育

1998年11月12日，中共中央印发《关于县级以上党政领导班子、领

---

〔1〕《江泽民文选》（第3卷），人民出版社2006年版，第199～200页。

导干部中深入开展以"讲学习、讲政治、讲正气"为主要内容的党性党风教育的意见》。"三讲"教育自上而下，分级分批进行。中央政治局常委分赴 7 个县（市）进行调研、指导工作。"1998 年 11 月至 2000 年底，共有 70 万县（处）级以上领导干部参加了'三讲'教育活动，其中省部级领导班子成员达 2100 多人"；"仅直接听动员报告、参加民主测评和帮助整改的就有 500 万人以上"[1]；地方上开展"三学"（学理论、学党章、学楷模），"三带头"（带头学、带头授课、带头写心得），做到"三落实"，上下教育联动。这次"三讲"教育也是一场深刻的马克思主义教育。

3. "三个代表"重要思想

"三个代表"重要思想于 2000 年 2 月提出，随后不断进行完善，在中国共产党成立 80 周年大会上，江泽民以"正确认识和全面贯彻'三个代表'要求"为题，对"三个代表"重要思想做了清晰的阐述，那就是"我们党要始终代表中国先进生产力的发展要求"；"我们党要始终代表中国先进文化的前进方向"；"我们党要始终代表中国最广大人民的根本利益"。"三个代表"重要思想是改革开放来理论建设所取得的新成果，它进一步回答了建设什么样的社会主义、如何建设社会主义问题，创造性地回答了建设什么样的政党，如何建党的问题。做到"三个代表"是我们党的立党之本、执政之基、理论源泉。"三个代表"重要思想表明了我们党的理论建设自觉性和实践主动性达到了新高度。

2002 年 11 月，党的十六大对"三个代表"重要思想给予了高度评价，将其与马列主义、毛泽东思想、邓小平理论一道确定为党的指导思想。十六大闭幕后，全国掀起了学习"三个代表"重要思想的新高潮。

第一，党的十六大将"三个代表"重要思想写入党章，把"三个代表"和马克思列宁主义、毛泽东思想、邓小平理论一起作为党的指导思想。在 2004 年又把"三个代表"重要思想写进宪法。学习的第一阶段是从 2000 年 2 月到 2001 年 6 月，这个时期，"三个代表"思想刚提出，在党内外、国内外引起强烈反响，全国以极大的热情展开学习。第二个阶段是从 2001 年 7 月到 2002 年 11 月，江泽民同志在党的 80 周年纪念会议上系统地阐述了"三个代表"重要思想的科学内涵和基本内容，全国深入学习贯彻。第三个阶段是十六大以后，各部门围绕主题、把握灵魂，狠抓落实，形成了学习

---

〔1〕 中共中央党史研究室：《中国共产党的 90 年改革开放和社会主义现代化建设新时期》，中共党史出版社、党建读物出版社 2016 年版，第 876 页。

十六大精神的热潮。[1]

在开展"三个代表"重要思想学习初期，主要是将"三个代表"的重要思想和"三讲"结合，通过中央文件汇编，可以发现对"三个代表"重要思想的学习在干部中进行，教导干部要学习"三个代表"，要"坚持讲学习、讲政治、讲正气，树立正确的世界观、人生观、价值观"[2]。

第二，发布深入学习"三个代表"的文件，对全党党员提出学习要求。全面贯彻"三个代表"重要思想，党中央明确其关键是与时俱进，核心在于执政为民。每一个党员都要"把握住这个根本要求"，[3]全党要认真学习。"三个代表"如何落实，关键在于能否把社会主义的优越性和党的先进性落实到"三个代表"上，实现人的全面发展，"紧紧把握住这一点，就从根本上把握了人民的愿望，把握了社会主义现代化建设的本质，就能使'三个代表'重要思想不断落实"。[4]党的基础组织是党全部工作和战斗力的基础，"应该成为贯彻'三个代表'重要思想的组织者、推动者和实践者。要坚持围绕中心、服务大局，拓宽领域、强化功能，扩大党的工作的覆盖面，不断提高党的基层组织的凝聚力和战斗力"。[5]"重点做好在工人、农民、知识分子、军人和干部中发展党员的工作，壮大党的队伍最基本的组成部分和骨干力量。"[6]

第三，在全党开展以实践"三个代表"重要思想为主要内容的保持共产党员先进性的教育活动。为了配合广大党员干部和群众深入学习十六大精神，全面系统把握"三个代表"的重要思想的科学内涵，中共中央宣传部编写了《"三个代表"重要思想学习纲要》（以下简称《纲要》），于2003年6月由学习出版社出版，主要包括了"三个代表"重要思想的时代背景、实践基础、科学内涵。《纲要》指出，要深入进行党的基本理论、基本路线、基本纲领和基本经验教育，引导人们树立中国特色社会主义共同理想。在进行教育的过程中，指出要采取灵活的教育方法，要有说服力、

---

〔1〕　胡锦涛：《在"三个代表"重要思想理论研讨会上的重要讲话》，人民出版社2003年版，第7页。

〔2〕　《中华人民共和国第九届全国人民代表大会第四次会议文件汇编》，人民出版社2001年版，第28页。

〔3〕　《中国共产党第十六次全国代表大会文件汇编》，人民出版社2002年版，第11页。

〔4〕　《中国共产党第十六次全国代表大会文件汇编》，人民出版社2002年版，第13~14页。

〔5〕　《中国共产党第十六次全国代表大会文件汇编》，人民出版社2002年版，第52页。

〔6〕　《中国共产党第十六次全国代表大会文件汇编》，人民出版社2002年版，第52~53页。

感染力和实效性，要喜闻乐见、避免教条。

此外，对文化领域提出要求，全面贯彻"三个代表"重要思想，要用先进文化丰富人们的精神世界，增强人们的精神力量。对于如何丰富精神世界，"必须坚持马克思列宁主义、毛泽东思想和邓小平理论在意识形态领域的指导地位，用'三个代表'重要思想统领社会主义文化建设。坚持为人民服务、为社会主义服务的方向和百花齐放、百家争鸣的方针，弘扬主旋律，提倡多样化。坚持以科学的理论武装人，以正确的舆论引导人，以高尚的精神塑造人，以优秀的作品鼓舞人"。[1]

4. 科学发展观

党的十七大后，按照深入学习实践科学发展观活动部署，分批学习教育。对新形势下，实现什么样的发展，如何发展等重大问题进行学习，将推动经济社会发展的第一要义、以人为本的核心立场、全面协调可持续的基本要求、统筹兼顾的根本方法等科学内涵深入全党、走进干部群众视野，成为行动指南。

第一，推进马克思主义大众化。中共十七大和十七届四中全会提出推进马克思主义中国化、时代化和大众化时代课题，是继建党初期、20世纪五六十年代之后的又一次大众化浪潮的开始。中共十七大提出在建设社会主义核心价值体系，增强社会主义意识形态的吸引力和凝聚力，要"开展中国特色社会主义理论体系宣传普及活动，推动当代中国马克思主义大众化。推进马克思主义理论研究和建设工程，深入回答重大理论和实际问题，培养造就一批马克思主义理论家特别是中青年理论家"。[2]在中国建设的新阶段，要使文化改革建设沿着正确道路前进，要以马克思主义为指导，推进马克思主义中国化、时代化、大众化，用中国特色社会主义理论体系武装头脑。

第二，理论宣讲层层推进。其一，开展宣讲。在推进马克思主义理论大众化的号召下，中央要求宣传部门切实做好十七大精神的宣传。2007年10月，中央组织学习十七大精神讲师宣讲团赴各地宣讲，"各地也要参照这一做法，充分发挥讲师团的作用，抽调有演讲能力的理论和实际工作者组

---

〔1〕《中国共产党第十六次全国代表大会文件汇编》，人民出版社2002年版，第37页。

〔2〕《中国共产党第十七次全国代表大会文件汇编》，人民出版社2007年版，第33页。

成宣讲团，到基层开展宣讲活动"。[1]媒体也要精心组织，开设一批专栏、专题、评论、社论，宣传广大干部群众对十七大精神的学习情况。其二，组织领导理论自习。在组织学习中，要求干部要起模范带头作用。在关于学习宣传贯彻十七大精神文件的通知中，组织部门把学习宣传贯彻党的十七大精神与干部教育培训工作、加强领导班子建设和基层党组织建设结合。坚持以县处级以上领导干部为重点，推动全党的学习贯彻。中央将举办针对新进中央委员会的委员、候补委员学习贯彻党的十七大精神研讨班。各级党委（党组）理论学习中心组要把学习党的十七大精神作为中心内容，制定系统的学习计划，列出专题进行研讨，还可以集中时间轮训。其三，在基层的理论教育。在基层的宣传主要是对各种组织的调动。《中共中央印发〈关于认真学习宣传贯彻十七大精神的通知〉》（以下简称《通知》）要求充分发挥工会、共青团、妇联等人民团体自身优势，开展各具特色的学习教育活动。下岗失业人员和流动人口的教育也予以考虑到。其四，学校的理论教育工作。针对大中学校的理论教育，让十七大精神在学生头脑中留下印象，被学生掌握。《通知》要求教育部门要切实抓好党的十七大精神进教材、进课堂、进学生头脑的工作，把学习党的十七大精神作为大中学校思想政治教育和课堂教学的重要内容，融入学校党团组织的各种活动中。

最后，对不同学习者的要求不同。《通知》中明确指出，学习党的十七大精神，要区分层次，领导干部要学深学透，广大党员和群众要掌握党的十七大精神的基本内容。要人们加深对"一面旗帜、一条道路、一个理论体系的理解"。教育者自己首先要受教育，在半年时间内，要按照中央通知要求，"分期分批对宣传思想文化干部和高校哲学社会科学教学科研骨干进行集中培训，使他们全面深入系统地学习领会党的十七大精神"。[2]

第二，理论教育成效。在文件的号召下，全社会掀起了学习十七大精神的热潮，从党内干部到基层，从学生到流动人口无一不在党中央进行理论教育宣传的队伍中。

据相关资料显示，为了学习十七届四中全会精神，"广州市委宣讲团和

---

[1] 《中共中央印发〈关于认真学习宣传贯彻十七大精神的通知〉》，人民出版社2007年版，第11页。

[2] 中共中央文献研究室编：《十七大以来重要文件选编》（上），中央文献出版社2009年版，第180页。

各区、县级市基层宣讲团开展各类宣讲、辅导、座谈活动共约 800 多场次，全市宣讲受众党员干部和群众约 15 万人次"。深圳截至 2009 年 11 月底，"已经宣讲 23 场次，受众达 3000 余人，举办宣传干部、政工骨干和学习秘书培训班 1 期，180 余人参与学习"。在东莞，宣讲团于 10 月 27 日至 11 月 24 日，赴 32 个镇（街道）和市直单位进行宣讲，宣讲报告 62 场，参与党员群众达 4.5 万人，此外还有阳江的宣讲 52 场，其中机关 29 个，村镇 18 个，企业 5 个，听取报告达 2 万多人次。[1]据不完全统计，十七大以来讲师团在河北省直接组织开展集中巡回宣讲 400 余场次，直接听众近 20 万人次。[2]2005 年 2 月，中央举办的省部级主要领导干部提高构建社会主义和谐社会能力专题研讨班，进一步研究和谐社会应该是什么样的，如何建设等，在最高领导层进行集思广益。

党政教育部门干部培训、高校领导干部培训全面开展。如"教育厅长（教委主任）高级研修班""地市级教育局长（教委主任）研修班""县级教育局长培训班"的举办。高校领导干部任期内在党校、国家教育行政学院、省级培训机构脱产学习，高校干部在 5 年内基本轮训一遍。每年举办"教育部直属高校领导干部专题研修班""高校领导干部进修班""高校中青年干部培训班"等班次，每年有组织、有计划地培训高校领导干部 200 人左右、校级后备干部 240 人左右。[3]由此可以看出，全国理论宣讲实效性强，力度集中。

出版了系列理论普及读物。如"《科学发展观学习读本》，编写《中国特色社会主义理论体系学习读本》《社会主义核心价值体系学习读本》《理论热点面对面·2008》，推动当代中国马克思主义大众化。制作播出电视专题片《伟大的历程》《改革开放三十年纪实》"。[4]在大众化思想普及过程中相继产生了诸多读物，如陈兆德和汪锡奎主编的《马克思主义 ABC（基本原理和原著简介）》，人民出版社出版的《马克思主义世界观人生观价值观教育读本》《科学发展观重要论述导读》，金春明、许全兴等编著的《毛泽东思想基本问题》，汤庭芬主编的《邓小平理论普及读本》，江金权主编

---

〔1〕 "广东掀起学习贯彻十七届四中全会精神的宣讲热潮"，载 http://theory.southcn.com/c/2009-12/10/content_ 6992566. htm，访问时间：2009 年 12 月 10 日。

〔2〕 参见 http://sdxjw. dzwww. com/zlkc/sdjs/201103/t20110316_ 7061065. htm。

〔3〕 参见《全国教育系统干部培训"十一五"规划》。

〔4〕 中共中央文献研究室编：《十七大以来重要文件选编》（上），中央文献出版社 2009 年版，第 459 页。

的《科学发展观学习读本》，中共中央宣传部理论局主编的《中国特色社会主义理论体系学习读本》等。

拍摄了专题片，深入浅出做宣传。以《中国近代史基本纲要》为蓝本，制作了电视剧《复兴之路》，开展了"复兴之路"主题展览活动。针对社会错误思潮进行批判。针对民主社会主义、新自由主义、历史虚无主义等错误思想，组织专家引导文章的撰写，如《正确认识民主社会主义，坚定不移地走中国特色社会主义道路》《什么是新自由主义》等十余篇文章引导人们认清新自由主义等错误思想的本质，坚定社会主义道路。此外，还有人民网理论频道、光明网理论频道等百姓家中可以随时访问的网络平台为大众进行理论的解读和学习。

为了学习实践科学发展观活动，教育部向各高等学校发出认真组织学习《科学发展观学习读本》的通知，学习科学发展观的历史地位、时代背景、精神实质、根本要求等，不断开展实践。学习《毛泽东邓小平江泽民论科学发展》和《科学发展观重要论述摘编》，学习《深入学习实践科学发展观活动领导干部学习文件选编》。讲师团围绕《科学发展观读本》内容，开展对党员干部和基础群众的理论宣讲。党委中心组学习会、报告会、论坛、经验交流、读书心得、研讨会等教育形式多样。2008 年 8 月后，"毛泽东思想和中国特色社会主义理论体系概论"课程成了大学生学习科学发展观的直接窗口。

5. 习近平新时代中国特色社会主义思想

党的十九大召开后，习近平新时代中国特色社会主义思想教育成了迫切任务。党政系统、高校等兴起学习高潮。2018 年，高校开展了学习贯彻习近平新时代中国特色社会主义思想专题轮训，对干部师生进行培训，形式多样、覆盖全面。

2018 年上半年，高校《毛泽东思想和中国特色社会主义理论体系概论》教材修订出版，高校教师在完成新教材使用的学习培训下，开始对大学生的理论教育。同年 5 月《新时代中国特色社会主义思想三十讲》出版发行，该书以"八个明确""十四个坚持"为核心内容和主要依据，全面、系统地围绕党的十九大、一中至三中全会精神，围绕新时代我们应该坚持和发展什么样的中国特色社会主义、怎样坚持发展中国特色社会主义展开阐释，是习近平新时代中国特色社会主义思想教育的重要参考。习近平新时代中国特色社会主义思想还在时代的发展中不断丰富完善，将为理论教育继续提供更加丰富的内容。

（四）教育载体

在此时期，教育载体已经逐渐从网下走向网上网下融合发展。刊物、广播、电视、数字媒体、互联网全线运作，逐步成为马克思主义理论教育的有效载体。

首先，发挥新闻出版载体的理论教育作用。在加强高校出版阵地管理的前提下，提高教材等出版物质量。不仅加快推进"马工程"重点教材编写审议，还大力促进重点教材的统一使用。

1995年，中共中央马克思恩格斯列宁、斯大林著作编译局编译的新版《马克思恩格斯全集》中文第2版首批第1、11、30卷和《马克思恩格斯选集》中文第2版、《列宁选集》中文版第3卷在全国出版发行。1999年，历时15年出版完成150卷、1亿多字的《当代中国》丛书全部出版完成，该书是我国第一部全面记录中华人民共和国历史的大型丛书。同年7月《毛泽东文集》第6、7、8卷出版发行，截至1999年，《毛泽东文集》第1～8卷全部出齐。

1996年江泽民视察解放军报，并在师以上干部会议上发表重要讲话，重申"政治家办报"的思想，提出新闻工作者一定要讲政治，强调舆论导向。1997年，新闻出版署启动"百刊工程"和"社刊工程"，在全国评选出3824种社会科学类期刊，和100种重点期刊，[1]客观上促进了出版优化和质量提升，也为办刊能力的提升做好示范。

1999年，首届国家期刊奖、首届国家音像制品奖等奖项评比开始。1995年的中国图书奖为《邓小平——领一代风骚的伟人》《宣传、教育、行政、管理干部经济知识系列教材》；1996年为《邓小平理论与广东实践研究丛书》《中国特色社会主义论二十题》《中国人民抗日战争史录》《中国抗日战争史地图集》；1998年为《毛泽东研究三部曲》《五星红旗》《军旗升起的地方——八一史画》《长征画典》《小平说什么是社会主义》《对有中国特色社会主义的哲学分析》《可持续发展论》《周恩来教育思想研究》；荣获1996年第2届国家图书奖的有钱抵千的《邓小平思想研究》（共3卷）、《中国抗日战争史》等；1997年的荣誉奖有徐佑珠的《世纪伟人邓小平》；国家图书奖有中央文献研究室编的《毛泽东传》、中央党史研究室第一研究部的《红军长征史》。新中国50华诞由《出版广角》推出的难忘的一百种

---

〔1〕 杜荣进、许乃征主编：《新编读报手册4》，浙江教育出版社2000年版，第553页。

书活动，感动共和国的十部代表作，如《毛泽东选集》《邓小平文选》《高举邓小平理论的伟大旗帜、把建设有中国特色社会主义事业全面推向二十一世纪》等，十大出版工程有《列宁全集》等，十种全集文集有《马克思恩格斯全集》《马克思恩格斯选集》。十种小册子有《共产党宣言》《论共产党员修养》《理想、情操、精神生活》等。

出版界协力同行。人民出版社等相继出版了一些理论学习的图书，如2002年6月出版《与时俱进努力开创建设有中国特色社会主义事业新局面——认真学习江泽民同志"5·31"重要讲话》；10月出版《江泽民同志重要论述研究》，王伟光主编《"三个代表"重要思想研究》。2003年7月出版《深刻领会"三个代表"重要思想基本精神》、李新泰和孙占元主编的《"三个代表"重要思想基本问题读本》。2004年5月出版中共中央国家机关工委宣传部中共中国社会科学院直属机关委员会编写的《学习贯彻"三个代表"重要思想理论问题50问》；2005年5月的《中国化马克思主义——"三个代表"重要思想概论》，同年12月王先俊等编著的《当代中国的马克思主义——邓小平理论和"三个代表"重要思想》；2006年2月陈岸涛和陈金龙主编的《毛泽东思想邓小平理论和"三个代表"重要思想概论》，同年4月张远新的《江泽民文化思想研究》，6月全国干部培训教材编审指导委员会组织编写的《"三个代表"重要思想概论》，8月的崔常发等著的《江泽民社会主义理论创新研究》；2007年2月出版李新泰等主编的《"三个代表"重要思想研究》，6月出版荣长海等编著的《作为思想体系的"三个代表"重要思想研究》，11月出版全国"三个代表"重要思想研究会编写的《"三个代表"重要思想与党的先进性建设》。2008年1月奚洁人主编《"三个代表"重要思想的领导学研究》。

此外，中宣部出版组织有关部门和理论专家先后编写了《干部群众关心的25个理论问题》《理论热点18题》；理论工作部门组织编写"理论热点面对面"系列通俗理论读物，坚持用百姓视角、百姓语言回答百姓关心的问题，在推进理论大众化方面进行了积极探索，出版了《六个"为什么"》《划清"四个重大界限"学习读本》《七个"怎么看"》。此外，还有《科学发展观丛书》《科学发展观读本》《科学发展观学习读本》《胡锦涛文选》《习近平新时代中国特色社会主义思想三十讲》等一批大众通俗理论读物。这些书籍的出版为中国化的马克思主义重要思想的宣传和普及教育提供了重要参考，丰富了理论研究内容，助推了理论界的研究热潮。

2018 年开始编写"新时代系列"通俗理论读物，出版《习近平教育思想》，组织编写《习近平教育思想讲义》《习近平教育思想学习辅导读本》《习近平总书记论学校思想政治教育读本》《平易近人——习近平的语言力量（教育卷）》。可见，在新闻出版战线，党的理论教育全面开展，刊物出版内容由马克思主义基本原理向中国特色社会主义理论体系发展，并被大量发行。

理论教育与网融合。21 世纪的头十年，我国网络快速发展，2011 年，我国已经是第一电子信息制造大国、网络等部分领域的世界大国，群众的安全感、获得感、幸福感大大提高。21 世纪初，在探索理论教育工作新方法的过程中，教育部对理论教育工作进网络这一项目不断跟进。马克思主义理论教育载体实现了线下到网上网下融合发展，如纸媒教育传递到网络媒体的应用、从网站到优秀网站开展建设发展，从网页到辅导员博客、即时通信、微信等建设注重教育功能的发挥、网络文化的共同培养等。上网意识、守网意识、话语权意识日益增强，载体运用与时俱进。

2003 年，教育部工作要点指出要"完善互联网信息内容安全的管理和宣传舆论阵地的引导"，理论教育网络阵地占领成为常态化工作。在学习浪潮中诞生了一批理论宣传平台，如人民出版社网站、辽宁日报理论版"百家之言"专栏、北京市委讲师团创办的"宣讲家"网站等，成了理论宣传普及的重要平台。2004 年 6 月于上海创办的"东方讲坛"，在创办的 5 年内，"东方讲坛的直接听众已达到 391 万人次，二次传播受众人次超过 1.4 亿"。[1]广东的"学习论坛"向社会解读党的理论、路线方针政策。此外，还有湖南的中心组等一批优秀的理论宣传平台。经过几年的发展，方针政策上网、思想理论上网和融网润物无声。2009 年两会前夕，新华网、腾讯网等各大网站相继出现"总理请听我说""我有问题问总理"等互动平台，互联网平台上的理论教育从 2000 年的单方面建立网站、理论上网实现了向思想互动、载体互动的融合转变，网络社会成为党高度重视的关于动态获取百姓思想的重要窗口。人民网数据显示：2017 年 10 月 20 日至 21 日期间，中央重点新闻平台和各大门户网站广泛宣传，新华社、新华网、中国网、人民网、中国新闻网、央视新闻网、中国政府网、新浪、搜狐、网易、腾讯，《人民日报》《解放军报》等齐发力，向网络受众第一时间传递相关

---

〔1〕 "上海：统计显示东方讲坛的直接听众已达到 391 万人次"，载 http://news. xinhuanet. com/politics/2009-07/08/content_ 11674618. htm，访问时间：2009 年 7 月 8 日。

讯息。

据人民网显示，十九大内容的 PC 客户端信息从 20 日至 21 日就已达到 77 691 篇，客户端信息 9870 篇。此外还有微信公众号文章、微博信息共 59 565篇。23 日至 24 日，"十九大" PC 端信息 65 899 篇、微信公号文章 28 142篇、微博信息 15 394 篇、客户端信息 8167 篇。关注的话题围绕"新时代什么样""中国会有啥变化"逐步向"全面深化改革""美丽中国""中国智慧"等深入。内容呈现中图、文、声、频多样应用，特别是微视频、秒拍视频等信息传递喜闻乐见。传播渠道覆盖客户端、微博、微信公众号。其中 10 月 20 日至 21 日人民日报官方微博微信公众平台与"新时代"相关的文章过万，阅读量过 500 万，单篇文章阅读量达到 10 万+的文章有 11 篇，新浪微博"为新时代打 call"，阅读量达到 2 亿，讨论数有 13.7 万，成为舆论焦点，此外还有"@年轻人，让我们一起为新时代打 Call"等视频推送，舆论影响面广。

境外媒体也给以关注，如南华早报、路透社、美联社、电讯报等。搜索引擎百度指数显示：2018 年两会期间，"两会"词在 3 月份整体日均值为 68 743，其中移动日均值是 47 072，同比增长 46%。[1]可见，网络平台和舆论高度融合，党政和商业媒体运用网络热词与网民主流意识形态传播共振，"划重点""刻度线""图解"等解读形式接地气，集中反映出网络空间主流意识形态话语建设成效，为网络思想理论教育奠定基础。

2011 年以来，教育部门不断加强教育舆情观测、研判，加强网络宣传队伍建设，让舆论引导、宣传工作发挥教育作用，共同营造理论教育良好的环境。

在教育管理信息化建设中，党和国家大力支持，规范发展，发布并实施教育信息化规划，建立领导小组和管理体制机制，印发《教育信息化"十三五"规划》，加快推动信息技术与教育教学融合创新发展。大力推进"三通两平台"（"宽带网络校校通、优质资源班班通、网络学习空间人人通"）的建设与应用。

在此环境下，国家优质教育资源中心成立，教育公共服务网络平台诞生，如国家精品开放课程、视频公开课建设、慕课等运用，实现了理论教育优质课程的上网、共享，促进马克思主义理论教育。2003 年北大陈占安老师的"邓小平理论和'三个代表'重要思想概论"国家精品课，2004 年

---

〔1〕　数据来源于百度指数。

清华大学的"马克思主义政治经济学原理",2005 年二炮工程学院的"三个代表"重要思想概论,2008 年的"马克思主义哲学原理",2009 年,网络教育国家精品课程"毛泽东思想概论"、国家精品课"马克思主义基本原理概论",2010 年的"毛泽东思想和中国特色社会主义体系概论",到 2017 年的国家精品在线开放课程大量使用,如爱课程的"毛泽东思想和中国特色社会主义理论体系概论""马克思主义哲学原理精粹九讲"多门"马克思主义基本原理概论",学堂在线的"毛泽东思想和中国特色社会主义理论体系概论"等,成为理论教育的在线共享平台。

影视宣传将理论教育深入群众,从《长征》《长城》《孔繁森》《离开雷锋的日子》,到《建党伟业》《建军大业》《建国大业》《战狼》《辉煌中国》网络视频《开卷有理》之《马克思靠谱》、微视频《真理的光芒》等等,网上、网下传递真理的声音、阐释真理指导下的中国故事,促进了理论走向生活、走向大众。

(五)教育方法

随着理论教育的日趋完善和科学技术的进步,这一时期的理论教育方法得以创新和发展,教育方法更加丰富生动。如在传统的讲授式、案例式、体验式、研讨式等教育方法的基础上,实现与网络结合、与实景结合的转变。

首先,远程授课的发展与创新。既传承了以往讲授式的教育方法,又创新了具体教育措施。如针对党政干部,展开的各种理论培训、理论学习会议、理论学习小组的活动,实现了现场讲授和远程视频授课的结合、网上网下的讨论互动,既方便了教学,也提高了实效。在党的十七大的远程教育和继续教育加快推进号召下,远程教育全面兴起。以党的十七大学习为例,在湖南,全省 150 多万基层党员干部通过 4 万多个农村党员干部远程教育终端观看宣讲。在高校,将理论教育和常规课程融合。为落实推进党的十七大精神"进课堂、进教材、进学生头脑",在北京,百万大学生同上一堂课,实现了面向大学生的专家学者系列专题讲座、公开课。每堂课在一所学校设立主课堂,其他高校网络直播同步学习,让广大学生足不出户也能享受到理论学习盛宴。基层党校、农民夜校也继续发挥着夜学作用,展开常规的理论教育、通过网络接收最新理论动向。

其次,网上网下互动促进教育反馈。在党的十七大 1 个小时的宣讲、访谈过程中,网友跟帖讨论 1.4 万条。到十八大召开后,普通网民即可实现通过论坛、新华微博、博客、播客发表学习感受和心得。网民还可通过图文形式展示身边人学习十八大精神的故事和场景，实现教育主体和客体的角色转化，扩大教育覆盖面。党的十九大召开后，微信公众号即时推送大量而详尽的党的十九大学习材料，微信群、QQ 群的即时通信功能也被充分使用，让全体党员、学员能够即刻感知党的理论教育温度和效度。

最后，创新广播电视的理论传递方法。随着广播电视多媒体应用的发展，各种广播电台被灵活应用，发挥着理论宣传的重要作用。以党的十九大的宣传为例，全国广播电视、中央重点新闻网站直播力度加大。如中国之声、经济之声、华夏之声、中央电视台综合频道、中文国际频道、新闻频道及中国国际电台各外语频道、中国国际观点汉语普通话、英语、俄语现场直播、人民网、新华网、中国网络电视台、中国网、人民日报客户端等实现了党的十九大会议直播。同时，将网络、街采视频交织运用，多地网友通过人民网实现了诉说自己对十九大的祝福和期待。人民网及其地方公司与海外分公司联合推出实时连线播报，进行视频、图文融媒体展示。据人民网显示：截至 21 日，"以《新时代再出发各地群众热议十九大报告》为代表的融媒体系列报告的阅读量超过 2600 万"。[1]"APEC 蓝""撸起袖子加油干""天上不会掉馅饼""幸福是奋斗出来的"等"金句"迅速成为网络流行语，刷遍"朋友圈"，可以看出，网络话语正面宣传显力度，网民网络正能量传播影响巨大，给广大网民听说读写看的全感知体验。

又如各个省市讲师团、高校的理论研讨会、座谈会活跃在理论教育最前沿。2007 年 11 月中共山东省委讲师团和山东省卫视联合组织的"电视媒体与推动当代中国马克思主义大众化"理论研讨会；2008 年 6 月在复旦大学召开的"全国高校马克思主义理论学科研究会成立大会暨第五次学术研讨会"；2008 年 10 月由中宣部组织在南京召开的"当代中国马克思主义大众化"理论座谈会；2010 年 10 月中宣部组织召开的"加强通俗理论读物编写出版，推进当代中国马克思主义大众化"座谈会；2018 年学习宣传贯彻习近平新时代中国特色社会主义思想系列研讨会等。通过大大小小形式多样的会议，专家学者交流理论心得，提升理论水平。

此外，各基地、展馆、文化馆发挥着理论教育的实践作用，特别是教育基地的建设。2017 年 4 月，中宣部新命名 41 个全国爱国主义教育示范基

---

〔1〕 "听说读写看：人民网'融产品'带你全方位感知十九大"，载 http://media.people.com.cn/n1/2017/1023/c14677-29603872.html.

地。截止到 2017 年 4 月，全国爱国主义示范基地总数达到 428 个，将中国共产党成立以来到解放战争胜利各时期重要历史事件、重要人物、重要革命纪念地基本覆盖。传承红色基因，为理论教育实践提供重要平台。

（六）教育体制机制

首先，教育培训制度的完善，促进了对理论教育的监管。这一时期，党委狠抓落实，用文件方式对领导干部脱产进行制度、党委中心组学习制度、在职干部自学制度、考核制度予以要求，推动理论教育深入开展。1996年，党中央制定了《1996—2000 年全国干部教育培训规划》，对干部教育培训工作作出全面部署。严格学习制度，加强考核监管。例如，在深入学习"三个代表"重要思想时，一方面结合建党 80 周年，另一方面开展"三基本"教育，即"马列主义基本理论教育，党的基本路线教育，党的基本知识教育，深入学习'三个代表'的重要思想，引导广大党员干部坚定党的信念，发扬解放思想、实事求是的时代精神和创新意识"，[1]加强党员的理论培训，并按月进行考核，确保组织活动中人员、时间、内容的落实。如在贵州新闻出版局进行理论学习，主要通过局中心组的学习带动机关各处室负责人及局属事业单位的领导的理论学习。规范中心组学习时间和考勤。学习有重点、有专题，"坚持理论联系实际，不断改进学习方法，采取分散自学和集中学习相结合，中心发言和广泛讨论相结合，专题学习和调查研究相结合，以确保学习的质量"。[2]

建立长效机制。通过 4 个文件的颁发来促进党员教育的长效机制的建立，4 个文件从全局到部分进行党员的普遍教育，分别是《关于加强党员经常性教育的意见》《关于做好党员联系和服务群众工作的意见》《关于加强和改进流动党员管理工作的意见》和《关于建立健全地方党委、部门党组（党委）抓基层党建工作责任制的意见》。

在教育过程中，有具体而明确的教育目标，有教育的基本内容和具体方法，对经常性的教育方法，给出四点建议：一是学习培训，"通过举办培训班、上党课、举行报告会和组织专题研讨等形式，有计划地组织好党员

---

〔1〕 新闻出版总署直属机关党委：《实践"三个代表"加强新闻出版系统党的建设》，人民出版社 2002 年版，第 172 页。

〔2〕 新闻出版总署直属机关党委：《实践"三个代表"加强新闻出版系统党的建设》，人民出版社 2002 年版，第 316 页。

的集体学习。倡导党员自主学习"。[1]二是实践锻炼。三是严格的组织生活。四是做好思想政治工作。同时给予保障，如职能教育机构提供教育队伍，给予教育阵地保障。"利用各类院校、培训机构、革命纪念地（馆）和科技示范基地等方面的教育资源，建立党员教育基地。充分运用现代远程教育、电化教育等手段和报刊图书、广播电视、信息网络等媒介，拓展党员教育培训和党员自主学习的途径。加强农村、企业、街道社区、机关和事业单位党员活动场地建设。"[2]建立教材体系，规定教育学习时间，除了年老体弱者外，"机关、国有企业和事业单位的党员累计不少于 12 天，其他党员累计不少于 6 天"。[3]经费方面，各级财政给予支持，同时，党费也要求主要用于党员教育，国有事业单位经费则列入管理费用。而流动党员有流动党员管理办法，对其进行的教育也考虑在内。在党建考核上，将党建和经济发展、工作业务一起考核。可见，在进行党员教育的体系建设上，不管是经费支持、教材体系还是师资体系，都相当明确，给党员的教育提供了清晰的思路。此外，还提出要不断创新教育方法，教育要不断完善。

在十一五规划期间，干部教育基地的建构给干部教育提供了充分的教育平台。"中国浦东干部学院、中国井冈山干部学院、中国延安干部学院建成，中国大连高级经理学院成立，与中央党校、国家行政学院优势互补，构建起国家级干部培训基地新格局。"[4]在 2006 年的《干部教育培训工作条例（试行）》颁布后不久，党对干部教育作出了 2 次专门的教育推进文件，一次是从 2006 年到 2010 年作出的《2006—2010 年全国干部教育培训规划》，对党政机关、企业经营管理干部、专业技术人员进行理论培训。"省部级、厅局级、县处级党政领导干部每 5 年累计参加 3 个月以上的脱产培训。""每年有组织有计划地培训省部级干部 500 人左右、厅局级干部8800 人左右、县处级干部 10 万人左右。""每年安排 500 名左右省部级在职干部、3000 名左右厅局级干部参加中央党校、国家行政院校培训"；军队中的中高级干部进行党校、干部学院、行政学院培训的达 1000 人左右，省部

---

〔1〕《庆祝中国共产党成立 85 周年暨总结保持共产党员先进性教育活动大会文件汇编》，人民出版社 2006 年版，第 70 页。

〔2〕《庆祝中国共产党成立 85 周年暨总结保持共产党员先进性教育活动大会文件汇编》，人民出版社 2006 年版，第 72 页。

〔3〕《庆祝中国共产党成立 85 周年暨总结保持共产党员先进性教育活动大会文件汇编》，人民出版社 2006 年版，第 72 页。

〔4〕《2006—2010 年全国干部教育培训规划》，人民出版社 2007 年版，第 2 页。

级储备干部每年参与培训300人。企业管理人员要求中央企业和金融机构领导成员400人和后备人员400人到中央党校、国家行政学院、中国浦东干部学院、中国井冈山干部学院、中国延安干部学院、中国大连高级经理学院进行的培训。对专业技术人员，每年由中央联系400名参加中央党校、国家行政学院、中国浦东干部学院、中国井冈山干部学院、中国延安干部学院培训。人事部选派3000名高级技术人员参加骨干培训班。对新闻宣传人员每年选派一定数量的系统骨干和700名社科教学科研骨干到中央党校、国家行政学院、中国浦东干部学院、中国井冈山干部学院、中国延安干部学院研修，并对社科骨干5年轮训一遍。[1]。第二次是2010年作出的《2010—2020年干部教育培训改革纲要》，对2010年以后的10年干部教育培训给予意见，与上一次的干部教育规划紧密衔接。在规划中，计划到2020年形成有中国特色的干部教育培训体系。在办学体制上大力推进市县办学改革，鼓励社会培训机构的参与，积极开展培训的国际交流与合作。在运行机制上，推进调训为主，自主选学为辅，并对课程设置、师资水平、教学项目等进行评估并改进教学效果。在内容体系上完善知识教育、党性教育、理论教育。对师资进行改革，公开选聘优秀教师，可以聘请党政机关兼职教师等从各个方面对干部培训进行优化改进。由此可见，干部教育体系建设成效显著。

其次，理论学科、方向的新建与发展。1997年5月30日，我国第一个国家马克思主义理论与思想政治教育人才培养和科学研究基地在中国人民大学通过专家评审。2005年，教育部发文将马克思主义理论作为一级学科，下设5个二级学科，包括马克思主义基本原理、马克思主义发展史、马克思主义中国化研究、国外马克思主义研究，思想政治教育。设立了一批博士点和硕士点，从2008年以后在五年里形成马克思主义一二级学科骨干，用哲学、政治经济学、科学社会主义等领域来支撑，"建设一批马克思主义理论研究的新兴、交叉学科，逐步形成重点突出、全面推进、共同发展的学科建设新格局。进一步整合研究资源，汇聚研究力量"。[2]2015年7月28日，中宣部召开"推进理论工作'四大平台'建设工作会议"，将马克思主义学院建设纳入中央推进理论创新"四大平台"的建设中，明确提出马克

---

〔1〕 《2006—2010年全国干部教育培训规划》，人民出版社2007年版，第8~14页。

〔2〕 中共中央文献研究室编：《十七大以来重要文件选编》（上），中央文献出版社2009年版，第460页。

思主义学院必须在"加强思想政治理论课教学的同时，着力强化理论人才培养"。截至 2016 年年底，思想政治教育专业设置本科学位点的高校达 260 所，在校本科生约为 64 000 人至 72 000 人（另有专科生 4500 人至 6000 人），已建立 75 个博士学位点和 324 个硕士学位点。马克思主义学院建设在全国高校稳步发展。2018 年，教育部对马克思主义学院建设标准作出了要求。可见，从学科到学院的规范、完善，党和国家不断优化，为马克思主义获取意识形态话语权做好服务。

最后，理论教育在全员育人环境营造下，获得新动力。在普通高校贯彻落实《关于全面提高高等教育质量的若干意见》，扎实推进"本科教学工程"，研究制订本科各专业类教学质量国家标准和有关专业人才培养质量评价标准，开展本科专业综合改革。在思政教育上，实现全员育人新发展。习近平总书记在全国高校思想政治工作会议上强调，要用好课堂教学这个主渠道，各类课程都要与思想政治理论课同向同行，形成协同效应。2014 年起，德育被纳入教育综合改革重要项目，思政课程到课程思政的探索逐渐兴起，将形成理论教育良好生态。

三、新时代理论教育在创新中引领的特点

随着中华民族从富起来到强起来的伟大飞跃，理论教育面临着全面深化改革开放，克难攻坚的一系列挑战，处于复杂多变的国际环境中，理论教育任务艰巨。但是考察这一系列的教育主体、教育客体、教育内容、教育载体等发展变化，不难发现，我们的理论教育在前期基础上，继续完善发展，实现了在整合中创新、在创新中引领，理论教育与中国特色社会主义理论体系的丰富一道与时俱进。

（一）理论教育在整合中创新

这一时期的理论教育在整合中创新，整合了教育主体资源、整合了方法渠道、整合了国内外资源，让马克思主义理论教育在不断的改革创新和经验积累上，道路越走越宽、队伍更加自信、方法更加灵活、效果更加明显。首先，以教育主体资源的整合为例，在我们党理论强党、教育为先的强烈意识下，拓展了原有的师资来源范畴，实现了教育主体师资水平的提升、队伍的壮大、结构层次的多元。如实现了党政干部的讲师团、大学生的高校思想政治理论课教师队伍、基层乡村的宣讲委员、网络空间的广大网民的理论教育主体的全拓展，客体范畴得以扩大。上至中央领导、下至

人民大众，从单一的教育主体角色变成多元、多层次的全面参与的教育主体建设，形成了领导干部授课、海内外专家学者兼课、思政专任教师学生磨课、非思政教师的课程思政创新课堂、网民客体能播课的新局面。在这种形势下，营造了良好的理论教育环境，壮大了理论教育师资队伍，厚实了理论教育师资水平，使理论教育师资结构层次化，让不同社会群体都能感受到具有厚度和温度的理论教育，既修炼了理论教育使内功得以自我提升，又推动了马克思主义理论大众化、时代化。

其次，在方法渠道上整合。随着理论教育的改革和发展，理论教育方法推陈出新，各种优秀的传统方法得以创新，将层出不穷的新方法加以融合，这种优势互补、灵活的整合，大大降低了理论教育的难度，提升了理论教育的效度。如前文所述，中国网络应用的普及，网络远程教育在理论教育中得以应用自如，实现了足不出户受教育，时间成本、资金成本大大降低。更加让一人授课、万人共享成为现实，进而成为常态。网课互动参与、学习、评论、反馈、提升良性循环、螺旋上升，短短十几年，发展迅猛。这种教育方法渠道的整合让我们感受到科学技术的魅力，更加感知到党和国家对与时俱进的理论教育的高度重视和大力推动。

最后，整合国内外资源。在人才、技术、方法、理念等方面，我们的理论教育开放包容、扬长补短。如何对待人才、关心人才、成就人才是党和国家管理人才的气度。党的十九大报告指出："人才是实现民族振兴、赢得国际竞争主动的战略资源。要坚持党管人才原则，聚天下英才而用之，加快建设人才强国。"在近二十多年的进一步开放进程中，人才引进和输出取得了成效。大批理论界、学术界、精英草根均可在国家政策环境的利好情况下，出国学习、增长见识。世界精英秉持着正确的立场也可投入我国建设和发展，投入到我们的教育事业，服务我们的理论教育。此外，在海外学习归来、海外引进的人才和大众通过体验、比较、感悟，更加容易理解以马克思主义为指导的政党的伟大，这一定意义上，也是生动而深刻的理论教育。

（二）理论教育在创新中引领

在我国改革开放进入深水区、攻坚的时刻，理论教育面临着空前的挑战和压力。世界上没有任何一个执政党像中国这样拥有这么多党员、拥有这么多的教育客体，我们的理论教育模式也没有更多的模仿对象。但是正是在这种情况下，我们党不断研究理论真谛、不断发展中国特色社会主义理论体系、不断改革创新理论教育，实现理论教育体制机制的完善和创新。理论教育随着中国日益走进世界舞台的中央而热潮迭起，最终形成了十八大以来理论教育的新高潮。

在这次高潮中，我们党既实现了马克思主义基本理论内容的传承和发展，也成功助推了中国特色社会主义理论体系的深入党心、民心，走向世界。在这个过程中，我们获得了邓小平理论教育、"三个代表"重要思想、科学发展观、习近平新时代中国特色社会主义思想教育的丰富发展和经验积累。为站在新的历史方位的中国人民拨开层层迷雾、坚定步步自信，实现不同时期的中华儿女勠力同心，成功助推中国稳健而有力地迈进21世纪、迎来新时代。

在理论教育创新发展中，我们的理论教育为其他学科领域的教育拓宽了思路、提供了参考。在思政课程、课程思政的共同推进下，非思政课教师认识到了理论教育的重要性、客观上促进了理论课的教育方法的吸收与借鉴，将理论教育、主流意识形态从无意识到有意识地去对照、学习、执行，促成了理论教育全员参与、理论教育引领全员。

此外，伴随着祖国的大门的越开越大，中国梦、对世界人类美好生活的追求，一带一路建设、人类命运共同体倡议，我们党的时代观、历史观、发展观和治国理政理念和经验得以共享，世界政党大会的召开，也是再一次别开生面的世界授课。它推动了理论共享、走向世界。

我们的理论教育改革创新还在进行，在回归中学习、在开放中教育。习近平总书记强调领导干部特别是高级干部要把系统掌握马克思主义基本理论作为看家本领。老老实实、原原本本地学习马克思列宁主义、毛泽东思想特别是邓小平理论、"三个代表"重要思想、科学发展观。党校、干部学院、社会科学院、高校、理论学习中心组等都要把马克思主义作为必修课，严守马克思主义学习、研究、宣传的重要阵地。这个理论教育的新高潮还将继续推进，也将形成中国特色的教育模式，为其他社会主义国家提供借鉴。

第四章

马克思主义理论教育的规律

第一节　马克思主义理论教育的历史逻辑规律

理论来自实践用于实践，马克思主义理论由社会物质基础决定服务于整个社会发展。马克思主义理论教育也是一样，必须基于社会生产发展，面向时代，服务于中国共产党的初心和使命、服务于中国梦、世界梦、人类的梦想的实现。理论教育的规律作用于中国共产党带领中华民族实现伟大复兴的进程，作用于中国共产党教育的历史进程，演绎着中华民族从站起来、富起来，到强起来的伟大征程的理论和实践辩证统一的逻辑。

一、理论教育与历史进程的辩证统一

（一）理论教育与历史进程相互促进

理论教育和历史进程相互促进，指马克思主义理论教育和中华民族复兴的进程相互促进，也和新中国教育的历程并驾齐驱。在时间维度上，马克思主义理论教育的起点也是近代中国新民主主义革命的起点。在中国共产党的教育史中，马克思主义理论教育是其教育的一个组成部分，它是持续、开放式、不断自我进化的动静结合的辩证统一体。总体而论，理论教育的进程和历史进程车轮同向同行。马克思主义理论教育是历史理性的表现，历史进程是历史事实的再现，理论教育本身也是历史进程事实的组成要素，这个要素在整个历史进程的有机体中起着不可或缺的作用。因为理论教育的内容是意识形态内容，理论源于实践，也可高于实践。

历史进程是历史条件相互作用的历程，是客观的；而理论教育是意识形态的反映，是上层建筑的表现。马克思主义认为，社会的经济结构是法

律和政治的上层建筑的基础。"生产关系的总和构成社会的经济结构，即有法律的和政治的上层建筑竖立其上并有一定的社会意识形式与之相适应的现实基础。物质生活的生产方式制约着整个社会生活、政治生活和精神生活的过程。不是人们的意识决定人们的存在，相反，是人们的社会存在决定人们的意识。"[1]理论教育和中国历史进程的转折点密切相关，从党的诞生、到延安时期的革命高潮，再到新中国成立后的改革开放，每一次历史重大转折无不伴随着马克思主义理论教育轰轰烈烈的开展。"教育属于生产关系的范畴，是人们社会生活和生产中所处的各种关系——具有独特的、历史的和暂时的性质。"[2]生产关系具有历史的和暂时的性质，这决定它不是永恒不变的，而是随着历史车轮不断留下历史的印记。马克思主义理论教育活动不是一劳永逸的，它具有历史与生产发展相适应的特质。理论教育在不同的社会发展阶段有着以当时社会阶段为特征的教育内容、方法、载体等，这个也是受社会生产方式的影响，因为"物质生活的生产方式制约着整个社会生活、政治生活和精神生活的过程"。社会的物质生产力发展到一定阶段，"随着经济基础的变更，全部庞大的上层建筑也或慢或快地发生变革"。[3]

作为上层建筑中的一个组成部分，马克思主义理论教育自然也要随着经济基础的发展变化而不断演进，马克思主义理论教育是意识形态建设的主要内容，任何统治阶级的国家和社会都不会放弃对意识形态的控制。在革命战争年代，理论教育是追求民族独立解放思想的播种机；在初步建设时期，理论教育是使民族团结一致促使中华民族屹立于世界东方的稳定剂；在改革开放年代，理论教育是凝心聚力拨开层层思想迷雾，追求国家富强人民幸福的助推器。马克思主义理论教育对历史进程的前进起直接的能动作用，理论教育与历史进程相互促进。

首先，马克思主义理论教育促进历史任务的完成。在理论教育的五次高潮中，马克思主义理论教育体现出不同的工作侧重点。在第一次高潮中，马克思主义理论教育带来更多的是对经典理论的本原学习，在中国展现最原始的马克思主义理论，展现出原初的理论教育逻辑路径：传入、生硬接受、试探性地传播。教育的效果是使党从小到大坚定而持续地成长。这是

---

〔1〕《马克思恩格斯选集》（第2卷），人民出版社1995年版，第32页。
〔2〕《马克思恩格斯选集》（第2卷），人民出版社1995年版，第581页。
〔3〕《马克思恩格斯选集》（第2卷），人民出版社1995年版，第32页。

一个动态的过程，有起有落，但是随着教育热潮而迸发出了成长的力量。在建党初期，理论教育促进了党的成长、成熟，播下了革命胜利的顽强火种，进而促进了中国革命火焰的燃起。在第二次理论教育高潮中，马克思主义理论教育获取了教育经验，会进行灵活而有实效的教育，教育开始正规化并突显理性，展现出中国化的理论教育逻辑路径：学习、发展、快速传播。由于理论教育的有效推进，中国革命进程获得了理论的及时匹配，中国化理论教育内容真正开始产生，为新中国的诞生进程提供了理论指导。在第三次理论教育高潮中，马克思主义理论教育系统化并走向大众，教育逻辑路径为：比较、强化、实践，为新中国的建设和发展奠定了理论基础。通过第四次理论教育高潮，马克思主义理论教育在教育领域全面发展，教育正本清源，教育方式多元发展，通过教育促进国家政策的上传下达、理论难题的化解、理论知识的普及，进一步让理论教育走向大众，为改革开放、全面建设社会主义铺平了理论道路。其教育逻辑路径为：正本、求是、创新。在第五次理论教育高潮的推动下，马克思主义理论教育实现了教育的创新引领。教育内容的与时俱进，教育主客体的灵活转化，教育载体、教育方法的融合创新都取得了重大突破，实现了在完善中创新、在创新中引领，进而走向世界的目标。党和国家的事业发生了重大历史性变革，取得了众多历史性成就。

其次，历史进程驱使理论教育并驾齐驱。历史进程是各种历史条件必然和偶然作用的结果，历史进程也是围绕历史逻辑不断向前，是客观而有力的。在中国革命和建设的历史进程中，马克思主义理论教育的目标就是将教育对象和教育客体的矛盾尽量弱化，使教育对象的思想意识满足教育主体的要求。而这个要求是历史进程的客观性产物，是历史进程推进的主体需求。这个需求客观要求理论教育要跟得上历史进程的步伐，甚至做到一定阶段的超越。五次教育高潮多次体现理论教育跟不上革命实践和建设实践的认知，要求教育要和现实需求并驾齐驱。理论教育在一定的时期与革命和建设的需求差距甚远，导致教育高潮不得不疾风骤雨，这是时代的召唤、历史进程的逻辑需要。历史逻辑驱使理论教育不断自省、进化，最终使二者形成社会前进的合力。所以，马克思主义理论教育的历程也是中国共产党领导中国人民奋发前进的历程。五次理论教育高潮推动了历史进程，是历史飞跃的催化剂。

（二）理论教育与历史进程相互制约

与历史进程需求匹配的理论教育可以达到好的教育效果，教育高潮也与中国转变的里程碑式的成果相伴而生，每一次教育高潮，都有标志性历史进程成果的出现。如第一次教育高潮的推进夯实了党的根基；第二次高潮为新民主主义社会的诞生奠定了理论基础；第三次高潮铺平了社会主义全面建设的理论道路；第四次理论教育高潮拉开了中国特色社会主义建设的序幕，推动中国特色社会主义理论深入民心；第五次理论教育高潮在一次次理论学习热潮后，推动中国特色社会主义理论体系丰富发展并深入民心。但是，如果没有近代以来中国历史进程中与之匹配的生产力的发展，没有经济基础的支撑，理论教育将难以快速推进。

首先，历史进程约束理论教育。从客观环境上分析，历史进程是理论教育的土壤。历史复杂性是必然和偶然的合一，它会客观约束具有理性思维的历史主体，这个主体也是理论教育的主体。约束体现在历史的必然因素限制理论教育的发展。这种必然因素体现在一定社会发展阶段的经济水平、人文素养水平、科技发展水平、风土人情条件等，这些是理论教育无法有力干预的。在中国的革命时期，先辈们一穷二白干革命，无所顾忌，在当时，理论教育就像甘霖，瞬间解渴。相反，在温饱年代，条件优越，理论教育有时却力不从心。

其次，理论教育制约历史进程。这个制约体现在理论教育的偶然现象上。第一，人为的偶然因素。理论教育的主体是人，人是具有主观性的社会关系中的人。而这个人也是历史进程的主体，历史进程的主体在历史逻辑下不断接续，难免受阶段特征的影响，导致理论教育的水平出现主线以外的暂时波动。这些微小的变化具有杠杆效应，会对理论教育造成影响，进而也会影响历史进程。但是，从整个历史发展的过程来看，理论教育的有效性是主流。第二，教育内容体现的偶然性也会约束历史进程的发展。理论教育的具体内容虽有主线，但也有支流。在不同的时代，理论教育的具体内容是有时代特色的。教育具体内容的完善和发展水平对历史进程发展起直接导向作用，这也是理论教育的独有特征。第三，理论教育的介体也是理论教育和历史进程的共同约束条件。随着科学技术的发展，教育平台、教育手段逐渐走向多元、高效，充分利用会给理论教育本身和历史进程的发展再添动力，利用不足则有可能会失去理论教育的阵地，进而影响历史进程的有序推进。

纵观马克思主义理论教育的历史，我们可以看到，马克思主义理论教育的阵地从无到有、从有到全。各类高校、新闻舆论平台、网上网下空间不断拓展。全党高度重视理论教育，理论教育是使党强大的重要措施。党领导下的各理论战线、高校系统、宣传出版新闻事业均重视理论教育，使教育成为培育社会主义事业接班人的主要举措，从最初教育事业的建立到当今的创新发展，理论教育也随之经过了学习、试探、创伤、恢复与发展、创新与引领等不同阶段。高校等在教育落实过程中，也出现过轻重缓急错误把握。可是我们党能够发现问题、及时纠正与整顿，敢于刮骨疗伤、自我革新，使得马克思主义理论教育实现了从边缘走向教育事业舞台的中心，引领着教育事业走向未来。

综上所述，理论教育以经济发展为基础，但是也存在超越雄厚的社会经济发展的现象。如在艰苦的客观条件下，理论教育也曾取得过深入人心、主动自发学习的可喜成绩。在和平发展年代、在物质富裕中也有收效甚微之例。总之，在历史的偶然和必然中，在人为的必然和偶然中，理论教育一刻也不能松懈，必须与历史进程共同演绎，辩证统一。

二、理论教育与历史使命的耦合

理论教育具有阶段性特色，在历史发展的进程中，历史使命也具有阶段性，相同阶段的使命是一致的。在革命战争年代，教育使命就是抵御外侵；在建设阶段就是实现平稳过渡；在全面建设时期，理论教育使命与党的历史使命一道，乘风破浪，助力崛起，一路领航。

（一）理论教育贯穿历史使命嬗变

理论教育使命与历史使命殊途同归。马克思主义认为："统治阶级的思想在每一时代都是占统治地位的思想。这就是说，一个阶级是社会上占统治地位的物质力量，同时也是社会上占统治地位的精神力量。"[1]马克思主义理论教育是为阶级服务的，要适应阶级的需求。在意识形态领域如果不进行理论教育，其他的非主流的、反马克思主义的、非马克思主义的思潮肯定会抢占人们的头脑。正如马克思和恩格斯在《共产党宣言》之二里所述："共产党一分钟也不忽略教育工人尽可能明确地意识到资产阶级和无产阶级的对立，以便德国工人能够立刻利用资产阶级统治所必然带来的社会的和政治的条件作为反对资产阶级的武器，以便在推翻德国的反动阶级之后立即开始反对资产阶级本身的斗争。"[2]在革命年代，理论教育的使命是

---

〔1〕《马克思恩格斯选集》（第1卷），人民出版社1995年版，第98页。
〔2〕《马克思恩格斯选集》（第1卷），人民出版社1995年版，第306页。

树立信念，鼓舞斗志，获取自由，获取民族独立，助力中华民族稳稳地站起来，这个也是历史赋予中国共产党人的使命。所以，在中国革命过程中，有中国自身的历史条件和经济发展的特点，意识形态的斗争理论教育也以运动式这种教育模式独享优势，达到一呼百应，激情高涨，这是历史使命和理论教育使命一致获取的成果。而在当今这个和平发展年代，中国共产党的历史使命就是推进现代化建设、实现祖国的统一、维护世界和平和促进共同发展，建设中国特色的社会主义，进而实现中国梦、世界梦、人类梦想。面对国内外各种非主流思想的冲击，马克思主义教育若想获取实效，就更需突显出民族特色，突显出大众化力度，使全体人民继续树立并做到坚定社会主义信念，坚定四个自信，不被现象迷惑，不被污言秽语所迷失自我。因此，理论教育任重道远。马克思主义理论教育始终站在历史的角度、时代的高度，围绕这历史任务和时代课题来进行理论教育内容和方法途径的创新，提高理论教育效果，开创中国特色的理论教育模式。

"一切社会的历史都是阶级斗争的历史。"[1]社会主义阶级斗争照样存在，"所有社会主义国家毫无例外地都存在着阶级和阶级斗争"。[2]斗争的主要表现就是意识形态的斗争，这个斗争离不了对人们思想意识的教育。斗争主要的方法就是对马克思主义理论的教育和宣传。在文化领域也要以马克思主义理论为引导，坚持党性原则。在教育工作中，认真落实坚持德育为先，立德树人，用马克思主义中国化最新成果加强理想信念教育。在国际社会中，抵制和诋毁从未停息，但是顽强的理论教育使马克思主义理论走向民众、走向世界。历史进程的事实说明理论教育的使命是伟大的，任务是艰巨的，是具有时代性的，同时，其成果更是丰硕和具有说服力的。这个使命在新民主主义革命中、在社会主义革命和建设中、在实现中华民族伟大复兴中演变，带给人们实现中国梦、人类梦想的美好意念。正是通过理论教育，共同的国家理想和社会信念才从少数人走向大众，从精英走向草根。

（二）历史使命赋予理论教育话语权

首先，历史使命催生理论教育。马克思主义理论教育服务于社会主义革命和建设。在中国革命进程中，为了中国革命的顺利进行，必须有马克

---

〔1〕《马克思恩格斯选集》（第1卷），人民出版社1995年版，第272页。

〔2〕中央文献研究室编：《建国以来重要文献选编》（第16册），中央文献出版社1997年版，第449页。

思主义理论的指导，这个是由历史必然性因素决定的，是不可改变的，在这样的历史使命下必须有匹配的理论教育与之适应，所以，理论教育展现出了说服力、生命力。如在建党时期，大力进行马克思主义理论宣传教育，促进了马克思主义大众化的第一次高潮，让马克思主义理论在精英层面扩展开来，先进知识分子自己学习理论然后将理论进行再教育，传递给其他进步分子。建党初期的成效就是共产主义小组在全国广泛建立，人们逐步了解到了马克思主义理论，党员队伍不断扩大等，这些为进行工人运动、农民运动、妇女运动、工会活动等推翻封建压迫社会和赶走帝国主义的侵略奠定了坚实基础，虽然在建党初期共产党员的发展受到各种敌对势力的压制，精神被封锁，但是教育活动还在顽强进行。

在新中国成立时期，为了巩固新生政权，建设社会主义新中国，也需要大力进行理论教育，以便建立起与社会生产相适应的意识内容，将主流思想贯彻推广，使之深入人心，让广大干部和群众树立社会主义建设的信心，坚定社会主义信念。这个阶段的马克思主义理论教育主要为新中国成立初期的封建残余思想和其他反动思想的肃清服务，更好地进行社会主义生产，巩固与生产力发展相适应社会制度，为将来大刀阔斧地进行社会主义建设筑好精神大厦。

在改革开放时期，由于市场经济体制的放活，对外开放政策的实施，加上经济全球化风暴的吹进，各种思想混杂，难免会使部分党员干部和群众迷失方向，产生不利于社会改革和发展的行为。所以，为了抵制各种错误思想，占领意识形态领域的主导地位，更是需要加大理论教育力度。理论教育为经济基础服务。正如邓小平所述："离开了经济建设这个中心，就有丧失物质基础的危险。其他一切任务都要服从服务于这个中心，围绕这个中心，决不能干扰它、冲击它。"[1]我们要以经济建设为中心，给生产力的发展加大马力，首先要做的就是回答到底什么是社会主义、如何建设社会主义。整个社会也在期待着我们党对此给出准确的回答。对此，理论教育便发挥了巨大作用，引领人民坚定社会主义道路，自觉抵制错误思想，实现了思想阵地中主流意识形态的要地占据，马克思主义主流意识形态话语得以建设和发展。而在苏联，当时就是没有在意识形态的教育上占据思想意识形态领域要地，反而公开主张搞多元化，在斯大林时期不注重发展和创新马克思主义理论，高度集权使马克思主义的理论创新失去了动力，

---

〔1〕《邓小平文选》（第2卷），人民出版社1994年版，第250页。

党内民主和社会民主缺失，社会主义的优越性无法发挥。马克思主义理论的建设滞后，没有帮助社会发展解决根本问题。而从赫鲁晓夫到勃列日涅夫再到戈尔巴乔夫等苏共领导又太自由化，逐渐背弃了马克思列宁主义，搞民主社会主义，特别是戈尔巴乔夫在上台之后推行意识形态的"多元化"，导致了各种错误思潮在意识形态领域出现，资产阶级思想泛滥，人心不齐，马克思主义的指导地位荡然无存。加上被国内外敌对势力利用，最终导致苏共失去了执政的合法地位，发生了东欧剧变。对此，我们引以为戒，在教育中坚定了社会主义道路的自信，实现了国家的快速发展、思想稳定。

其次，历史使命创新理论教育。历史使命是理论教育创新的主要动力，历史使命与理论创新有机融合，催生前进的动力。但是仅仅是历史使命的单项存在不可能推动历史进步，必须把使命付诸社会各个要素，而最能起主导作用的就是理论教育。历史使命对理论教育的创新体现在三方面：第一，历史使命创新理论教育内容。历史使命和理论教育内容具有政治共性，方向一致。第二，历史使命创新理论教育方法。历史使命给理论教育方法的不断创新提供了动力，是理论教育方法从单向灌输逐渐走向与时代结合、与科技结合的多元发展。第三，历史使命创新理论教育检验标准。理论教育的结果如何，评价标准如何制定，理论教育如何改革，改革走向何方，都是紧密围绕历史使命展开的。也就没有历史使命的过去、现在和将来，也就不会有马克思主义理论教育的内在创新需求和动力，没有理论创新的节节胜利，所以，理论教育成功与否最明显的就是人民能否团结一心，协力完成历史使命。

第二节　马克思主义理论教育的理论逻辑规律

一、理论教育与理论本体的共生

（一）教育要与理论本体发展相结合

本体概念最初源于哲学领域，在哲学中，本体是对世界上客观存在物的系统描述，是事物的本质、本源。而关于教育，任何教育活动的要素都包括教育者、受教育者和教育内容、教育环境等，马克思主义理论教育也不例外。在马克思主义理论教育的过程中，理论教育的内容就是马克思主义的基本理论和中国化的马克思主义理论。马克思主义理论本体也就是马克思主义理论的本身。

1. 理论本体的发展促进理论教育内容的完善

马克思主义理论教育的理论本体是随着时代发展的。马克思主义理论内容不是一成不变的，它具有时代性和各国特色，在和不同国家的结合中产生了各具特色的马克思主义理论教育的内容。如前文论述中提到的世界上其他社会主义国家的马克思主义理论教育，如越南的理论教育、朝鲜的理论教育、古巴的理论教育等都各带有本土的特色，而在中国将马克思主义基本原理和中国的实践进行结合的过程中产生了毛泽东思想、邓小平理论、"三个代表"重要思想、科学发展观，习近平新时代中国特色社会主义思想，形成了在实践中发展着的中国特色的理论体系，这个体系本身还在随着社会的发展、时代的变迁而被继续注入新的内容。

在进行马克思主义理论教育的过程中，教育者要学习这些理论，同时要把教育的内容讲授传递给受教育者，马克思主义理论教育的内容从建党初期的马克思主义的基本理论的教育、到延安时期的马克思主义基本理论和随着毛泽东思想的指导地位的确立而进行的中国化的马克思主义理论毛泽东思想的教育，进而到新中国成立初期，理论教育中对马克思主义毛泽东思想精髓内容教育的重点教育、到改革开放时期的邓小平社会主义本质和如何进行党建的"三个代表"思想以及如何发展社会主义的科学发展观内容的教育、到新时代中国特色社会主义思想内容的教育。五次教育高潮分布在中国革命、建设、改革的不同时期，具备不同的教育内容、拥有不同的教育重点。如在建党时期，党对马克思主义的认识是得益于共产国际的指导，对马克思主义理论教育也多是基本原理的教育。教育党员辩证唯物主义哲学、教授科学社会主义思想，给党员以社会主义信念的树立和坚定。在延安时期，马克思主义理论教育的内容就根据不同的文化水平和干部层次的教育对象给予了不同的内容，既有马克思主义基本原理的教育也有中国革命史以及党章等基本内容教育。十六大以后的五年里，"面对复杂多变的国际环境和艰巨繁重的改革发展任务，党带领全国各族人民，高举邓小平理论和'三个代表'重要思想伟大旗帜，战胜各种困难和风险，开创了中国特色社会主义事业新局面，开拓了马克思主义中国化新境界"。[1] 2007 年 10 月 21 日，党的十七次全国代表大会将科学发展观写入党章，并

---

〔1〕 中共中央文献研究室编：《十七大以来重要文献选编》（上），中央文献出版社 2009 年版，第 2 页。

指出"科学发展观，是对党的三代中央领导集体关于发展的重要思想的继承和发展，是马克思主义关于发展的世界观和方法论的集中体现，是同马克思列宁主义、毛泽东思想、邓小平理论和'三个代表'重要思想既一脉相承又与时俱进的科学理论，是我国经济社会发展的重要指导方针，是发展中国特色社会主义必须坚持和贯彻的重大战略思想"。[1]党的十九大，习近平新时代中国特色社会主义思想的教育，让中华儿女和世界清晰地看到，21世纪的马克思主义指导下的中国，政党优秀、理念先进，展现出了大国风采，透露出了人类情怀、奋进中体现责任担当，我们前进的步伐更加自信。

每一次马克思主义理论教育的高潮，都给马克思主义理论注入了新鲜血液，都融时代课题于一体，教育的内容越来越丰富、教育的创新越来越活跃、教育的步伐越来越自信从容；理论教育的高潮带来了马克思主义理论教育的常教、常新，层层提升的新局面。同时，党继续要求不断推进马克思主义中国化、时代化、大众化，用中国化的马克思主义理论武装人民大众的头脑，用发展着的马克思主义理论教育，服务于中国特色社会主义建设。

2. 理论本体的科学性提升理论教育的成效

马克思主义理论教育的理论本体具有科学性使马克思主义理论教育的效果凸显。首先，理论本体的科学性给理论教育以理论自信。其次，理论本体的科学性给理论教育自我修复的弹性空间。最后，理论本体的科学性促进理论教育的不断创新。马克思主义理论本体不断进步，从建党时期的理论认识浅显，如"历史同时说明，那时党对马克思列宁主义理论和中国革命实践之统一的理解还是很幼稚的"，[2]到理论认识深刻到中国共产党人会活学活用进行理论创新，体现了不仅党在成长，党对理论的认识也在同步深化。在中国的革命、建设、改革进程中，中国的领导集体坚持创新，只要是符合中国国情和建设实际的，理论教育都会取得丰富成果。干部教育中不断强调，"党的干部教育，归根结底，贯穿始终的一条，就是要通过学习，不仅增加知识，提高认识能力，而且要在改造客观世界的实践中，

---

〔1〕　中共中央文献研究室编：《十七大以来重要文献选编》（上），中央文献出版社2009年版，第44页。

〔2〕　全国干部培训教材编审指导委员会编：《毛泽东思想基本问题》，人民出版社出版2002年版，第3页。

更好地确立广大干部特别是各级领导干部的科学理想、信念、世界观，确立坚强的党性"。[1]最终实现了理论强党、积累了强党的一系列经验，保障了中国共产党的先进性。

（二）理论本体发展与理论教育发展相互促进

理论本体的发展是一个永恒的话题，它伴随着社会主义建设进程一直进行下去。在理论本体发展的过程中，马克思主义理论教育与其同行。

1. 马克思主义理论本体的发展促进马克思主义理论教育的发展

马克思主义理论本体的发展体现在一系列的探索与创新中，如在中国革命时期提出的要走农村包围城市革命道路等结合中国实际的马克思主义理论应用。1938年，毛泽东在批评王明教条主义时就说过："共产党员是国际主义的马克思主义者，但是马克思主义必须和我国的具体特点相结合并通过一定的民族形式才能实现。马克思列宁主义的伟大力量，就在于它是和各个国家具体的革命实践相联系的。"[2]如何才能更好地使理论本体不偏不倚地正确前进，那就是对实事求是精髓的牢牢把握。在实事求是的前提下，大力促进马克思主义理论本体的发展，赋予理论本体"实践特色、民族特色、时代特色"。"党的理论创新每推进一步，理论武装就要跟进一步"，[3]用党的与时俱进的理论成果武装干部、武装人民大众。

2. 理论教育的发展有利于马克思主义理论本体的升华

马克思主义理论教育的主要作用是缩小国家对马克思主义理论水平的要求和受教育者的理论水平之间的差距。用马克思主义方法分析现实问题，找到国家建设、人类发展的规律，将成功经验再上升为理论。按照中共中央文件里"学习马克思主义经典著作……不断深化对共产党执政规律、社会主义建设规律、人类社会发展规律的认识，不断把党带领人民创造的成功经验上升为理论，不断赋予当代中国马克思主义鲜明的实践特色、民族特色、时代特色"[4]的要求，马克思主义理论教育要及时更新教育内容，把马克思主义的实践特色、民族特色和时代特色体现在理论教育里，使教育既具有基础性又具有实用性，用发展着的本体来进行教育内容的更新。

---

〔1〕 全国干部培训教材编审指导委员会编：《毛泽东思想基本问题》，人民出版社2002年版，第18页。

〔2〕《毛泽东选集》（第2卷），人民出版社1991年版，第34页。

〔3〕 胡锦涛："在学习《江泽民文选》报告会上的讲话"，载《人民日报》2006年8月16日。

〔4〕《中共中央关于深化文化体制改革推动社会主义文化大发展大繁荣若干重大问题的决定》，人民出版社2011年版，第12页。

整个马克思主义理论教育的实施过程，包括马克思主义理论的学习、马克思主义理论的研究、马克思主义理论教育具体活动、马克思主义理论的实际应用等环节。虽然讨论的是马克思主义理论教育，但是教育的实现离不开研究者和教育者自己理论水平的提升，它的理论水平至少不能低于受教育者，这样才能更好地传递教育信息，达到教育效果。而教育者马克思主义理论水平的提高，受教育者马克思主义理论的吸收和培养效果的提高乃至整个社会的马克思主义理论水平的提高自然会有利于马克思主义信念在大众心中坚定地位的树立，有利于为马克思主义理论的研究提供丰厚的营养，来诞生出更准确的具有时代性、民族性、实践性的马克思主义理论。在新中国成立前后，党的不同领导集体在不同的时代能够实现马克思主义理论的飞跃少不了中国的马克思主义理论教育的良好效果的推动。正是马克思主义理论教育的成效作用才会使毛泽东思想、邓小平理论、"三个代表"重要思想、科学发展观、习近平新时代中国特色社会主义思想呼之欲出。

这些理论升华和创新的不断推进，得益于这几代领导集体刻苦学习马克思主义理论、得益于整个社会不断学习一脉相承的马克思主义理论体系。党中央、宣传部门、教育部门，社会科学院等齐心协力下，促进了理论真正入脑、入心。党中央多次提到要建设"马克思主义学习型政党，推进马克思主义理论的建设和研究工程"，层层"推动中国特色社会主义理论体进教材、进课堂、进头脑"。[1]如果党和国家不重视马克思主义理论教育，不重视理论的大众化推进，马克思主义理论的创新和发展也有可能进行，但是进程肯定会很慢，或者会出现理论发展的曲折甚至停滞。

二、理论教育逻辑与历史逻辑的共促

（一）马克思主义理论教育逻辑和历史逻辑、理论逻辑是契合的

"理论逻辑是现实的历史逻辑在思想中以理论的形式展开的。"[2]理论逻辑是理性的，是渐进的。自从有了人类，就有了人类历史活动，有了历史活动就有了人类的思想。历史和逻辑的关系如此，理论逻辑和历史的关

---

〔1〕《中共中央关于深化文化体制改革推动社会主义文化大发展大繁荣若干重大问题的决定》，人民出版社 2011 年版，第 59 页。

〔2〕冯海波："中国特色社会主义理论体系的历史逻辑与理论逻辑"，载《攀登》2010 年第 6 期。

系也是如此，有了历史就有了理论逻辑。尽管理论逻辑和历史逻辑起点有可能"不是完全重合"[1]，但是也不完全隔离，他们有一定的时空关联性。理论逻辑是综合性的，是有规律的。马克思主义理论教育逻辑也是历史性的、是和人类思维进程有关联的，马克思主义理论教育逻辑是理论逻辑的一个组成部分。

首先，马克思主义理论教育的逻辑起点是理论逻辑和历史逻辑进程的一个节点。历史逻辑和理论逻辑源远流长，但是马克思主义理论教育逻辑起点却是历史逻辑和理论逻辑的一个节点，这个节点具有关键作用。它是历史逻辑的典范，是人类思想史的又一转折点。理论教育的起点虽然晚于历史逻辑的起点，但是理论教育逻辑与理论逻辑、历史逻辑并不排斥，而是共同前进的。理论教育逻辑和理论逻辑这两个逻辑虽然各有自己的必然联系性，如各自的活动范畴，各自的发展脉络，但是两种逻辑也有共同点，那就是都是人类思想的反映，是人类智慧的集中体现，是人类的大智慧，是历史智慧的表征。

其次，马克思主义理论教育的逻辑终点是历史逻辑、理论逻辑的一个新起点。马克思主义理论是社会实践的指导，是历史前进社会发展的指导思想。马克思主义理论教育将是这种指导坚定执行的坚强思想后盾。没有理论教育的逻辑发展，马克思主义理论思想的指导作用就会受到强烈影响。马克思主义理论教育的逻辑会随着社会前进一直演变下去，马克思主义理论教育的逻辑终点的实现意味着下一个历史逻辑起点和理论逻辑起点的开始。预示着人类理论发展和实践发展的新开端。

所以，在马克思主义理论教育逻辑起点与终点的变化中，实现着历史逻辑和理论逻辑的飞跃，在不断的历史逻辑飞跃中实现着理论教育的意义。

（二）理论教育逻辑超越历史逻辑

马克思主义理论教育逻辑源于社会实践，源于历史积淀，没有这些先天条件，理论教育举步维艰。但是，理论教育逻辑不是因此而总是滞后于历史逻辑，相反，理应走在历史逻辑的前列。因为没有理论教育的逻辑起作用，就不可能发挥马克思主义理论的先导作用。这个理论教育逻辑体现在马克思主义理论的创新和马克思主义理论教育方法的与时俱进上，理论教育防御意识、理论教育体系化实施、理论教育内容体系创新意识，是马

---

[1] 左亚文："论马克思主义中国化第二次飞跃理论逻辑和历史逻辑的内在契合"，载《武汉大学学报（人文科学版）》2005年第11期。

克思主义理论教育的逻辑结果。

首先，关于马克思主义理论教育逻辑的超前性。理论教育逻辑对历史逻辑的超越体现在理论教育的预御一体。"预"是预防即将出现的问题，"御"是抵御即成的问题。虽然从字面上看，时间上有先后，但是最后落脚点是两者互为转化，因为马克思主义理论教育预防可能存在的问题将是下一次教育实施的现实活动。预和御一体，预前御后的情况正是其超前性的一面。所以，理论逻辑在一定场合可以超越历史逻辑，理论教育的必要性不仅是理论教育已经洞察问题的存在才开始着手教育的过程，而且还体现在于现实问题没有暴露之前理论教育的事前教育疏导。马克思主义理论教育的历史高潮迭起，从教育高潮的背景分析，可以得出高潮基本都是针对即将出现的现实问题进行预判，来使教育主体和教育客体的矛盾尽量弱化，每一次高潮的背后都存在着理论教育的必要性和紧迫性，理论教育的本身已经超越了理论教育适应问题的功能，而是在解决现实问题的同时也为了对可能出现问题的预控，实现预御共建。

其次，理论教育逻辑对历史逻辑的超越还体现在马克思主义理论教育的独立性上。马克思主义理论教育是教育的一种特殊体系，它具有引领性、阶级性特色，是随着马克思主义理论体系不断完善而完善的。这种体系独立于其他教育体系之外。

最后，理论教育的逻辑超越历史逻辑体现在其前瞻性。理论教育的逻辑自身具有前瞻性特征，这个前瞻性得益于理论教育的主体具有前瞻性、理论教育内容的先进性、理论教育自身的修复性。马克思主义理论教育的进程在整个历史之中是引进、学习、传播、创新的。马克思主义理论教育在中国落地就已经体现它的先进性，这个先进是相对中国以往社会发展理论的。正是由于先进才能产生人们学习和传播的动力。马克思主义理论教育的前瞻性体现在教育内容上，教育内容正是马克思主义的理论体系。随着中国的革命建设和改革的推进，马克思主义理论教育逐渐在内容上进行丰富和完善、消化和吸收，进而诞生出新的理论教育内容。最后的落脚点是我们自己进行理论创新，进行理论教育方法的不断改革和创新。这个新又反映在理论教育的前瞻性思考，面对历次不同的国家革命和建设困境，理论教育号角再起，产生一次次理论教育高潮，达到了实践创新和理论创新前所未有的高度，但凡重大历史转折前夕，都有马克思主义理论教育的大规模前瞻性引领。

所以，纵观马克思主义理论教育的历史进程我们可以看出，马克思主义理论教育逻辑只有超越历史逻辑才会驱动历史主体克难攻坚，推动历史不断走向新的起点。

第三节　马克思主义理论教育的主客体结合规律

马克思主义理论教育的主客体是一个共生体，在哲学范畴上，两者是相对存在的。不管是教育主客体各种学说中的单一主体说还是双主体说，还是其他学说，都认为马克思主义理论教育更适合主客体双向互动学说。在理论教育的历史进程中，我们可以看到理论教育的主体和客体不是完全独立和互不联系的，而是相互转化、相互促进，进而达到思想趋于一致性的。

一、理论教育的主体自为

自为，是指自身有所作为并使自身成为既存的这种状态和身份地位。马克思主义理论教育的主客体结合表现在主体自为规律上。马克思主义理论教育的主体自为规律是指教育主体在进行马克思主义理论教育的活动中，主体始终展现自我定位、自我反省、自我学习提升、自我蜕变的自觉逻辑。在这个逻辑中，教育的主体本身是教育的客体，客体也是主体理论教育的主体。

首先，理论教育主体的自我定位与提升。主要表现在，理论教育的主体是一个系统的概念，它呈现自顶向下的金字塔状态。在最顶层的理论教育的主体理应是马克思主义理论经典作家，他们是理论教育的主体中的主体，也是社会规律的洞察者和社会建设的设计师。这个主体总体上具有超凡的学习和自我提升的能力，提供自己经过不断学习反思进而能够形成解决实际问题的理论，被理论教育主体其他中间力量吸收，进而再将理论教育扩展到基层的大众教育主体。这个主体是历史的活动参与者也是总结者，在实践和理论的学习和反思中，成为理论教育的主体同时也是理论教育的客体。至于中间力量的教育主体更是如此，他们需要持久的耐力和自我反省的自觉行为，才能将顶层主体引领的思想全面把握并有效教育，这种主体参加过各种理论教育活动，通过实践的方式、通过党校和马列学校等教育机构不断地实现自我提升。教育主体在接受教育的时候是客体，在进行教育的时候是主体，主体和客体的身份不断转换。最后位于基层的教育主体是理论教育的直接受众，但是正是这些受众却成了理论教育最后效力发挥的主力。这种主客体的交织使理论教育的主体自然成就理论教育主体地位，并发挥着关键作用。

其次，在教育的历史进程中，理论教育效果的超强凝聚力达到万众一心，攻克难关离不开教育主体在教育过程中能够及时发现教育客体的需要甚至是创造教育客体的被教育的需要，使理论教育达到推波助澜的效果。这个及时发现或者创造受教育需要的能力主要是教育主体自习而得，自省而设的。理论教育的主体对事态的大局把握和对教育方法的精细考究无不体现这点，在历史转折点可以准确把握，可以实现及时转折。理论教育主体只有意识到自身理论水平和实践水平的不足，认识到教育的匮乏和迫切，才会力挽狂澜，有效助推理论教育的实施和研究，使之形成教育实践。

最后，理论教育主体的自我蜕变。理论教育主体的自我蜕变是指理论教育主体在历史进程中，不断学习的过程状态和结果状态。过程状态是指教育主体在总体上实现主客体转变不是一次的、不是完结性的，自我蜕变应该是一个动态的过程。这里有两层含义：一方面，主体动态的蜕变是指理论教育主体自己在不断地实现具有里程碑式的教育境界的变化。上一次蜕变的结果是下一次继续蜕变的基础，在不断的蜕变之中，实现着理论本质的再现和理论创新。另一方面，自我蜕变是指理论教育主体的蜕变，是指理论教育的主体在历史进程中实现客体和主体的同时蜕变。后续教育的主体是前置活动教育的客体，是实现理论教育自我完善的教育历程。

二、理论教育的客体他律

他律，是遵循外在约束规律。马克思主义理论教育客体的他律是指客体不可能自觉地完善自己的理论水平，而是存在着天然的惰性，这个惰性不是自己不主动，而是因为这种需要教育的意识薄弱甚至是无力，这是由意识形态教育的特征所决定的。所以，理论教育要靠外在的力量来发挥作用，使教育客体达到教育主体的教育目标。

第一，对理论教育客体的教育需要主体进行灌输和他律，在灌输中实现主客体结合规律。灌输是意识形态教育的基础，这种意识不可能先天长成，而是要通过教育环境的营造、通过教育活动的有效发挥，使教育客体感受到教育的能量，接受教育的光芒。在理论教育的历史进程中，这种他律体现在各种运动的发起、各种教育组织的形成和壮大。在灌输到一定阶段后，当知识理论和实践水平达到特定程度时，教育客体会发生角色转变，实现教育主体的功能，进行理论自我学习，主动传播。早期的马克思主义理论教育活动，在当前全面建设有中国特色社会主义理论体系活动中，都能看到理论灌输后理论客体角色转变的例证。

第二，理论教育客体的教育需要主体制度自信、理论自信的约束。教育客体对理论教育的认识和被动接受，除了教育主体对客体进行单向的灌输之外，还有就是理论教育主体在教育过程中体现的制度自信、理论自信。理论教育主体的理论自信是强化理论教育的能量。教育的客体自然会为之冲击，为之振奋，进而促使教育客体完成主体身份的转变。制度自信、理论自信是由内而外的，由教育主体进行理论自信的理论延续和理论创新，进而实现理论自信的外化并发挥对客体的他律作用。

第三，理论教育客体在他律和自律中发挥教育效力。他律是本体外的教育主体对其进行的约束和控制，自律是教育客体的自我干预，由他律向自律转变体现着马克思主义理论教育客体的进步性，是一种教育进化表现。一旦走向自律也就完成了理论教育一定阶段的教育主客体合一的过程，实现了完美结合，实现了主客体共生。

三、理论教育的主客体互动

理论教育主客体的互动规律是指在马克思主义理论教育的历史进程中，理论教育的主体与客体相互转化、相互呼应，实现"主体—客体—主体"的角色及职能循环。理论教育的历史是主体和教育客体互动的历史，正是有了这个互动，才有理论教育的切实效果，才有理论教育的高潮。

首先，在马克思主义理论教育的历史进程中，教育的主客体互动的前提是教育主体言传身教。主客体的互动只有在理论教育的主体具备充分的示范作用，对教育客体产生思想的、政治的共鸣时，才能使互动有基础、有空间。言传身教示范作用的发挥体现在：第一，教育各层次主体能对马克思主义理论进行不同层次的掌握和运用。主客体的互动的发起应以教育主体为先导，教育主体对理论的学习和运用能够引起教育客体的共鸣。第二，教育主体善于将教育内容赋予现实意义。现实意义是指理论教育传递的信息关乎人民群众的切实利益、解决教育对象实际问题，能让他们实现自己的梦，这个是马克思主义理论教育效果实现的动力和捷径，能让教育对象对教育有所期待，能在未来改变教育对象的生活现状。历史进程的每一次教育互动都让人们切实感受到教育的意义，为教育客体的物质和精神服务，所以，教育才能一呼百应或者硕果累累。第三，理论教育主体要具有亲和力。亲和力可以是教育主体原本具备的禀赋，也可以是后天修习的结果，再精深的理论如果缺乏亲和力的传播途径，那么也只是束之高阁的精英理论，不会在各个层面的教育对象心里产生决定性影响。

其次，理论教育的主客体互动的核心是教育客体对理论的自觉实践。理论教育的客体对理论的自觉实践体现在以下几点：第一教育客体对理论教育产生认同。在任何教育活动中，教育客体对教育认同是教育发挥作用的起点，在认同的基础上进行教育内容的贯彻执行是教育的关键。"认同"在《辞海》里的解释是：个人与他人有共同的想法，人们在交往过程中，为他人的感情和经验所同化，或者知己的感情和经验足以同化他人，彼此产生内心的默契。所以，认同是一个交互的行为过程，是互动的。从弗洛伊德、埃里克森的心理学角度认同，到贾英健等哲学意义上的认同，马振清、吴家骥等政治学角度认同等，可以总结出马克思主义理论教育的认同不能简单地等同于认识，而是在认识的前提下对马克思主义理论进行内化并以此为行为的标准和支撑，是对马克思主义理论教育的赞成，加入了教育客体自身的感情色彩，自愿产生言行的约束。"认同阶段是理智活动与意志活动相统一阶段"，[1]认同是一个关系范式，在关系中实现主客体的交互及角色转换。理论教育客体的认同对象是多层次的，如对教育内容的认同、对教育主体的认同、对教育意义的认同、对价值观的认同等。在这些认同的综合作用下，互动开始发酵。

最后，理论教育主客体互动的保障是主客体互动机制的创建。第一，理论教育主体之间的互动机制的建立。由于马克思主义理论教育的特殊性，理论教育的主体队伍庞大，教育主体组成的综合性和多层次性导致理论教育主体之间也存在一定的相互影响，也即互动。理论教育主体在教育过程中的互动分为横向层面的互动机制和纵向层面的互动机制。横向层面的互动机制主要指教育相同层次水平主体间的呼应。这个呼应体现在教育力度上、教育内容的同步上、教育经验的共享等方面。这个层面的互动结果会使教育主体间形成全局效应，对教育客体产生冲击力。其次是理论教育主

---

〔1〕 李冰："试论思想道德教育中的'个体认同'和'社会认同'"，载《河北省社会主义学院学报》2002 年第 7 期。

体的纵向互动机制，这个互动是不同层次的教育主体之间遥相呼应，产生共鸣，使教育主体的理论教育水平层层推进，理论在不同水平层次主体间推进，进而实现教育主体的教育进化。第二，教育客体间的互动机制的建立。这是教育客体间互相学习的条件，教育客体在闻、比、思、悟的自我习得之后产生的教育互动需要。第三，教育主客体互动机制。教育主客体互动机制是指相对意义的主客体之间产生作用的方式，这种机制的产生必须使主体和客体形成共同体，主为客、客为主，在教育载体上主客保持高度统一，形成理论教育互动的归一，进而完成教育的螺旋上升。

第四节　马克思主义理论教育的方法论规律

马克思主义理论教育的方法论是指理论教育方法的理论，理论教育的实施由教育方法直接作用。理论教育方法论规律是关于理论教育方法的形成、发展、变化的规律，是关于理论教育方法抽象和具体关系的本质。

一、教育方法论普适性与差异化并存

理论教育方法论的普适性主要针对理论教育方法论的作用范畴。方法论具有普遍的适用性，理论教育的方法论是抽象的，不是具体的工具。教育方法论在理论教育的历史进程中伴随着各种教育方法的丰富而逐渐形成，教育方法论既具有客观性也具有主体自身具备的主观性，所以，理论教育方法论的形成和发展也是教育历史逻辑的产物之一，是人们在理论教育活动中对各种教育方法的总结和抽象。理论教育具体方法在方法论普适性下实现理论教育的基本功能。

教育方法论的差异化既可以理解为教育方法论在不同历史阶段的差异，也可以理解为同时期的不同教育方法的并存。前者是站在教育方法论自身发展的逻辑视角，后者是站在理论教育方法运用水平的视角，指理论教育方法在使用和传播中具有个体差异。自古以来，教育者大都秉承"孔子教人，各因其材"[1]之道，对教育对象进行差异化教育。各种教育都必须遵循教育方法差异化规律，马克思主义理论教育内容博大精深，理应因材施教。中国在理论教育的漫长历史中，形成了独特的方法论体系。特别是干

---

〔1〕　陈增辉："王守仁教育方法论"，载《上海大学学报（社会科学版）》1999 年第 4 期。

部培训通过革新培训方法，设置不同的专题，制定不同的内容，达到科学化水平。理论教育秉承教育内容差异化，教育环境差异化、教育方法差异化、教育评价差异化，因材施教。例如，首先，教育对象差异化主要是根据教育对象的不同，在进行教育大众化的体系下，根据教育内容难易程度呈现倒金字塔形状。对基层大众选择有针对性的、容易消化的教育内容，应少而精。教育内容层层递进，不是全面一致。在时间维度上，教育内容也是进行差异化处理。教育内容不断被赋予创新思维，进行理论的不断创新。其次，教育环境差异化指教育者对教育的外在条件进行充分考虑，对有条件的地区和条件欠缺的地区在进行理论教育时区别对待。对教育环境除了客观原因外，还主动创造差异化的条件，形成教育的对比效应。最后，教育内容差异化。在教育的不同阶段，针对教育对象，做到理论教育内容差异化处理。考虑教育学情的具体条件，来进行理论教育活动的开展。教育内容差异具体体现在两个方面：一方面是同一阶段不同教育对象的教育内容的差异化；另一方面是不同阶段教育内容的丰富和与时俱进。教育评价差异化，主要体现在教育具体结果的处理上，针对理论教育过程使不同阶段的理论教育评价指标不同，进而推进理论教育各得其所。

不同的教育组织对理论教育的方法论的理解会有深有浅，导致教育方法的运用会有不同。理论教育自身也是宏观化与精细化的共同体。理论教育方法论只有符合这个特性才能发挥其教育的最大效力。

二、教育方法稳定性和创新性结合

教育方法的稳定性指理论教育的基本大法在理论教育的各个阶段都在发挥基础作用，如教育的系统化表现等。在系统化的理论教育模式下，教育方法如宣讲法、教育和自我教育方法在不同时期都在运用，一直延续到今，这种稳定主要是得益于马克思主义理论教育找到了一些可以作为基点的基本方法。教育方法自身也在接受检验的同时得到深化，促进了方法论体系的完善。教育方法的创新性是指理论教育方法在不断创新，教育方法是处于发展状态。

首先，理论教育方法的稳定性奠定了理论教育方法创新的基石。马克思主义理论教育的基本方法在本质不变的前提下，给理论教育方法的创新厚实了内容。理论教育方法的稳定性给理论教育创新提供了时间和空间。其次，理论教育方法的创新延长了理论教育方法的稳定期限。方法的相对稳定性取决于理论教育方法的科学性和教育主体对理论教育方法的主观能动性。

三、教育方法时代性和现代性结合

理论教育方法的时代性和现代性的结合是指教育的方法随着社会发展而发展，并且对科技水平有一定的依赖关系。第一，理论教育方法时代性是指理论教育的方法在不同的社会发展阶段、不同的时代有不同的教育具体方法。第二，理论教育的现代性是指教育方法要与时俱进，具体方法依赖于一定的科学技术水平，理论教育的方法嫁接于有时代特色的传媒手段。

四、教育与传播的独立性和交叉性融合

在历次教育高潮中，教育和传播既独立又交融。在教育历史进程中，传播一直是理论教育的利器。在某种程度上，教育就是传播知识和技能，教育是传播的重要途径方法，传播也是教育的功能之一。教育的过程与传播的过程是一致的，传播服务于理论教育，各种传播平台在教育的引领下实现交融和升华。

第一，传播奠定理论教育的方法根基。传播是人的一项基本社会功能，有人就有传播。马克思主义理论教育的历史也是马克思主义理论在中国传播的历史，由于理论教育的特殊性，导致理论教育也是理论传播，理论传播也是理论教育。理论教育和理论传播不分家。理论教育的原始方法就是新闻传播。在建党初期，马克思主义理论走向大众的第一步就是理论在没有正规教育机构的前提下依托报刊、书籍、杂志散播出去。正如经典作家所述："报纸最大的好处，就是它每日都能干预运动，能够成为运动的喉舌，能够反映丰富多彩的每日事件，能够使人民和人民的日刊发生不断的、生动活泼的联系。"[1]在有了正式的教育组织后，理论教育在当时条件下衍生到广播渠道，如抗日战争时期，广播对理论教育起重要作用。将传统的报刊这种静态显示教育内容的形式走向动态声音形式，让教育能够在当时的先进传播形式下发挥更好的功能。所以，传播是理论教育的根本方法，在任何时代都不能忽视或放弃传播在理论教育方法中的重要地位，在当今互联网、有线电视网、电信网进行三网融合的前提下，信息传播的渠道日

---

〔1〕《马克思恩格斯全集》（第10卷），人民出版社1998年版，第115~116页。

益丰富。教育形式也在传播的多方法下多元发展，三网融合、媒体融合、终端融合，形成了全媒体教育平台的新格局。

第二，传播和教育的殊途同归。随着社会的发展，传播的重要性被提上日程，传播逐渐在20世纪30年代形成一门学科，即传播学。传播学和社会科学有紧密联系，传播在理论教育领域担当重要角色。传播的内容和理论教育的内容在核心价值观上是完全一致的。传播的大众文化与理论教育的主流文化做到交汇，做到普遍性的理论研究与大众化通俗化理论宣传普及兼顾。在各种媒体的传播效应下，马克思主义理论内容实现了从抽象向实际的转变，完成了主流与大众的整合，达到了大众化与化大众的统一。传播内容与教育内容主脉是指核心价值观，体现在二者的内容选题原则是一致的。首先，内容上，传播宣传价值观是人的正能量，符合大众人的审美观。马克思主义理论教育的内容是与时俱进的马克思主义，教育内容必须是客观、实际、与时俱进、不断创新的，尽管理论教育也难免出现偏颇，但是这种偏颇是暂时的，最终目的是解决人类社会发展问题。

第三，传播媒介与教育渠道的交汇融合。首先，传播媒介与理论教育渠道相互交织。传播媒介是信息传播的工具，既包含信息传播报纸、杂志、电视、互联网、手机、广播、融媒体等，也包含利用这些工具进行信息收集加工、传播的机构和组织。传播媒介在人们的生活、工作、学习中发挥不可或缺的作用。理论教育渠道从广义角度，既包含大众传媒，也包括专业的理论教育机构如各类高校、机关党委等。可见，大众传媒渠道也是党的指导思想传播的必经渠道，二者有重叠，两种方式并存、共进。其次，传播渠道对理论教育存在着一定的局限。这种局限体现在：大众传媒渠道的多元性对理论教育的细分相对缩小了理论传播的范围；大众传媒渠道的交互性的出现使教育受众在选择中会对理论教育内容缺乏主动的利好；此外在大众传媒的过程中，理论教育的信息量会有所局限。总体上看来，马克思主义理论教育的渠道随着大众传媒渠道的拓宽而拓宽，会受大众传媒渠道的多少和大众传媒对理论教育力度拿捏的影响。

第五章

马克思主义理论教育的启示

第一节　理论教育要有主线

马克思主义理论教育尽管随着时代的变迁会不断创新，体现历史性、实践性、时代性和民族性，但是创新必须围绕马克思主义的基本理论内容来进行，离开了马克思主义的基本原理内容，马克思主义就失去了原本的意义，就会变质，其必将背离马克思主义。所以，马克思主义理论教育的主线也就是马克思主义的基本原理，它包含马克思主义辩证唯物主义和历史唯物主义、科学社会主义和马克思主义政治经济学。这些基本原理内容是任何社会主义国家进行理论教育都应重视的，它教会了人们如何用正确的世界观和人生观观察世界、认识世界及改造世界。尽管马克思主义在中国进行了中国化的发展，但是这个基本的主线不能丢，不能忘本。邓小平说过："不要把毛泽东思想同马克思列宁主义割裂开来，好像它是另外一个东西。我们在宣传毛泽东思想的时候⋯⋯一定不要忘记了马克思列宁主义，不要丢掉这个最根本的东西。"[1]

所以，进行理论教育要做到两点：第一，牢牢把握住马克思主义的基本原理，以马克思主义的基本原理为根基，来建筑社会主义的大厦；第二，要牢牢把握住实事求是的马克思主义理论精髓。在进行马克思主义理论教育的时候也要实事求是，将理论的教育和学习与中国的实际结合、与教育对象的实际结合。首先，与中国的实际结合，具体指以马克思主义基本原理分析发展变化中的中国实际，解决中国在革命特别是当今社会主义建设过程中的实际问题，通过理论教育提高干部解决问题的能力、老百姓对政

---

〔1〕《邓小平文选》（第1卷），人民出版社1994年版，第283页。

策的领悟能力，增强老百姓对党的信心、对社会主义美好未来的信心。其次，与教育对象的实际结合。因为干部理论水平、文化水平存在着差异。在建党初期可能还有一些干部是文盲，针对文盲进行的理论教育内容就比有文化的干部的理论教育步骤要复杂，因为先要边扫除文盲边进行理论教育，提高理论水平，所以，这是一个具体问题具体分析的过程。对待干部进行教育和青年学生的理论教育也要从实际出发，从调查研究出发，不能一刀切。党历来对干部的理论教育抓得非常严格，改革开放以来更是形成了一个严密的干部理论教育体系，通过讲师团、干部培训基地来进行马克思主义理论教育的有效实施，同时，为了方便干部学习理论还刊印了丰富多样的理论读本。如《毛泽东思想基本问题》《邓小平理论普及读本》《"三个代表"重要思想概论》《科学发展观读本》《习近平总书记系列重要讲话读本》等，主要用于干部培训，当然也可以方便其他人员进行理论自学和参考。在学校特别是高校，建立了一批马克思主义理论基地，培养青年马克思主义理论的专业人才，形成了马克思主义理论研究和教育的相对完整体系，并且还在继续深化建设。普通高校的基础课里涵盖了马克思主义基本理论和中国特色社会主义理论体系课程，通过修习学分的完成，来促进马克思主义理论的大众教育，在教育方法和教育效果的追求上与干部培训有所不同。

第二节　理论教育要形成体系并准确理解体系

马克思主义的精髓是实事求是，实事求是要求从实际出发去分析问题、解决问题。随着社会生产力的发展，社会在发展，人类在进步，作为上层建筑的意识形态的理论是不断变化的，在进行理论丰富的过程中，我们要进行马克思主义理论的体系化，并准确地理解体系。

中共十七大报告提出，中国特色社会主义理论体系，把与中国实际相结合的马克思主义理论成果进行体系化，并为以后中国特色的社会主义理论的创新提供合理的概括空间。有关学者指出：理论体系标准有几点，如由一系列子系统构成，子系统之间相互关系或相互作用，子系统的要素是一系列成熟正确的思想、理论、观点；有理论主题统领各个子系统，有世界观、方法论做基础，涵盖面广泛。[1]在进行理论教育的过程中也要形成

---

〔1〕　张静如、李向勇："马克思主义中国化历史进程中的两大理论体系"，载《中国特色社会主义研究》2008 年第 2 期。

教育体系，体系泛指一定范围内或同类事物按照一定的秩序和内部联系组合而成的整体。教育体系按照周明星在《职业教育学通论》里的观点，是指互相联系的各种教育机构的整体或教育系统中各种教育要素的有序组合。马克思主义理论教育也要形成体系，使各种教育要素有序组合，建立和完善学校教育体系、培训教育体系和舆论宣传教育体系。

一、高校理论教育体系继续完善

首先，学校的马克思主义理论教育主要是通过普通高校马克思主义理论教育体系完成。当前，马克思主义理论教育在高校已经相对完善，体现在有理论教育学科体系、有师资培训和研究体系等。1991 年，国家教委发布了《关于加强和改进高等学校马克思主义理论教育的若干意见》，提出要积极进行教学改革，重点是教学内容的改革，作好理论联系实际的工作。帮助学生树立马克思主义观，四年制本科学校理论课程要涵盖马克思主义原理教学要点规定的教学内容，学时 140 小时。

1993 年 8 月 13 日，中组部、中宣部、国家教育委员会发出了《关于新形势下加强和改进高等学校党的建设和思想政治工作的若干意见》，提出要在坚持马克思主义基本原理的前提下，更新充实教学内容、改进教学方法、加强师资建设，建立教材管理体系。1994 年 1 月，江泽民在全国宣传思想工作会议上，指出"教育系统要编写建设有中国特色社会主义理论的教材，作为学校政治课的主要内容"。[1] 1995 年 10 月 24 日，国家教育委员会发布了《关于高等学校马克思主义理论课和思想品德课教学改革的若干意见》，指出理论课教改的主要任务就是加强马克思主义教育，要在四年制本科开设"马克思主义原理""中国社会主义建设"。理论课文科不少于 250 学时、理工农医类不少于 200 学时。专科三年制的不少于 150 学时，两年制的不少于 100 学时。1998 年 4 月 28 日，中宣部、教育部发出了《关于普通高等学校"两课"课程设置的规定及其实施工作的意见》，将邓小平理论的"三进"工作在全国高校落实，同年秋要求普通高校开设邓小平理论课。

在师资培训上，社政司作出规划："面向 21 世纪教育振兴行动计划"出资进行两课教师培训，滚动培训一批 45 岁以下的中青年骨干教师。同时，北京大学请 12 位名师为全校本科生开讲邓小平理论专题，人民大学为本科

---

〔1〕 中共中央文献研究室编：《十四大以来重要文献选编》（上），人民出版社 1996 年版，第652 页。

生、硕士生、博士生全面开设"邓小平理论概论"。2003 年秋，大部分高校开设"邓小平理论和'三个代表'重要思想概论"，教育部有教育的学科体系、有教育的管理体系、有师资培训体系、有课程和教材体系还有教育科研体系等，在 2006 年国家十一五时期文化发展纲要中要求建立马克思主义学科体系，在体系中，马克思主义理论为一级学科，马克思主义基本原理、马克思主义发展史、马克思主义中国化研究、国外马克思主义研究、思想政治教育为二级学科，建立"以马克思主义基本原理、以哲学社会科学等分领域研究为支撑的马克思主义学科体系"。[1]在教材体系建设上，组织编写马克思主义哲学、政治经济学、科学社会主义基础理论教材，将"编写基本覆盖哲学社会科学主干课程的 150 种左右重点教材，形成全面反映马克思主义中国化最新理论成果的哲学社会科学教材体系"。[2]学校理论教育体系的完善可以带动整个社会理论教育体系的完善，因为高校不仅可以培育具有理论素养的高层次人才，还可以促进理论的研究工程的实施，多出研究成果，完成科研、教学、效果评价一体化的各项活动。

其次，各级各类党校的理论教育的研究要找到理论教育的规律。因为党校是培养理论教育师资的有利平台，在综合利用各种平台的基础上，形成理论教育综合网络。中央党校和各级地方党校的理论教育要研究理论教育的规律，发挥理论研究的主阵地作用，做好马克思主义理论教育经验总结，为高校的理论教育做好基础研究工作，优化理论教育，总之要在教育体系的不断完善下推进教育效果的提升。

二、将理论教育体系与文化建设体系融合

1. 理论教育要与中国传统文化融合

文化自信是一个民族更基础、更广泛、更深厚的自信。习近平总书记曾说，当今世界，要说哪个政党、哪个国家、哪个民族能够自信的话，那中国共产党、中华人民共和国、中华民族是最有理由自信的。马克思主义在中国的生根发芽必须在中国的土壤上进行，离不开中国传统文化的积淀，而教育是"人类文化承前启后的事业"[3]，理论教育将文化和意识形态融合，在文化传承中生成马克思主义理论的体系化，最终使马克思主义真正

---

〔1〕《国家"十一五"时期文化发展规划纲要》，人民出版社 2006 年版，第 13 页。
〔2〕《国家"十一五"时期文化发展规划纲要》，人民出版社 2006 年版，第 13 页。
〔3〕《全国教育工作会议文件选编》，人民出版社 2010 年版，第 42 页。

深入人心，根深蒂固。马克思主义在与中国传统文化结合的过程中体现了马克思主义在中国实现中国化有中国优秀传统文化的实践基础和文化基础，马克思主义中国化理论成果的形成是在中国革命和建设的实践上诞生的，这个中国的革命和建设实践本身就含有中国传统优秀文化了根基。

首先，自古以来老子的道家文化彰显了中国古老思辨思想，虽然不是唯物辩证的完整体现，但是却露出辩证思维方法，如"无形之形，是为真形""一生二、二生三、三生万物""曲则全、枉则直""少则多"等都是思辨地去认识世界的体现，为马克思主义哲学教育和普及奠定了基础。

其次，中国"知行合一"与真理标准有着相似的精神内涵，如儒家思想代表人物之一荀子"行高于知"的知行统一观强调行的重要作用，虽然和马克思主义实践是认识的来源、实践是检验真理的唯一标准有质的区别，但是"其中所透射出来的朴素的认识论思想与之却存在一定的内在统一性，也为实现二者的结合以及与中国现代化建设实践的结合提供了无限的可能性"。[1]还有中国传统的民本思想、民贵君轻思想虽然有历史和阶级的局限，但是毕竟看到了民众的历史发展的基础性作用。马克思主义体现的是实现人的全面发展，是关乎全人类的发展的人本思想，这些都为马克思主义与中国传统文化的融合提供了可能。所以，要合理运用中国传统文化的精华与马克思主义理论教育有效结合，寻求马克思主义理论教育的文化支持，以便马克思主义理论真正走向大众。

2. 在世界先进文化中实现马克思主义理论教育的融合

当今世界先进文化的发展日益繁荣，特别是科技的发展。如何利用先进科学文化为马克思主义理论教育服务是值得探索的重要课题。

首先，要用先进的科技文化成果为马克思主义理论教育服务。如互联网文化，比如普通互联网站、智能手机网站、微博、微信等传递网络文化的平台。利用这些被社会普通民众掌握的信息平台，进行马克思主义理论的宣传，抵制各种非马克思主义和反马克思主义思想。做好防御，及时进攻。如果网络文化没有很好地与主流意识形态进行教育融合，那么在这个透明而开放的空间里将失去理论教育的良好机会。要让网民自己成为马克思主义的传播者，发挥口碑效应，比如微信、微博的传播效应等，用时尚的科技工具传递主流思想，寓教于乐、让马克思主义理论教育形式变得活

---

〔1〕 陈宗章、尉天骄："马克思主义与中国传统文化的结合：必然性与可能性解读"，载《长春工业大学学报（社会科学版）》2009 年第 3 期。

泼生动。

其次，吸取世界先进教育文化成果为马克思主义理论教育服务。马克思主义政党是代表先进文化的政党，世界先进文化是人类共同的进步文化。我们要博采众长，将西方国家先进的教育理念引进，促进我国马克思主义理论教育方法的改进。虽然西方资本主义社会意识形态教育不是马克思主义思想，但是意识形态教育却被执政党高度重视，他们有自己的教育方法和措施，我们可以借鉴吸收。我们借鉴的是先进的教育方法，教育方法是有通用性的，所以不能盲目地全面抵制，要区别对待，以便加快理论教育的创新步伐。此外，还有社会主义阵营的马克思主义理论教育理念和措施，也可以被参考。加强在进行国际学术交流和合作的过程中，共建共享。在进行理论教育研究的过程中，要注意国际马克思主义理论教育比较研究，虽然这方面已经有部分研究成果，但是如前文所述，在深度和广度上还是有待继续深化扩展，成果还要继续丰富。

第三节　理论教育要联系实际

理论教育要从实际出发、事实胜于雄辩。理论联系实际是马克思主义的基本原则之一，也是马克思主义理论教育开展的必然要求。

一、理论教育要与经济建设匹配，增强道路自信

有中国特色的社会主义建设的辉煌成就，是马克思主义理论教育必要性的有力证明，是增强社会主义制度自信的砝码。所以，眼下的当务之急就是继续大力发展社会生产力，解放生产力。邓小平说过："我们是社会主义国家，社会主义制度优越性的根本表现就是能够允许社会生产力以旧社会所没有的速度迅速发展，使人民不断增长的物质文化生活需要能够逐步得到满足。""如果在一个很长的历史时期内，社会主义国家生产力发展的速度比资本主义国家慢，还谈什么优越性？"[1]所以，以经济建设为中心，大力提高人们的生活水平，使大众切实感受到社会主义制度的优越性，加深马克思主义理论教育的事实性教育，给马克思主义理论教育以最有利的证明。

---

〔1〕《邓小平文选》（第1卷），人民出版社1994年版，第128页。

当前，我们国家的社会主义建设在世界上扮演着重要角色，是社会主义阵营的领头雁。我国社会地位大大提升，这是有目共睹的事实，我国社会主义建设的时间毕竟很短，在建国不到 70 年的时间里，带领众多人口走向富裕，实现小康社会，在平稳中进步，在世界金融危机时傲然挺立，让西方国家对身为社会主义国家的中国予以肯定，所以我们要自信，对党自信、对现实自信、对马克思主义的理论更要自信。在一穷二白的基础上实现富裕不容易，但是中国共产党带领人们在实现，在坚定不移的大步前进，这是事实，所以在进行马克思主义理论教育的时候，我们大可以凸显社会主义建设的辉煌成就，为马克思主义理论教育提供佐证。做到自信而不自满，发挥马克思主义理论教育的事实优势。

相反，对待现实问题，我们也要有清晰的认识，当今社会都有体制的不完善，都有腐败的滋生。社会主义国家是新生的，体制上难免会出现各种漏洞，党员干部的素质也不能一刀切，不能因为社会上部分官员的腐败就对社会主义失去信心，不能因为西方部分思潮唤起了人内心的私欲就认为那就是真理，要知道为什么需要教育，教育的作用是什么，如果人是没有文明追求的动物，社会就不需要进步，也就没有必要发展生产力了，那样社会就会走向原始，人也会走向野蛮，但是这与历史发展规律是不符的。所以教育是走向文明的捷径，马克思主义理论教育是社会走向进步的凝聚力。

二、理论教育要和史时结合，增强文化自信

首先，马克思主义理论教育要民族化。具有世界性的马克思主义自诞生起就包含了民族化的思想，民族化就是各国的无产阶级将马克思主义基本原理和各国的实际结合，解决各自的实际问题，进而完成具有本国特色的革命、建设和发展历程。既然马克思主义理论在指导各国无产阶级政党进行社会主义革命和建设事业中形成了马克思主义民族化的因素，与其对应的马克思主义理论教育也要体现民族化。理论教育的教育者、教育对象、教育环境是具有民族特色的，各个国家的理论教育不可能完全一样，因为理论本身就是具有民族色彩的。当今，在进行理论教育的时候，有中国特色的社会主义理论体系既有马克思主义基本原理的内容也有科学发展观等内容，这里面更有其他社会主义国家进行理论教育所没有的独特内容。其次，继续推进马克思主义理论教育大众化，理论教育大众化主要是指马克思主义要成为普通民众的坚定信仰。马克思主义理论教育大众化趋势是适

应马克思主义大众化要求的，没有教育的大众化架构，马克思主义在中国实现大众化是相当困难的。而教育大众化其教育对象不是局部的，不是特殊的，而是所有中国人民，这样才能形成实现中国梦的精神合力。在进行大众教育时要分清教育对象的层次，对待干部的理论要求对基层工人肯定是不适的，对农民更不适宜，所以在进行大众教育过程中要实事求是，制定不同的教育目标，形成不同对象的教育举措。

最后，精神文明建设为理论教育、理论自信营造宏观环境。精神文明以马克思主义为指导，为物质文明保驾护航。精神文明建设包含了科学文化和思想道德水平状况。马克思主义理论教育自然包含在教育的广泛内涵之中，是精神文明建设的重要内容，但不是全部，精神文明建设的好坏直接关系到国家的整体道德素养，作为一个公民的基本涵养体现在精神文明上，小者关乎个人形象大者关乎中国在世界上的形象，所以社会主义精神文明不能松懈。自改革开放以来，精神文明和物质文明都被作为重点，两手都要抓都要硬。当今社会迈入物质文明建设的飞速发展轨道，伴随着市场经济的活跃，各种不良道德现象不文明现象也随之出现，这个不可避免。如果物质文明和精神文明差距太大，步伐不一致，那么社会主义的优越性也会受到挫败，所以必须加大精神文明建设的力度，倡导和谐发展、倡导社会主义荣辱观、真正使人们具有职业道德、家庭美德、社会公德，不要造成物质的极大富裕和精神的极度贫穷的反差状态。否则会影响物质文明的建设，比如当今社会存在的工业不道德现象，生产假冒伪劣、严重无视人民身体健康、严重影响人类幸福的产品，对人们的身心照成极大伤害，导致一些人对社会的诚信机制丧失信心。这只是社会道德滑坡的一个层面，还有社会不良生活习气等现象，需要精神文明建设的配合，国家各个部门也要形成精神文明建设的管理体系和评价体系，开创文化创造力，不断形成多彩的文化成果，形成人民精神生活的幸福家园。通过形成社会的良好风尚、高尚的道德情操，提高人们对于马克思主义理论的鉴赏力，进而有利于中国马克思主义大众化的进一步实现，促进马克思主义理论教育的成效提升。

三、理论教育要和党建结合，强化理论和制度自信

回顾历史，马克思主义理论教育在改革开放四十年来能够促使我们党在不同时期、不同任务、不同机遇与挑战中从胜利走向胜利，最根本的原

因在于理论教育的领导核心中国共产党的先进性。党的十九大报告强调："我们党要始终成为时代先锋、民族脊梁，始终成为马克思主义执政党，自身必须始终过硬。"中国共产党如何才能始终保持先进、成为民族脊梁？那就离不开持之以恒的党的建设，离不开理论教育。通过理论教育使我们党不忘初心、牢记使命。

党的建设是我党时时刻刻铭记在心、严抓不懈的艰巨工程，在新形势下，党面临的任务更加艰巨，"执政考验、改革开放考验、市场经济考验、外部环境考验是长期的、复杂的、严峻的"〔1〕。"实现伟大梦想，必须建设伟大工程。"全面提高党建水平是党的紧迫任务，所以十八大以来，党多次强调党要管党、从严治党、加强思想建设、组织建设、作风建设、反腐倡廉、自我净化、自我完善、自我革新等，对党的自我约束能力作出高要求。党的十九大指出："全党要清醒认识，我们党面临的执政环境是复杂的，影响党的先进性、弱化党的纯洁性的因素也是复杂的，党内存在的思想不纯、组织不纯、作风不纯等突出问题尚未得到根本解决。要深刻认识党面临的执政考验、改革开放考验、市场经济考验、外部环境考验的长期性和复杂性，深刻认识党面临的精神懈怠危险、能力不足危险、脱离群众危险、消极腐败危险的尖锐性和严峻性，坚持问题导向，保持战略定力，推动全面从严治党向纵深发展。"〔2〕

做好党的建设伟大工程，一方面，可以增加马克思主义理论教育的公信力，使人民坚定伟大理论的主要创造者和传播者的话语权威，更加有理论自信、道路自信、制度自信。因为党是马克思主义的政党，党的执政水平、廉洁高效是马克思主义理论入脑、入心的客观要求。另一方面，加强党建可以使党更好地进行理论创新，并推动创新的理论为中国特色社会主义实践提供科学指导，为马克思主义理论研究和教育提供充分的人力和物力保障，这样马克思主义理论教育和研究才更加具有生命力。因为理论教育是以马克思主义理论为内容的教育，理论创新的每一个飞跃是源于时代又超越时代的必然结果、是理论教育高潮迭起的直接引擎。党的建设和马克思主义理论教育是不可分离，互为发展的内在动力的。

---

〔1〕《坚定不移沿着中国特色社会主义道路前进为全面建成小康社会而奋斗——在中国共产党第十八次全国代表大会上的报告》，人民出版社 2012 年版，第 49 页

〔2〕《决胜全面建成小康社会夺取新时代中国特色社会主义伟大胜利》，人民出版社 2017 年版，第 10 页。

结　语

　　历史选择了中国共产党，我党以马克思主义理论为指导。必须高举马克思主义伟大旗帜，不断理论创新、不断理论教育，创教互促。只要我们不带任何偏见，均能发现中国共产党是善于理论学习的政党，更是善于发挥理论教育效力的政党。自建党以来，我们党通过马克思主义理论教育凝心聚力，带领人民在不同时期、不同任务、不同机遇与挑战中闯过了一个又一个看似不可闯过的难关，取得了节节胜利。原因是什么？最根本的原因在于理论教育的领导核心中国共产党的先进性。正是由于党的先进性，确保了教育内容的先进性、教育理念的前瞻性、教育自觉的持久性。进而推动教育不断创新，与时俱进，使教育由内而外散发出生命力、唤起不同时代教育客体的责任感和使命感。马克思主义理论教育能够取得功效，客观上离不开普通教育事业、文化事业、新闻宣传事业协同共进，发挥教育合力。

　　回顾历史，久经历史考验的理论教育为党和国家的事业、民族复兴保驾护航从胜利走向胜利，证明马克思主义理论教育的中国建设与探索是有效的，必须坚定理论教育自信。这种自信源于理论教育的创新、源于对经验的积累、源于对教育过程的有效把握。整个理论教育的历史进程伴随着马克思主义理论的常教常新。在内容上，既保持了马克思主义的本色也注入了新鲜血液；在教育载体和教育方法上既有传承，也有创新，更有融合。如上文所述，马克思主义教育在中国从建党到新时代引领中华民族强起来阶段的五次高潮里面有我们党进行理论教育的重点对象——干部和青年；有理论教育的常用方法，如集中短期培训和学校的系统教育；有传播和教育的交织；有理论教育的主要阵地；有规范的党组织对理论教育予以管理和考评。针对不同的教育对象，教育形式做到多样，具有针对性，既有规范的理论教育，也有趣味性的理论教育。在进行理论教育的过程中宣传部门积极作为、社会各界协力同行，使马克思主义理论从少数人逐渐走向大众，理论学习从粗浅走向精深。

面对现实，理论创新正在进行，理论教育的高潮正在推进。理论教育的工具也会随着科技的发展而发展，教育的方法也会不断创新，人民群众对马克思理论的获得感也在因为理论教育的卓有成效而倍增。当今中国特色社会主义进入新时代，我们比历史上任何时期都更接近、更有信心和能力实现中华民族伟大复兴的目标，理论教育也迎来新作为的历史机遇。我国社会主要矛盾也已经转化为人民日益增长的美好生活需要和不平衡不充分的发展之间的矛盾。但是我国社会主义初级阶段的基本国情没有变、我国是世界最大发展中国家的国际地位没有变，与此同时理论教育也将面临新的挑战。在变与不变中，理论教育正紧紧围绕中国之问、世界之问、时代之问，解决人民思想疑惑、凝结逐梦之力。理论教育的轨迹愈加清晰，经验愈加需要积累，规律的探索愈加迫切。

展望未来，马克思主义理论教育的历史进程仍会伴随着中国特色社会主义道路的前进而演绎，马克思主义理论教育的高潮也会随着社会发展的需要、理论创新的需要而继续高潮迭起。马克思主义理论教育的规律是理论教育历史进程中不变的联系，蕴含着教育内容、教育对象、教育方法、教育机制等要素在变化中互相影响，相互作用，并和一定的社会生产发展相适应。理论教育仍将紧扣人类美好的梦想，在全面建成小康社会的攻坚阶段、在建设社会主义现代化的过程中，发挥马克思主义理论教育也是生产力的重要作用，让广大人民群众紧紧团结在党中央的周围，齐心协力共建共享，推动 21 世纪的中国走向强盛。

最后，理论教育要回归教育的目的，教育的最高意义是实现人的全面发展，是终极意义的发展，马克思主义理论教育也是为这个终极发展目标服务的。各种教育的目的都是为了一个总的教育目的服务，这也是体现人的发展的科学追求。理论教育的规律是各个时代和各个阶段中一以贯之的，不会由于时代的变迁和问题的不同而不同，如何把握住理论教育规律需要理论创新者、凝练着、传播者、践行者等长期不懈的努力，对马克思主义理论教育的历史进程和规律不断深化研究，推动马克思主义理论教育和研究继往开来。

作为理论教育者，在进行马克思主义理论教育的具体活动中，首先要做到的就是要坚定理论教育信心。对马克思主义理论不自信，对马克思主义教育不自信，本身就是理论教育的羁绊。通过理论学习，坚定四个自信、增强四个意识，练就教育过硬本领。将马克思主义理论教育及研究做扎实、做到位，给那些对马克思主义理论给予诋毁的不良思潮予以有力还击。通过理论阐释，发挥理论也是生产力的重要价值，继续推进马克思主义中国化、时代化、大众化，为中华儿女的勠力同心而继续努力。对于教育对象，我们要给予马克思主义人文关怀，培养其国家情怀和责任意识。只有教育对象有情怀、有担当，教育的实效才真正获得。

受本人知识能力水平所限，对教育高潮的总结难以从直观上去把握，观点或欠成熟，对规律的研究还有待深化，恳请学界专家多多批评指正。同时也希望各位同仁继续深入研究，为新时代马克思主义理论教育贡献力量。

参考文献

一、文献类

［1］《马克思恩格斯选集》（第 1～4 卷），人民出版社 1995 年版。

［2］《马克思恩格斯全集》（第 39 卷），人民出版社 1977 年版。

［3］《列宁选集》（第 1～4 卷），人民出版社 1995 年版。

［4］《列宁全集》（第 2 卷），人民出版社 1984 年版。

［5］中共中央马克思恩格斯列宁斯大林著作编译局:《论社会主义》，人民出版社 2011
年版。

［6］［苏联］安·伊·乌里扬诺娃、叶利札罗娃:《回忆列宁》（第 1 卷），上海外国语
学院列宁著作翻译研究室译，人民出版社 1982 年版。

［7］教育部社会科学研究与思想政治工作司组:《马克思主义思想政治教育著作导读》，
高等教育出版社 2001 年版。

［8］《毛泽东选集》（第 1～4 卷），人民出版社 1991 年版。

［9］《毛泽东文集》（第 7 卷），人民出版社 1999 年版。

［10］《毛泽东书信选集》，人民出版社 1983 年版。

［11］中共中央文献研究室:《毛泽东年谱》（中卷），中央文献出版社 1993 年版。

［12］刘金田、吴晓梅:《〈毛泽东选集〉出版的前前后后》，中共党史出版社 1993 年版。

［13］龚育之、逄先知、石仲泉:《毛泽东的读书生活》，生活·读书·新知三联书店
1986 年版。

［14］《建国以来毛泽东文稿》（第 11 期），中央文献出版社 1996 年版。

［15］《邓小平文选》（第 1～3 卷），人民出版社 1994 年版。

［16］中国共产党中央委员会编:《敬爱的邓小平同志永远活在我们心中》，人民出版社
1997 年版。

［17］中共中央文献研究室编:《邓小平年谱（1975—1997 年）》（上），中央文献出版社
2004 年版。

［18］《江泽民文选》（第 1～3 卷），人民出版社 2006 年版。

［19］《胡锦涛文选》（第1~3卷），人民出版社2016年版。

［20］胡锦涛：《沿着中国特色社会主义道路前进为全面建成小康社会而奋斗》，人民出版社2012年版。

［21］习近平：《习近平谈治国理政》（第2卷），外文出版社2017年版。

［22］《刘少奇选集》（上册），人民出版社1981年版。

［23］《刘少奇选集》（下册），人民出版社1985年版。

［24］李维汉：《回忆与研究》（上），中共党史资料出版社1986年版。

［25］《张闻天选集》，人民出版社1985年版。

［26］中央档案馆编：《中共中央文件选集》（第1~16卷），中共中央党校出版社。

［27］中共中央组织部编：《中国共产党组织史资料》，中央党史出版社2000年版。

［28］中国延安精神研究会：《延安整风五十周年——纪念延安整风五十周年文集》，党建读物出版社1995年版。

［29］中央文献研究室编：《建国以来重要文件选编》（第2册），中央文献出版社1992年版。

［30］中央文献研究室编：《建国以来重要文献选编》（第15册），中央文献出版社1997年版。

［31］中央文献研究室编：《建国以来重要文献选编》（第16册），中央文献出版社1997年版。

［32］中共中央文献研究室编：《十四大以来重要文献选编》（上），人民出版社1996年版。

［33］中共中央文献研究室编：《十五大以来重要文献选编》（上、中、下），人民出版社2000年版。

［34］中共中央文献研究室编：《十六大以来重要文献选编》（上、中、下），中央文献出版社2008年版。

［35］中共中央文献研究室编：《十七大以来重要文献选编》（上、中、下），中央文献出版社2013年版。

［36］中共中央文献研究室编：《十八大以来重要文献选编》（上、中），中央文献出版社2016年版。

［37］《庆祝中国共产党成立85周年暨总结保持共产党员先进性教育活动大会文件汇编》，人民出版社2006年版。

［38］《全国教育工作会议文件选编》，人民出版社2010年版。

［39］中共中央编译局：《中共中央关于深化文化体制改革推动社会主义文化大发展大繁荣若干重大问题的决定》，人民出版社2011年版。

［40］全国人民代表大会常务委员会办公厅：《中华人民共和国第九届全国人民代表大会第四次会议文件汇编》，人民出版社2001年版。

［41］《2006—2010年全国干部教育培训规划》，人民出版社2007年版。

[42] 顾明远、石中英编:《国家中长期教育改革和发展规划纲要（2010—2020 年）》，人民出版社 2010 年版。

[43]《中国共产党第十六次全国代表大会大文件汇编》，人民出版社 2002 年版。

[44] 中共中央文献研究室编:《十七大以来重要文件选编》（上），中央文献出版社 2009 年版。

[45] 全国人民代表大会常务委员会办公厅:《中华人民共和国第九届全国人民代表大会第四次会议文件汇编十七大以来重要文件选编》，人民出版社 2001 年版。

[46]《国家"十一五"时期文化发展规划纲要》，人民出版社 2006 年版。

[47] 新闻出版总署直属机关党委编:《实践"三个代表"加强新闻出版系统党的建设》，人民出版社 2002 年版。

[48] 中共中央组织部编:《干部教育工作重要文献选编》，党建读物出版社 1999 年版。

[49] 中宣部编:《党的宣传工作文件选编》，中央党校出版社 1994 年版。

[50]《中国共产党第十七次全国代表大会文件汇编》，人民出版社 2007 年版。

[51]《中共中央印发〈关于认真学习宣传贯彻十七大精神的通知〉》，人民出版社 2007 年版。

[52] 胡锦涛:《在"三个代表"重要思想理论研讨会上的重要讲话》，人民出版社 2003 年版。

[53] 中共中央编译局:《中共中央关于深化文化体制改革推动社会主义文化大发展大繁荣若干重大问题的决定》，人民出版社 2011 年版。

[54]《坚定不移沿着中国特色社会主义道路前进为全面建成小康社会而奋斗——在中国共产党第十八次全国代表大会上的报告》，人民出版社 2012 年版。

[55]《李大钊文集》（第 4 卷），人民出版社 1984 年版。

[56]《中国教育年鉴》编辑部编:《中国教育年鉴（1949—1981 年）》，中国大百科全书出版社 1984 年版。

[57] 教育部:《中国教育统计年鉴 2015 年》，中国统计出版社 2016 年版。

[58]《中国教育年鉴 2001—2016 年》，教育部网站。

[59]《普通高校思想政治理论课文献选编（1949—2006 年）》，中国人民大学出版社 2007 年版。

[60]《普通高校思想政治理论课文献选编（1949—2008 年）》，中国人民大学出版社 2008 年版。

[61]《中共中央党校函授教育年鉴》，（1996 年、1997 年、1999 年、2000 年、2003 年），中共中央党校出版社。

[62] ［古］菲德尔·卡斯特罗:《在古巴共产党第一、二、三次全国代表大会上的中心报告》，人民出版社 1990 年版。

[63] ［老］朱马里·赛雅贡:"在庆祝老挝人民革命建党 60 周年会议上讲话"，载《万象时报》2015 年 3 月 23 日。

［64］［越］范文国："老挝人民革命党第十次全国代表大会标志着该党强劲发展的里程碑"，载《越南新闻报》2015 年 1 月 19 日。

二、书籍类

［1］中国社会科学院语言研究所词典编辑室编：《现代汉语词典》，商务印书馆 1990 年版。

［2］《辞海》编辑委员会编：《辞海》，上海辞书出版社 2009 年版。

［3］谢益显：《中国当代外交史》，中国青年出版社 1997 年版。

［4］高奇：《新中国教育历程》，河北教育出版社 1996 年版。

［5］杨昕：《中共产党意识形态话语权研究》，社会科学文献出版社 2015 年版。

［6］何东昌：《中华人民共和国重要教育文献（1949—1975 年）》，海南出版社 1998 年版。

［7］陈元晖：《老解放区教育简史》，教育科学出版社 1982 年版。

［8］胡子克：《马克思主义理论教育概论》，人民出版社 2005 年版。

［9］张雷声、郑吉伟、李玉峰：《新中国思想理论教育史》，高等教育出版社 2005 年版。

［10］许启贤：《中国共产党思想政治教育史》（第 2 版），中国人民大学出版社 2010 年版。

［11］李辉：《中国化马克思主义教育概论》，人民出版社 2005 年版。

［12］王新农：《马克思主义理论教育规律及实效性研究》，天津大学出版社 1994 年版。

［13］赵康太：《世界马克思主义理论教育比较研究》，中央编译出版社 2006 年版。

［14］阎治才：《我国高校马克思主义理论教育的历史发展和基本问题研究》，吉林人民出版社 1995 年版。

［15］李德芳、杨素德：《中国共产党农村思想政治教育史》，中国社会科学出版社 2007 年版。

［16］全国干部培训教材编审指导委员会组织编写：《毛泽东思想基本问题》，人民出版社 2002 年版。

［17］孙来斌：《列宁的马克思主义理论教育思想研究》，中国社会科学出版社 2003 年版。

［18］陈哲：《毛泽东马克思主义理论教育思想研究》，湖北人民出版社 2008 年版。

［19］石云霞：《新中国成立以来中国共产党思想理论教育历史研究》（上、下册），中国社会科学出版社 2007 年版。

［20］苏振芳：《当代国外思想政治教育比较》，社会科学文献出版社 2009 年版。

［21］阎树群：《当代中国的马克思主义学风》，中国社会科学出版社 2004 年版。

［22］刘宪曾、刘端棻：《陕甘宁边区教育史》，陕西人民出版社 1994 年版。

［23］段治文：《中国社会主义进程通论》，高等教育出版社 2004 年版。

［24］段治文：《浙籍学者在马克思主义传播中的作用》，浙江大学出版社 2009 年版。

［25］段治文：《中国近现代史基本问题研究》，浙江大学出版社 2010 年版。

［26］中共党史第一研究部：《共产国际、联共（布）与中国革命文献资料选辑（1931—1937）》（第 17 册），中共党史出版社 2007 年版。

［27］《建设学习型政党组织读书笔记》编写组：《建设学习型政党组织读书笔记》，中国长安出版社 2010 年版。

［28］［美］斯坦因：《红色中国的挑战》，李凤鸣译，新华出版社 1987 年版。

［29］［美］哈里森·福尔曼：《北行漫记》，陶岱译，解放军文艺出版社 2002 年版。

［30］［美］埃德加·斯诺：《西行漫记》，董乐山译，解放军文艺出版社 2002 年版。

［31］［苏联］安·谢·马卡连柯：《论共产主义教育》，人民教育出版社 1954 年版。

［32］马里延科：《德育过程原理》，牟正秋、王明辉译，人民教育出版社 1985 年版。

［33］［苏联］米·依加里宁：《论共产主义教育和教学》，陈昌浩、沈颖译，人民教育出版社出版 1957 年版。

［34］［越］古小松：《越南的社会主义》，人民出版社 1995 年版。

［35］［越］麦光胜：《胡志明思想》，国家政治出版社 2005 年版。

［36］［越］古小松：《2007 年越南国情报告》，社会科学文献出版社 2007 年版。

［37］［英］乔治·拉雷恩：《马克思主义与意识形态》，张秀琴译，北京师范大学出版社 2013 年版。

三、学术论文类

［1］W. John Morgan, "Marxism and Moral Education", *Journal of Moral Education*, 2005, Vol. 34（4）.

［2］Kieran James, " 'Who am I? Where are We? Where do We go from Here?' Marxism, Voice, Representation, and Synthesis", *Critical Perspectives on Accounting*, 2010, Vol. 21（8）.

［3］Mike Cole, "Critical Race Theory in Education, Marxism and Abstract Racial Domination", *British Journal of Sociology of Education*, 2012, 33（2）.

［4］江泽民："全面建设小康社会，开创中国特色社会主义事业新局面——在中国共产党第十六次全国代表大会上的报告"，载《党建》2002 年第 12 期。

［5］罗会德："马克思主义大众化的历史进程和基本经验——30 年的回顾与总结"，载《社会主义研究》2008 年第 6 期。

［6］李辽宁："古巴马克思主义理论教育的特点及启示"，载《思想理论教育》2006 年第 23 期。

［7］沈德理："苏联、东欧与中国二十世纪前八十年马克思主义理论教育特征比较"，载《社会主义研究》2007 年第 1 期。

［8］张云阁："世界马克思主义理论教育比较研究的启示"，载《社会主义研究》2007

年第 1 期。

［9］夏小华、周建华："当代社会主义国家马克思主义理论教育的经验及启示——以古巴、越南为例"，载《当代世界与社会主义》2009 年第 3 期。

［10］杨智平："中越党内马克思主义理论教育比较研究"，载《湘潮（下半月）》2010年第 7 期。

［11］高婧婧："对国外思想政治教育的研究及得出的启示"，载《黑龙江史志》2010 年第 11 期。

［12］刘廷亚："理论教育研究的开山之作——读《马克思主义理论教育规律及实效性研究》"，载《理论与现代化》1995 年第 5 期。

［13］李季："试论马克思主义大众化的历史进程和基本经验"，载《改革与开放》2011年第 0 期。

［14］张静如、李向勇："马克思主义中国化历史进程中的两大理论体系"，载《中国特色社会主义研究》2008 年第 2 期。

［15］张顺清："高等学校必须强化马克思主义理论教育"，载《齐鲁学刊》1989 年第 6 期。

［16］郑永廷等："马克思主义理论学科建设的形势与对策——高等学校思想政治教育研究会学术委员会第二次会议综述"，载《思想理论教育导刊》2006 年第 4 期。

［17］童曼："高职院校马克思主义理论教育接受主体'期待视野'研究"，载《思想教育研究》2011 年第 8 期。

［18］吴远、吴学东："针对不同群体的马克思主义大众化一般规律研究"，载《学海》2012 年第 2 期。

［19］陈中奎："马克思主义大众化的历史进程及经验启示"，载《绵阳师范学院学报》2011 年第 9 期。

［20］陈国泳、李琦："毛泽东农民教育思想及其时代意义"，载《党的文献》2002 年第 6 期。

［21］李岩："高校学生马克思主义理论教育知行转化问题研究"，东北师范大学 2003 年硕士学位论文。

［22］甘霖："马克思主义理论与思想道德教育教学中的主要问题与对策研究"，载《华中农业大学学报（社会科学版）》2004 年第 1 期。

［23］袁银华："马克思主义理论教育思想研究的新视角新成果——郑洁博士《恩格斯理论教育思想研究》评介"，载《学校党建与思想教育》2010 年第 6 期。

［24］张北根："五四运动后至建党前马克思主义大众化进行的历史考察"，载《北京科技大学学报（社会科学版）》2011 年第 3 期。

［25］陈哲："毛泽东的马克思主义理论教育思想研究"，武汉大学 2007 年硕士学位论文。

［26］陈哲："抗战时期毛泽东的马克思主义理论教育思想研究"，载《武汉理工大学学

报（社会科学版）》2005 年第 8 期。

[27] 程伟："恩格斯理论教育思想的党性原则"，载《社会科学家》2011 年第 7 期。

[28] 刘明合、张新："对马克思主义理论教育中几个重要问题的研究综述"，载《学校党建与思想教育》2005 年第 11 期。

[29] 张逸云、郭秋光："高校马克思主义理论教育科学研究的几个问题"，载《南昌大学学报（人文社会科学版）》2006 年第 11 期。

[30] 杨宇晓、杨美平："论中国马克思主义大众化的历史进程"，载《学理论》2009 年第 21 期。

[31] 李祖红："关于当下马克思主义教育理论研究现状的思考"，载《学术论坛》2010 年第 11 期。

[32] 李新芝、刘文芳："中国共产党推进农民群体主义大众化的历史进程与经验"，载《四川师范大学学报（社会科学版）》2011 年第 7 期。

[33] 郭清、赵文聘："高校辅导员进行马克思主义理论教育的对策研究"，载《职业教育研究》2009 年第 1 期。

[34] 刘志敏："高校马克思主义理论教育接受主体被动学习研究"，东北师范大学 2005 年硕士学位论文。

[35] 孙其昂："高校马克思主义理论教育体系构建研究"，载《思想理论教育》2007 年第 3 期。

[36] 陈宗章、尉天骄："马克思主义与中国传统文化的结合：必然性与可能性解读"，载《长春工业大学学报（社会科学版）》2009 年第 2 期。

[37] 康民："马克思主义中国化时代化大众化的历史进程和基本规律"，载《甘肃理论学刊》2011 年第 7 期。

[38] 郑又贤："学生马克思主义理论教育阶段衔接研究"，载《福建教育学院学报》2000 年第 3 期。

[39] 郑又贤："马克思主义理论教育'一条龙'规范研究"，载《思想教育研究》2001 年第 5 期。

[40] 李跃新："1949—1956 年中国共产党干部教育研究"，中共中央党校 2004 年硕士学位论文。

[41] 张洪月："当代中国马克思主义大众化历史进程研究"，辽宁师范大学 2011 年硕士学位论文。

[42] 李述永："榜样教育的心理学分析"，华中师范大学 2004 年硕士学位论文。

[43] "百年从屈辱到崛起的 25 个中国文本"，载《三联生活周刊》2009 年 9 月 28 日。

[44] 钱凤华："毛泽东的马克思主义理论教育思想研究"，东北师范大学 2009 年硕士学位论文。

[45] 周太山："邓小平的马克思主义理论教育思想研究"，武汉大学 2011 年硕士学位论文。

［46］綦玉帅：“中国马克思主义大众化历史发展规律研究”，苏州大学 2011 年硕士学位论文。

［47］赵根成：“国外马克思主义理论教育及其对我国的启示”，载《重庆交通大学学报（社科版）》2012 年第 12 期。

［48］杨阳、赵轶博：“国外道德教育对我国大学生社会主义荣辱观教育的启示”，载《长江大学学报（社会科学版）》2012 年第 7 期。

［49］汪国培：“国外学校意识形态教育的特点与启示”，载《淮阴师范学院学报》2006 年第 6 期。

［50］刘保民：“国外德育现状概观”，载《汉中师院学报（哲学社会科学版）》1994 年第 1 期。

［51］刘志军、郭志芹：“乡村社会马克思主义大众化的历史考察、现实问题及其路径选择”，载《广西社会主义学院学报》2010 年第 3 期。

［52］詹学德：“推动农村当代中国马克思主义大众化的思想文化制约性因素分析”，载《襄樊学院学报》2010 年第 9 期。

［53］史正宪、马振华：“马克思主义大众化历史进程研究”，载《重庆科技学院学报（社会科学版）》2010 年第 13 期。

［54］刘文长、姜晓芸：“党在农村推进马克思主义大众化的历史进程与基本经验”，载《宁夏党校学报》2011 年第 7 期。

［55］郁顺华、房华强：“学生党员马克思主义理论教育研究——基于培养领导者视角”，载《河池学院学报》2011 年第 2 期。

［56］郭丽双、程伟礼：“中国马克思主义大众化的百年历史进程及当代启示”，载《科学经济社会》2011 年第 4 期。

［57］“外国精神领域的建设”，载《政工研究动态》2000 年第 3 期。

［58］黄瑞雄、王卉：“中西大学生思想政治教育内容比较”，载《广西师范大学学报（哲学社会科学版）》2008 年第 12 期。

［59］郑贤云：“列宁马克思主义理论教育研究”，南京师范大学 2011 年硕士学位论文。

［60］白林驰：“中共早期马克思主义理论教育转型研究”，西南交通大学 2008 年硕士学位论文。

［61］曹杰仁：“新时期加强农民马克思主义理论教育研究——基于马克思主义大众化的新视野”，福建农林大学 2011 年硕士学位论文。

［62］李政敏：“邓小平马克思主义理论教育思想研究”，陕西师范大学 2011 年硕士学位论文。

［63］郭德钦：“延安时期知识分子与马克思主义大众化研究”，陕西师范大学 2012 年硕士学位论文。

［64］蒋天策：“1949—1956 年建国初期干部队伍建设转型的历史考察——以北京市为例”，中共中央党校 2012 年硕士学位论文。

［65］关海宽："改革开放以来我国社会主义意识形态建设研究"，兰州大学 2011 年硕士学位论文。

［66］刘书林："论思想政治教育的本质——坚守'灌输论'的缘由"，载《思想理论教育导刊》2012 年第 10 期。

［67］王琴华、罗成富："马克思主义理论教育规律探析——以掌握和运用克思主义立场观点方法为核心"，载《求实》2009 年第 9 期。

［68］段治文："中国特色社会主义理论体系传播的时代要求与方法创新"，载《社会科学战线》2011 年第 6 期。

［69］段治文："延安时期马克思主义传播新论"，载《浙江省纪念中国共产党成立 90 周年研讨会论文集》，中央党史出版社 2011 年版。

［70］段治文："时代新课题与马克思主义中国化的当前使命"，载《理论探讨》2010 年第 3 期。

［71］闫艳红、段治文："新青年对马克思主义传播及启示"，载《中国出版》2012 年第 12 期。

［72］［老］朱马里·赛雅贡："在庆祝老挝人民民主共和国成立 40 周年会议上的讲话"，载《新曙光》2015 年第 12 期。

［73］陈哲："延安时期高校马克思主义理论教育的三大特色"，载《思想政治教育研究》2017 年第 6 期。

［74］夏静、胡杰："论延安整风时期青年党员、干部的理论教育"，载《中共山西省直机关党校学报》2011 年第 6 期。

［75］范美香、双传学："革命年代毛泽东的马克思主义信仰培育思想及当代启示"，载《河海大学学报（哲学社会科学版）》2017 年第 8 期。

［76］王海军、王新刚："中央苏区时期中国共产党马克思主义理论教育探析——以 1929—1934 年干部学校教育为考察对象"，载《理论学刊》2018 年第 3 期。

［77］胡小君："中国共产党党员规模问题：'膨胀'与'虚化'"，载《江汉论坛》2014 年第 1 期。

［78］杨晓慧："论研究生思想政治工作的'五个统筹协调'"，载《思想理论教育导刊》2018 年第 5 期。

［79］"积极推进习近平新时代中国特色社会主义思想'三进'工作的新进展"，载《思想理论教育导刊》2018 年第 5 期。

［80］彭庆红："培养和造就一批马克思主义理论教育的实干家"，载《思想理论教育导刊》2018 年第 6 期。

［81］程恩富、侯为民："当前中国七大社会思潮评析——重点阐明创新马克思主义观点"，载《陕西师范大学学报（哲学社会科学版）》2013 年第 3 期。

［82］史岩："站在人民史观的立场上"，载《红旗文稿》2016 年第 4 期。

四、报纸类

［1］"关于发展群众读报办报与通讯工作的决议"，载《解放日报》1945 年 1 月 1 日。

［2］《解放》1937 年第 23 期。

［3］《解放》1938 年第 39 期。

［4］《人民日报》1952 年 10 月 21 日。

［5］《人民日报》《红旗》杂志、《解放军报》社论："学好文件抓住纲"，载《红旗》1977 年第 3 期。

［6］习仲勋："在西北党校开学会上的讲话"，载《人民日报》1950 年 10 月 4 日。

［7］胡锦涛："在学习《江泽民文选》报告会上的讲话"，载《人民日报》2006 年 8 月 16 日。

［8］郝立新："时代问题视阈下马克思主义理论教育的创新"，载《光明日报》2015 年第 7 月 5 日。

［9］郝立新："当代中国马克思主义哲学创新发展的典范"，载《人民日报》2016 年第 3 期。

［10］石仲泉："马克思主义和中国化马克思主义理论"，载《天津日报》2018 年 4 月 23 日。

［11］石仲泉："用习近平新时代中国特色社会主义思想武装头脑"，载《文汇报》2017 年 10 月 26 日。

［12］石仲泉："中国特色社会主义新时代新理论"，载《浙江日报》2017 年 10 月 25 日。

五、网页类

［1］"活跃在广西国企的'三个代表'讲师团"，载 http://www.cctv.com/special/730/-1/47728.html.

［2］"上海：统计显示东方讲坛的直接听众已达到 391 万人次"，载新华网 2009 年 7 月 8 日。

［3］"广东掀起学习贯彻十七届四中全会精神的宣讲热潮"，载 http://theory.southcn.com/c/2009-12/10/content_ 6992566. htm.

［4］"人民网舆情监测室发布 2017 年上半年舆情分析报告"，载 http://yuqing.people.com.cn/n1/2017/0710/c209043-29395003. html.